I0694360

ROBYN CARR

A la orilla del río

Editado por Harlequin Ibérica.
Una división de HarperCollins Ibérica, S.A.
Núñez de Balboa, 56
28001 Madrid

© 2003 Robyn Carr. Todos los derechos reservados.
A LA ORILLA DEL RÍO, Nº 119 - 1.9.11
Título original: Down by the River
Publicada originalmente por Mira Books, Ontario, Canadá.
Traducido por Sonia Figueroa Martínez

I.S.B.N.: 978-84-9000-120-2
Depósito legal: B-26738-2011

La doctora June Hudson despertó cuando empezó a sonar el teléfono. Aún estaba oscuro, pero cuando le echó un vistazo al despertador y vio que ya eran las seis y cuarto de la mañana, se dio cuenta de que se había dormido. Agarró el teléfono inalámbrico, y se limitó a decir:

–June Hudson.

–¿Quién era ese hombre?

Al oír la pregunta de su tía Myrna miró por encima del hombro a Jim, el hombre en cuestión, que en ese momento dio un enorme bostezo y empezó a rascarse el pecho; al parecer, no había sido un mero sueño y realmente estaba allí, junto a ella, en carne y hueso, después de una larga ausencia.

Su tía de ochenta y cuatro años no era la única que no estaba enterada de la existencia de su amante secreto. Sólo lo sabían un par de personas en todo el pueblo, así que iba a tener que dar muchas explicaciones.

–Se llama Jim, tía Myrna, y en cuanto pueda le llevaré para presentártelo... esta misma mañana, si puedo. Te prometo que te va a gustar.

–¿De dónde es?, ¿a qué se dedica?

Eso era algo que ni ella misma sabía con certeza, pero se limitó a contestar:

—Ya hablaremos con calma más tarde. Son demasiados detalles, y tengo que arreglarme para ir a trabajar. Hasta luego.

Después de colgar y de volver a poner el teléfono en la mesita de noche, se volvió hacia Jim. Sacudió la cabeza y soltó un pequeño suspiro de resignación ante la actitud de su tía, pero no pudo evitar sonreír; al oír que el teléfono sonaba de nuevo, comentó:

—No estoy de guardia, que salte el contestador.

—¿Demasiados detalles? —le dijo él, en tono de broma.

—Sí, y seguro que tenemos que inventárnoslos todos —salió desnuda de la cama con toda naturalidad, y añadió—: Voy a ducharme, ¿podrías escuchar los mensajes? Si alguien llama por alguna emergencia, tráeme el teléfono.

En ese momento oyó la voz de su padre procedente de la cocina, y se apresuró a agarrar la sábana para taparse. Elmer Hudson era una de las pocas personas que sabían lo que pasaba, pero no estaba al corriente de todo.

—Esta vez sí que has montado un buen alboroto, June —su padre soltó una de sus características y sonoras carcajadas antes de añadir—: Me parece que hoy voy a ir a desayunar a la cafetería, por si pasa algo interesante.

—Tu padre es todo un personaje, ¿verdad? —comentó Jim.

—Sí, es para partirse de risa con él. Anda, a ver si se te ocurre una buena historia mientras me ducho.

Mientras esperaba a que el agua de la ducha saliera caliente, se miró en el espejo y se dio cuenta de que su cintura estaba desapareciendo a pasos agigantados. Un año atrás era la doctora de treinta y siete años del pueblo, soltera y sin ningún ligue potencial a la vista; seis meses atrás tenía un ligue, pero estaba casi segura de que jamás llegaría a tener hijos; varios meses atrás, el ligue se había convertido en algo mucho más serio, y se habían pronunciado palabras de amor junto con agónicas despedidas; dos semanas atrás aún tenía el vientre bastante plano, pero en cuanto se había dado cuenta de que estaba embarazada de cuatro meses, la ropa había empezado a quedarle un poco ajustada. Pero daba la impresión de que el embarazo había madurado de golpe en cuanto Jim había vuelto a casa de forma definitiva, en cuanto había regresado a su lado, porque en ese momento tenía una barriguita incipiente.

Él había aparecido de improviso la noche anterior, cuando el baile de clausura de la fiesta de la cosecha que se había celebrado durante el fin de semana estaba llegando a su fin. El baile y el pueblo entero habían desaparecido en ese momento, sólo existían ellos dos mientras se abrazaban, se acariciaban y se besaban, y se habían marchado a toda prisa sin perder el tiempo en presentaciones. Qué ingenuidad... lejos de desaparecer, el pueblo los había observado con ávido interés.

Al oír que el teléfono sonaba de nuevo, se dio cuenta de que todos iban a llamarla esa misma mañana para pedirle explicaciones; de hecho, quizá debería dar gracias de que hubieran esperado en vez de empezar con el interrogatorio la noche anterior.

La pura verdad, la que no iban a contarle a nadie, era que había conocido a Jim la primavera pasada, cuando él había irrumpido en su clínica a altas horas de la noche con un hombre herido, y le había exigido a punta de pistola que extrajera la bala que su acompañante tenía en el hombro; fuera por lo que fuese, quizá por pura intuición, no había creído en ningún momento que aquel hombre apuesto y corpulento de brillantes ojos azules pudiera ser un criminal, a pesar de que tenía toda la pinta de serlo.

Poco después, cuando ya estaba enamorándose de él como una loca, Jim le había confesado que en realidad era un agente de la DEA, la agencia antidroga de Estados Unidos, y que estaba infiltrado en una plantación de cannabis oculta en las montañas que estaban a punto de desmantelar.

Después de la redada, le habían asignado la que iba a ser su última misión tras una carrera impecable en las fuerzas de seguridad, pero ninguno de los dos sabía en aquel entonces que ya estaban esperando un hijo.

Ella se había criado con su padre, y le había sucedido como médico de aquella pequeña localidad. Siempre estaba pendiente de la salud y el bienestar de los demás, pero no se había dado cuenta de lo que pasaba a pesar de las náuseas, el cansancio, y las lloreras que había experimentado por primera vez en su vida; de hecho, para cuando le había descrito sus síntomas a John Stone, su socio y colega, el embarazo ya estaba bastante avanzado.

Después de salir de la ducha, agarró una toalla y fue secándose mientras regresaba al dormitorio. Tenía el pelo suelto, y los rizos le caían sobre los hombros chorreando agua; después de envolverse el cuerpo con la toalla, comentó:

—¿Te acuerdas de que, justo antes de que te marcharas para esa última misión, te dije que estaba casi convencida de que no podía tener hijos?

—Sí, aunque está claro que estabas bastante equivocada —Jim estaba sentado en la cama con la sábana hasta la cintura, y tenía una taza de café en la mano.

Sadie, la collie de June, estaba tumbada a sus pies a pesar de que tenía prohibido subirse a los muebles, y al oírla entrar alzó la cabeza y la miró con aires de reina.

—Para entonces ya estaba embarazada, aunque me di cuenta hace poco.

—Para ser médico, prestas muy poca atención a los detalles, ¿verdad?

—Sí que presto atención, pero cuando se trata de los demás. ¿Has preparado café?

—Sí, y también he sacado a Sadie a hacer un pis y le he dado de comer.

—Vaya, a lo mejor resulta que eres bastante útil. No te

acomodes demasiado, tienes que venir al pueblo conmigo para que te presente a unas personas. No podemos perder tiempo.

—¿Por qué?

June abrió poco a poco la toalla para dejar al descubierto la protuberancia que en escasos meses estaría berreando y reclamando su comida, y él recorrió las nuevas curvas de su cuerpo con una mirada cálida y acariciante.

—Ya es hora de que conozcas a mi familia y a mis amigos, Jim.

—Quizá deberías tomarte el día libre... podríamos ir a Reno o al lago Tahoe, y casarnos.

Ella sintió que se ruborizaba de golpe. ¿Quería casarse con ella así, sin más? Lo único que sabía de aquel hombre era que estaba locamente enamorada de él y que roncaba, pero seguía siendo un misterio en muchos aspectos, y no estaba dispuesta a casarse con él sin saber antes algunos detalles más; aun así, no podía rechazar de plano su caballerosa propuesta, porque no quería empezar aquella relación con mal pie, así que se inclinó hacia él y le dio un besito antes de decir:

—Es demasiado tarde para andarse con remilgos, Jim. ¿Cómo vamos a describir nuestro... noviazgo?

Él le acarició la mejilla con el nudillo del índice antes de contestar.

—Sé por experiencia que, cuantas menos mentiras se digan, más fácil es mantener la tapadera. A ver qué te parece esto: trabajaba como agente de policía en el este, pero lo dejé y decidí venirme a vivir al oeste. Te conocí a principios de primavera, cuando estaba por la zona y tuve que llevar a tu clínica a un amigo mío que había sufrido un pequeño accidente.

—¡Él era un criminal, cultivaba droga!

—Sí, pero éramos amigos... bueno, eso creía él.

—Ya veo —se sentó en la cama con las piernas encogidas, como una niña a la espera de seguir oyendo un cuento.

En ese momento el teléfono empezó a sonar de nuevo, y se limitaron a esperar en silencio. Cuando saltó el contestador, oyeron la voz del doctor John Stone:

—Hola, June. Llamo para preguntarte si piensas tomarte el día libre, o por lo menos la mañana. Yo puedo encargarme de la clínica si tú estás... ocupada haciendo otras cosas. Je, je, je...

—Qué listillo —masculló, para sí misma. Se volvió de nuevo hacia Jim, y le dijo—: ¿Se puede saber qué puesto desempeñaba en las fuerzas de seguridad, señor Post?

—Digamos que en veinte años me ha dado tiempo de hacer un poco de todo, pero en los últimos años, he hecho más trabajo burocrático que otra cosa.

—¿Es eso verdad?

—Por desgracia, sí.

—¿Qué se supone que estabas haciendo en esta zona?

—Buscando un sitio donde vivir; de hecho, Grace Valley habría tenido muchas posibilidades aunque no me hubiera enamorado de la doctora de este pueblo.

—La verdad es que se te da muy bien inventarte historias —comentó, impresionada.

Jim se inclinó hacia ella antes de contestar.

—Soy un profesional... mejor dicho, lo era.

—¿Cómo voy a saber cuándo estás mintiéndome?

Él deslizó la mano bajo su pelo mojado hasta posarla en su nuca, la instó a que se acercara, y la besó con ternura antes de decir:

—Por alguna razón que no sabría explicar, siempre has sabido ver la verdad sobre mí. La única persona capaz de hacerlo además de ti es mi hermana Annie —esbozó una sonrisa antes de añadir—: Aunque por ella no siento lo mismo que por ti.

—Qué alivio —comentó, antes de salir de la cama—. Dúchate si quieres, pero date prisa. Hay que ponerse en marcha antes de que el pueblo tenga más tiempo para regodearse con todo esto.

Fueron al pueblo en la camioneta de June. Como Sadie solía ir en el asiento del copiloto y June se negó a plantearse siquiera ponerla en el asiento trasero, la perra acabó yendo apretujada entre los dos. June llamó a John por el móvil durante el trayecto, y le dijo:

—Sólo quería que supieras que voy camino del pueblo, y que viene conmigo mi... mi... que Jim viene conmigo para que todo el mundo pueda echarle un buen vistazo y darle el visto bueno.

—Por favor, June, el hombre al que elijas no es incumbencia nuestra —le dijo él, fingiendo estar muy dolido.

Ella no pudo evitar echarse a reír, y comentó:

—Qué más quisiera yo.

Aminoró la velocidad al doblar una curva, y vio a escasa distancia una furgoneta parada a un lado de la carretera. Era un vehículo viejo al que le faltaba la rueda izquierda trasera, y estaba cargado hasta los topes con fardos, cajas, y un par de colchones de tamaño infantil. Justo detrás había dos crías de expresión tristona (estaba casi segura de que eran niñas, aunque también podría tratarse de niños a los que no se les había cortado el pelo en mucho tiempo) que tenían un aspecto descuidado y sucio. No llevaban chaqueta a pesar de que el aire matutino era bastante frío, y teniendo en cuenta las carencias de su ropa, era muy probable que estuvieran desnutridas.

Las pertenencias de aquella familia no estaban cubiertas con ninguna lona protectora, y el cielo amenazaba tormenta. Era octubre, y las lluvias de invierno llegarían pronto y no remitirían hasta finales de primavera.

En las carreteras que rodeaban el valle no era extraño ver

a una familia de pocos recursos, con el coche cargado con todas sus pertenencias y en busca de un lugar donde poder empezar de cero. La llegada del frío conllevaba una pausa en la tala de árboles y un bajón en la construcción, los granjeros prescindían de los trabajadores temporales, y la gente se veía obligada a pedirle ayuda al estado y al condado para poder salir adelante.

—Maldición —masculló, mientras iba reduciendo la velocidad—. Danos un poco más de tiempo, John, vamos a pararnos un momento. Hay una furgoneta con una rueda pinchada, y una familia que puede que necesite ayuda.

—Tómate tu tiempo, aún no hemos acabado de hinchar todos los globos.

—Ni se os ocurra...

Antes de que pudiera acabar la frase, Jim le dijo:

—Date prisa, me parece que hay alguien enfermo.

Después de detener el vehículo justo al lado de la desvencijada furgoneta, June bajó a toda prisa mientras se metía el móvil en el bolsillo, y tardó un instante en darse cuenta de lo que sucedía. Las dos puertas delanteras estaban abiertas, y en el asiento del copiloto había una joven mujer embarazada que se aferraba con fuerza a su abdomen. Estaba echada hacia atrás todo lo que podía, su rostro reflejaba un intenso dolor, y tenía un pie apoyado contra el salpicadero. Junto a ella había un hombre joven que debía de ser su marido.

Después de sacar de la parte trasera de su camioneta el maletín que contenía su equipo médico, echó a correr hacia el lado del copiloto del otro vehículo y gritó por encima del hombro:

—¡Jim, necesito que me eches una mano! —al llegar junto al desconocido, se limitó a decirle que era médico y le apartó sin prestarle apenas atención ni perder tiempo en presentaciones. Había fluidos y sangre chorreando desde la furgoneta hasta el suelo, y en cuanto levantó el húmedo vestido floreado de la joven, vio que la cabeza del bebé ya empezaba a asomar. Miró al marido, y le dijo—: ¡Rápido, extiende uno de tus colchones en la parte trasera de mi camioneta! ¡Jim, saca a esta mujer de aquí y túmbala en el colchón que él va a poner en mi camioneta! ¡Vamos, vamos, vamos!

El joven la miró confundido por un segundo antes de obedecer, pero por alguna extraña razón, no se movió con celeridad. June había dado aquellas instrucciones por una razón de lo más lógica: Jim era el más corpulento y fuerte de los dos. El desconocido estaba muy delgado y enjuto, tenía las mejillas hundidas, y los pantalones le quedaban grandes. En el fondo de su mente era consciente de que se trataba de una familia pobre y desnutrida (de hecho, los movimientos lentos del joven podían deberse a la mala alimentación), pero su atención estaba centrada en prepararse para el parto.

Jim sacó a la mujer de la furgoneta y esperaron juntos mientras el joven desataba las cuerdas que sujetaban los colchones, aunque parecía algo del todo innecesario. Sus movimientos eran tan letárgicos, que al final June soltó el maletín, se acercó corriendo, y sin andarse con miramientos sacó a tirones uno de los delgados y pequeños colchones y lo colocó en su furgoneta.

Después de que Jim tumbara a la mujer con sumo cuidado, se sacó el móvil del bolsillo de la chaqueta y se lo dio.

—Marca el botón de Rellamada. Cuéntale a John lo que pasa, y dile que traiga la ambulancia —le dijo, mientras sacaba unos guantes del maletín.

—No tenemos dinero para pagar una ambulancia —protestó el marido—. Yo ayudé en el último parto, y puedo encargarme también de éste.

—Ni hablar. El bebé viene de cara, y voy a tener que girarle la cabeza. Ve a buscar sábanas, toallas, ropa... cualquier cosa de tela para limpiar, y para cubrir a tu mujer y al bebé —se puso los guantes, y posó una mano en la cabeza del bebé mientras con la otra palpaba con cuidado el útero. Miró a la mujer, y le preguntó con voz suave—: ¿Cómo te llamas?

—Er... Erline. Davis.

—¿Es tu tercer hijo?

—El cuarto, uno se me murió.

—¿Has tenido alguna vez problemas al dar a luz?

—Sólo aquella vez, el niño nació muerto.

Soltó un grito desgarrador que los dejó paralizados a todos menos a June.

—¿Fue en un hospital?

—Sí. Sí, no tuve ningún problema cuando di a luz en casa.

—Los partos son algo extraño e impredecible. ¿Podrías respirar con jadeos cortos y poco profundos, y controlar las ganas de empujar mientras intento girar la cabeza del bebé? Va a dolerte, pero será rápido.

—Vo... voy a intentarlo.

—Eso es todo lo que te pido, Erline —mientras giraba con cuidado la cabeza del bebé, la mujer gimió y empezó a jadear—. Eso es, Erline. Ya casi está —alzó la cabeza como una cierva olisqueando el aire para ver si había cazadores cerca, y gritó—: ¿Dónde está la dichosa sábana?

Más allá de los gemidos y los jadeos de Erline, fue vagamente consciente de que Jim estaba intentando explicarle a John quién era y lo que necesitaba. También se oía al marido lidiando con sus hijas, y a una de las pequeñas lloriqueando.

Como era consciente de que no podía perder más tiempo, se quitó la chaqueta y la sudadera blanca de cuello de pico que llevaba sobre una fina camisa, colocó la sudadera junto a la mujer, y le dijo:

—Vale, ya está. Cuando estés lista, adelante.

Tras un breve momento de inmovilidad y silencio en el que sin duda hizo acopio de fuerza tanto física como mental, Erline soltó un sonoro gemido mientras empujaba con todas sus fuerzas y la cabeza del bebé salió del todo. June limpió la nariz y la boca del pequeño con una perilla que había sacado del maletín, pero resultó ser innecesario; a pesar de los desafíos a los que había tenido que enfrentarse al llegar al mundo, el bebé ya estaba lanzando un sonoro berrido. Ella metió un dedo para ayudar a sacar un hombro, y el niño acabó de salir sin ningún problema.

—Lo has hecho como toda una campeona, Erline. Es un niño, y yo diría que pesa poco más de tres kilos —envolvió al bebé en la sudadera, colocó las largas mangas alrededor del pequeño fardo, y lo colocó sobre el abdomen de su madre.

Después de quitarse los guantes, sacó unas pinzas del maletín y las colocó en el cordón umbilical. No se molestó en cortarlo, porque era preferible que el personal de urgencias y John lo vieran todo intacto... siempre y cuando éste último llegara pronto, claro. Entonces extendió la chaqueta sobre los dos procurando cubrir todo lo posible a la madre, que estaba temblorosa.

—No he encontrado ninguna sábana.

Al oír la voz del marido a su espalda, se giró a mirarle y le dijo:

—Acabas de tener un hijo. A primera vista parece que está sano, pero habrá que hacerle una revisión en el hospital.

—No tengo dinero para pagar un hospital —parecía incapaz de mirarla a los ojos, y empezó a rebuscarse en el bolsillo de los anchos pantalones.

Cuando se sacó un pequeño fajo de billetes y apartó dos de veinte dólares, el aire se llenó con el olor a marihuana verde, un hedor inconfundible parecido al de las mofetas que impregnaba las manos, la ropa y el dinero de la gente que cortaba las plantas para secarlas.

El joven alzó la mirada hacia ella al ofrecerle los cuarenta dólares, y June entendió el porqué de su letargo y su pobreza al ver lo dilatados que tenía los ojos. Había gente de todo tipo que se dedicaba a cultivar marihuana en zonas aisladas...

estaban los que querían dinero y consideraban que la marihuana no era más que una planta como cualquier otra, así que aprovechaban una habitación de la casa o una sección del jardín para plantar unas matas y ganarse un dinero extra. También estaban los productores y traficantes a gran escala, los que tenían campamentos tan grandes como pueblos y plantaciones tan extensas como la que podría tener un productor de soja del centro del país, la clase de traficantes que Jim había atrapado en la misión de infiltración que le habían asignado. Y por último estaban los descerebrados como aquel joven, los adictos que cultivaban para consumo propio y para conseguir el poco dinero que necesitaban para ir tirando y cultivar un poco más.

—No necesito tu dinero, seguro que tenéis derecho a recibir asistencia médica gratuita; además, no pienso aceptar un dinero que apesta a marihuana. Guarda eso si no quieres meterte en un lío, ¿tu mujer ha estado fumando?

—No, no consume cuando está embarazada.

—¡No lo hago nunca! —apostilló la mujer.

—La he visto hacerlo una o dos veces —insistió él.

—Sólo lo pregunto por razones médicas.

Jim se acercó en ese momento con las dos niñas en brazos. Las pequeñas debían de tener dos y tres años respectivamente, tenían el pelo rubio y mugriento, vestían unos pantalones de algodón y unas camisetas que no servían para resguardarlas del frío, y lo único que cubría sus pies desnudos eran unas sandalias.

Jim estaba muy serio, y la expresión de su rostro era pétrea. La mayor de las niñas tenía una marca roja en la cara y estaba luchando por contener las lágrimas... era obvio que su padre le había dado una bofetada.

Al ver que el tipo volvía a meterse el dinero en el bolsillo y hacía ademán de agarrar a la niña, June se apresuró a preguntarle:

—¿Quieres ver a tu hijo? —le tomó del brazo con cuidado, y le condujo hasta la parte trasera de la camioneta.

Por suerte para todos, John llegó poco después y se apresuraron a meter a Erline y al recién nacido en la ambulancia. Después de colocar a las dos niñas en el asiento delantero, June se volvió hacia Jim y le dijo:

—Voy a tener que conducir yo para que John pueda ocuparse de Erline. Te veo después en el pueblo, ¿de acuerdo?

—¿Acaso tengo elección?

—Claro que sí. Si dejas mi camioneta bien aparcada, Sadie y tú podéis veniros en la ambulancia.

—¿Y qué pasa con él? —le preguntó, antes de señalar con un pequeño gesto de la cabeza hacia el joven de los billetes apestosos.

—Él me da lo mismo, los que me preocupan son ellos —June señaló con la cabeza hacia la ambulancia.

—Vete tranquila. Nos vemos en la cafetería, aprovecharé para empezar a conocer a la gente del pueblo mientras tú trabajas.

Ella esbozó una sonrisa, consciente de que tanto su padre como más de un vecino de la zona estaban esperándole, y comentó:

—Eres todo un valiente.

Él se quitó la chaqueta, que tenía las mangas manchadas, y se la puso a ella alrededor de los hombros antes de preguntarle:

—¿La vida contigo va a ser siempre así?

—La verdad es que no, esto no me pasa cada día de camino al trabajo.

—Pero va a ser una vida extraña, ¿verdad?

Ella se puso de puntillas y le dio un beso antes de contestar.

—Seguro que un tipo flexible como tú lo tendrá chupado —sin más, se apresuró a ponerse al volante de la ambulancia y se alejó con las luces de emergencia puestas.

Jim se volvió hacia el joven, que estaba mirando como un pasmarote su destartalada furgoneta, y le dijo con calma:

—Si te parece bien, podemos cargar la rueda pinchada en la camioneta y yo te llevo al pueblo. Allí podrán arreglártela, y cuando tengas la furgoneta lista puedes ir al hospital.

—A lo mejor tendría que largarme solo en cuanto me arreglen la rueda, nunca me pareció buena idea tener críos.

Jim enarcó una ceja, y le preguntó:

—¿Crees que alguien se molestaría en buscarte si te vas?

El joven le miró ceñudo y poco a poco, sin demasiado entusiasmo, llevó rodando la rueda hasta la camioneta, pero al final Jim la agarró con impaciencia y la metió en la parte trasera del vehículo. El tipo fue hacia la puerta del copiloto, pero se detuvo en seco al ver a Sadie y dijo:

—Prefiero ir atrás, los perros no me gustan demasiado.

Jim pensó para sus adentros que menos mal, porque a Sadie no le gustaban demasiado los idiotas, pero se limitó a contestar:

—Como quieras.

C A P Í T U L O 2

A pesar de que Grace Valley había pasado de los novecientos habitantes a más de mil quinientos en los últimos diez años, las cosas apenas habían cambiado; de hecho, Valley Drive, la calle que atravesaba el centro del pueblo, sólo había tenido algunas mejoras menores. Sólo había media docena de negocios incluyendo la comisaría de policía, la iglesia y la clínica.

El negocio de Sam Cussler, una mezcla de gasolinera y de taller mecánico, llevaba cuarenta y cinco años en el extremo oeste de dicha calle. El local ya estaba bastante viejo el día en que había firmado el contrato de compra, pero en todo aquel tiempo no había hecho ningún esfuerzo por modernizarlo.

Sam había enviudado dos veces, y pasaba más tiempo pescando que llenando depósitos de gasolina. En Grace Valley, al igual que en muchas otras pequeñas poblaciones rurales, casi todo el mundo se ocupaba del mantenimiento de sus propios vehículos, así que no tenía demasiado trabajo como mecánico; de hecho, por regla general solía dejar los surtidores encendidos, la gente le dejaba en el buzón pagarés en los que ponía cuánta gasolina se había puesto, y él aprovechaba a pasar a cobrar por las casas cuando veía que los peces no picaban.

Siguiendo la calle principal, a cierta distancia de la gasolinera, se encontraba la casa de tres habitaciones donde se ubicaba la comisaría. En ella trabajaban Tom Toopeek y sus jóvenes ayudantes, Lee Stafford y Ricky Ríos, que llevaban toda la vida en el pueblo. Tom había llegado de niño a Grace Valley con sus padres, y era uno de los mejores amigos de la infancia de June. A diferencia de sus seis hermanos, que habían optado por marcharse a probar fortuna fuera de allí, él no sólo se había quedado, sino que había construido su casa en el lugar donde antes estaba la antigua cabaña de sus padres y había aumentado la familia con cinco hijos propios.

En cuanto el pueblo había podido permitirse tener más agentes de policía, él mismo había seleccionado a Lee y a Ricky, y cuando habían regresado de la academia de policía, los había entrenado para que adoptaran su misma filosofía en cuanto a la mejor forma de servir a una población pequeña como aquélla.

En Valley Drive también había una floristería, aunque en ese momento estaba cerrada debido al reciente fallecimiento de su propietaria, Justine, que era la difunta esposa de Sam. También estaban la cafetería de George Fuller (que estaba abierta todos los días del año, incluso en Navidad), una panadería regentada por Burt Crandall y su esposa Syl, la clínica, y la iglesia presbiteriana. A ésta última había llegado un nuevo pastor, Harry Shipton, al que se le consideraba un soplo de aire fresco. Detrás de la cafetería y de la iglesia se extendía una ribera tan ancha como un campo de fútbol que descendía en una ligera pendiente hasta el río Windle, y era allí donde se celebraban la mayoría de eventos públicos, como la comida al aire libre del Día de la Independencia y la fiesta de la cosecha. George Fuller había construido varias barbacoas de ladrillos, y la gente llevaba mantas y sillas de jardín.

En la carretera 482 había una oficina de correos, y en la zona sur un mercado al aire libre donde se vendían productos de temporada. Las escuelas, tanto la de primaria como la de secundaria, se encontraban entre Grace Valley, Westport y Rockport, porque los estudiantes de otras pequeñas poblaciones se desplazaban hasta allí en autobuses que se asignaban en función de las necesidades que hubiera.

Grace Valley era uno más de entre las decenas o incluso los centenares de pueblos que salpicaban el norte de California, desde San Francisco hasta la frontera de Oregón, y a pesar de las muchas similitudes que existían entre ellos, cada uno tenía una personalidad propia y única. La principal industria era la tierra... la agricultura, la pesca, la tala de árboles, la vinicultura, la ganadería... y también la belleza que atraía tanto a turistas como a urbanitas desarraigados, que a su vez habían provocado la llegada de hostales y pensiones, tiendas especializadas, e incluso alguna sala de degustación o algún que otro restaurante (aunque estos últimos solían estar cerca de las carreteras, en vez de en el centro del pueblo).

La gente no iba al pueblo atraída por la industria agrícola de la zona, sino por los nuevos negocios que iban surgiendo a partir de esos recién llegados y del nuevo turismo. Cuando alguien se daba cuenta de que algunos artistas y artesanos se habían ido a vivir al valle para disfrutar de su belleza y de la paz que reinaba allí, de repente aparecía una galería de arte. Después de que se advirtiera la presencia de un número creciente de turistas visitando los pueblos de la zona, unas cuantas casas viejas se remodelaban y se convertían en pensiones de la noche a la mañana. Las salas de degustación emergían mientras los viñedos iban ampliando la producción, y el número de pintorescos restaurantes iba creciendo conforme el tráfico que circulaba por las carreteras iba en aumento.

También había quien no se ganaba la vida trabajando la tierra ni con el turismo: Myrna Hudson Claypool era una novelista con mucho éxito, y Sarah Kelleher una artista muy conocida. Y también estaban quienes tenían mucho dinero y construían sus casas entre la sombra de las montañas y la vasta belleza del océano Pacífico, por la mera razón de que podían permitírselo.

Pero también había otros que no llegaban al valle en tan buenas condiciones. El crecimiento generaba oportunidades en la construcción, la tala y la agricultura, y dichas oportunidades conllevaban la llegada de gente en busca de trabajo... o gente que pasaba de camino a las ciudades en busca de un salario, porque su trabajo de temporada se había terminado en otro pueblo; por desgracia, había muchos que optaban por trabajos ilegales como la pesca y la caza furtivas o el cultivo de marihuana, porque eran ocupaciones que les encandilaban con la promesa de un dinero fácil.

El joven que viajaba en ese momento en la parte trasera de la camioneta de June, sentado contra su rueda pinchada, entraba en ese último grupo. Se llamaba Conrad Davis, y a juzgar por su aspecto, estaba claro que no había conseguido dinero con tanta facilidad como esperaba. Jim estaba deseando que le repararan la rueda y se marchara de allí, porque después de trabajar tantos años para la DEA en misiones encubiertas, su olfato era excelente y sus instintos incluso mejores. Aquel tipo estaba delgaducho y parecía un desdichado de tres al cuarto, pero algo no encajaba. Su lentitud de movimientos podría deberse a que estaba fumado, pero la expresión de enfado que se reflejaba en su rostro no encajaba con eso. Una persona que había estado fumando marihuana solía estar apática, no malhumorada. Seguro que había consumido algo más, a lo mejor iba alternando... un poco de marihuana, un poco de cristal...

Cuando llegaron al pueblo, detuvo la camioneta delante de la gasolinera. Como había pasado muy poco tiempo en Grace Valley, no se dio cuenta de que había más coches que de costumbre en la calle principal, en especial cerca de la cafetería. A través de la puerta abierta del taller vio a un hombre alto, moreno y de aspecto imponente que, a pesar de tener el pelo blanco, tenía unos hombros anchos y un rostro de aspecto joven. Llevaba una escoba en una mano y una caña de pescar en la otra, como si estuviera intentando decidir cuál iba a usar, aunque al final dejó ambas cosas apoyadas contra la pared al verle bajar de la camioneta y acercarse.

—Sabía que hoy iba a ser un día más ajetreado que de costumbre.

—Hola. Me llamo Jim Post, y soy... eh...

—Sam Cussler —le estrechó la mano, y añadió—: Sé quién eres, hijo. Más o menos.

Las piezas encajaron de inmediato, porque June le había contado un montón de historias sobre el pueblo y sus habitantes.

—Es un placer conocerle, señor Cussler.

—Si vas a andarte con formalismos, tardaremos un montón en ir a pescar juntos. Porque tú pescas, ¿verdad?

—Sí, siempre que tengo ocasión, señor... Sam.

—Perfecto, los buenos pescadores nunca están de más en este sitio —miró hacia la camioneta, y al ver a Conrad intentando bajar la rueda, comentó—: Es demasiado enclenque para ese viejo trasto tan grande, ¿no?

Al darse cuenta de que había estado a punto de olvidarse de Conrad, Jim se apresuró a ir a por la rueda y la llevó rodando hacia Sam.

—June y yo veníamos de camino al pueblo y nos hemos encontrado a este joven y a su familia, se les había pinchado la rueda. Su esposa estaba de parto, y June la ha ayudado a dar a luz. Después se ha llevado a la madre, al bebé y a sus otras dos hijas al hospital, y me ha dejado a mí con él y con la rueda pinchada —miró por encima del hombro a Conrad, que estaba apoyado en la camioneta con las manos en los bolsillos de sus holgados pantalones, y añadió—: La rueda no es lo único que está desinflado.

Empujó la rueda con suavidad hacia Sam, que soltó un silbido al interceptarla y comentó:

—Me parece que estuvo conduciendo un rato con el pinchazo.

—¿Va a necesitar una nueva?

—Es lo más probable. Puedo intentar arreglarla, pero no te garantizo nada.

—¿Podrías venderme una nueva?, yo te la pago —no quería que el joven aireara aquellos billetes que apestaban a droga por toda la ciudad, estaba deseando que se largara de allí—. Me encargaré de llevarle de vuelta a su furgoneta.

—No te preocupes por eso, hijo, puedo llevarle yo. Supongo que hay gente esperándote en la cafetería; además, es mi trabajo, aunque no lo haga con la frecuencia suficiente como para pagar impuestos.

Jim contempló la calle, y le preguntó:

—¿Suele ir tanta gente a desayunar a la cafetería?

—La verdad es que no.

Al verle sonreír de oreja a oreja, Jim se dio cuenta de lo que pasaba: era obvio que estaba a punto de enfrentarse a una inspección exhaustiva.

—Eh... estoy deseando conocer a todo el mundo, pero le he prometido a June que me encargaría personalmente de este joven, y supongo que comenzará a dudar de mí si empiezo a romper mis promesas a las primeras de cambio.

Sam no se tragó aquella explicación. Conocía a June desde siempre, y estaba convencido de que no había ni un ápice de verdad en lo que acababa de oír. Supuso que detrás de todo aquello había algo más, algo relacionado con el joven del pinchazo.

—Te aconsejo que no les hagas esperar demasiado.

—Tardaré muy poco en llevarle de vuelta a su furgoneta, y regresaré al pueblo de inmediato.

—Como quieras, hijo —Sam metió la rueda pinchada al taller.

Al cabo de media hora, Jim estaba acabando de ponerle a la furgoneta de Conrad la rueda recauchutada que Sam le había vendido a buen precio, y que era mejor que las otras tres que llevaba el vehículo; después de apretar la última tuerca, se puso de pie y estiró la espalda. La mañana era fría y húmeda, y como no llevaba chaqueta, no había tardado en quedarse entumecido.

Era consciente de que Sam podría haberse encargado de poner la rueda, pero de momento estaba vigilando a Conrad como lo haría un policía ante un posible sospechoso. El muchacho estaba enclenque, pero eso sería irrelevante en caso de que tuviera un arma oculta en la furgoneta. No podía correr el riesgo de que atracara o hiriera a Sam.

—Gracias, tío, te debo una —le dijo Conrad.

—No me debes nada. ¿Sabes cómo llegar al hospital de Rockport?

—Aún no sé si voy a ir —esbozó una sonrisa falsa y ladina que dejó al descubierto su horrible dentadura.

Jim respiró hondo mientras intentaba hacer acopio de paciencia, y le dijo:

—Vayas adonde vayas, no vuelvas por aquí. ¿Está claro?

—Pero es que me gusta esta zona, colega. La gente es muy amable.

—Eso podría cambiar en un abrir y cerrar de ojos... colega.

Jim subió a la camioneta de June para evitar decir o hacer algo de lo que después pudiera arrepentirse, dio media vuelta, y puso rumbo al pueblo. Mientras iba de camino, se dio cuenta de que quizás el retiro no iba a ser tan aburrido como había temido, sobre todo viviendo en aquella zona.

John ingresó a madre e hijo en la unidad de maternidad y en la sala de recién nacidos del hospital, respectivamente, y June llevó a las dos niñas a una zona de juegos segura de la unidad de servicios sociales mientras esperaban a que llegara su padre. El personal estaba en alerta. Si el padre no hacía acto de presencia o parecía estar en malas condiciones, la asistente social estaba lista para llevar a las niñas a un centro de acogida.

Mientras iban de regreso a Grace Valley después de dejarlo todo dispuesto en el hospital, John la miró y le preguntó:

—¿Tu novio va a quedarse a vivir aquí?, ¿va a hacer de ti una mujer decente?

—No pierdes el tiempo, ¿verdad? Sí, parece que va a quedarse aquí.

—Qué alivio. ¿Y va a hacer de ti una mujer decente?

—¿Sabías que había estado planteándome tener un hijo por mi cuenta? Mi reloj biológico me decía que ya era hora, y por si fuera poco, las hojas de mi calendario iban pasando a una velocidad pasmosa. Pero la verdad es que soy una romántica y prefiero que haya pasado así, aunque ha sido algo del todo imprevisto.

—Vale, voy a fingir que no me he dado cuenta de que no has contestado a la segunda pregunta, pero no creas que voy a ser el único que va a hacértela.

—Eso lo tengo muy claro, te lo aseguro.

—¿Por qué no me habías hablado de él?

—Pues... la verdad es que eso es un poco complicado.

—No lo dudo, pero será mejor que idees una respuesta convincente. Si la gente se centra en esa pregunta, puede que se olvide de la otra. Venga, practica conmigo —su pelo rubio solía estar impecable, pero en esa ocasión le caía un mechón sobre la frente.

—A pesar de mi embarazo, no hemos pasado juntos tanto tiempo como cabría pensar.

Él soltó un silbido antes de comentar:

—Bien hecho, June. No habrías podido inventarte una respuesta más imprecisa que ésa.

—A ver, le conocí en... no sé, hace unos meses, puede que fuera cuando tú te mudaste al pueblo más o menos. Vino a la clínica fuera del horario de atención al público con un amigo que tenía una pequeña herida, no sé por qué estaban por la zona. A lo mejor habían venido de acampada o a cazar, yo qué sé. Atendí a su amigo, y al cabo de unos días Jim se presentó en mi casa un domingo por la tarde para darme las gracias. Nos sentamos a beber té frío en el porche, y nos enamoramos.

—Ohhh... qué dulzura...

June intentó no hacerle ni caso, pero se dio cuenta de que realmente necesitaba practicar, así que al final añadió:

—Venía por aquí de vez en cuando, pero sus estancias eran cortas, y ya sabes que en el pueblo no hay ni hoteles ni hostales. En una ocasión alquilamos una habitación en Westport, en ese sitio que hay junto al asador —se dio cuenta de que mentir sin llegar a mentir del todo podía ser de lo más divertido. Al igual que en el ajedrez, había que recordar dónde estaban todas las piezas.

—Ahora llega la pregunta dura de verdad, señorita: ¿cómo se tomó la noticia?, ¿cómo reaccionó al enterarse de que estás embarazada?

En esa ocasión, June no tuvo que inventarse una respuesta.

—Muy fácil: parece encantado con la noticia.

—Me alegro muchísimo, June —lo dijo con total sinceridad. Había sido él quien la había examinado la semana anterior, quien la había sorprendido con la noticia de que el embarazo estaba bastante avanzado. Era obvio que los médicos no eran infalibles—. Es verdad que no tenías ni idea, ¿no?

—Ni se me había pasado por la cabeza.

—No me lo explico, Susan y yo supimos que estaba embarazada a las tres semanas de gestación.

—Porque tú eres tocólogo y médico de familia, así que se

da por hecho que tienes que ser obsesivo en esos temas; además, no sé por qué, pero estaba convencida de que nunca iba a tener hijos... al menos, con tanta facilidad.

Él se echó a reír, y comentó:

—Apuesto a que fuiste bastante descuidada con los métodos anticonceptivos.

—¿Por qué lo dices? —lo miró sorprendida, porque había acertado de pleno.

—Porque las mujeres que han ido librándose siempre piensan que no van a concebir.

June estuvo a punto de sufrir un ataque al corazón cuando llegaron al pueblo y vio la cantidad de coches que había aparcados, tanto a lo largo de Valley Drive como en los aparcamientos de la iglesia y de la clínica. Cualquiera diría que iba a celebrarse una asamblea popular. La última vez que se había producido una aglomeración parecida, se había corrido la voz de que un apuesto doctor nuevo había llegado a la ciudad para trabajar con ella en la clínica. Multitud de mujeres habían recorrido kilómetros para poder echarle un vistazo a John Stone.

—¿Qué diablos está pasando?

—Lo sabes de sobra, June.

Lo entendió de golpe al ver que la cafetería estaba llena hasta los topes. Su camioneta estaba en el lado opuesto, delante de la clínica, aparcada justo al lado de la de su padre.

Como no había ni un solo espacio libre, John detuvo la ambulancia en segunda fila, junto a unas furgonetas, y comentó:

—Después la llevaré a la clínica para limpiarla y ponerla a punto, pero no pienso perderme ni un segundo del espectáculo —abrió la puerta de la ambulancia, y se apresuró a bajar.

—Está bloqueando estas furgonetas, puede que los dueños quieran sacarlas.

Él echó a andar hacia la cafetería, y se limitó a contestar:

—No querrán irse hasta oír tus explicaciones.

June no tenía ningunas ganas de entrar en la cafetería, pero la preocupación por lo que pudiera estar pasándole a Jim la impulsó a salir de la ambulancia y a ir hacia allí. Al entrar fue recibida con un sinfín de saludos y sonrisas, la gente se apartó para dejarla pasar, y mientras avanzaba entre el gentío, recibió palmaditas en la espalda por parte de los hombres y multitud de breves apretones en los hombros por parte de las mujeres. El invitado de honor estaba apoyado en la barra, con una taza de café en la mano. Le flanqueaban el párroco y el jefe de policía a un lado, su padre y Sam Cussler al otro, y todos ellos sostenían sus respectivas tazas de café como si se tratara de jarras de cerveza.

A primera vista, daba la impresión de que Jim no había sufrido ningún daño.

—¡Vaya, aquí está nuestra chica! —exclamó Elmer al verla—. Sírvele un café, George, pero no le pongas ni una gota de alcohol. ¡Está embarazada!

—¡Papá! —exclamó, horrorizada. Se puso roja como un tomate y fulminó con la mirada a Jim, que se limitó a encogerse de hombros en un gesto de impotencia, y se oyeron algunas carcajadas entre la multitud.

George le pasó una taza por encima de la barra a su padre, y cuando éste se la dio a ella, June no pudo evitar hacer una mueca de asco al ver que contenía leche, porque era una bebida que no soportaba.

—Lo siento, hija. He intentado mantener la boca cerrada, pero la emoción me ha podido. Creía que iba a irme a la tumba sin tener nietos. ¿Te has hecho ya una ecografía?, ¿sabes si va a ser niño o niña?

—¡Eso no le incumbe a nadie!

—¿Para cuándo es la boda? —preguntó alguien de entre el gentío.

—¿Cuándo sales de cuentas? —preguntó alguien más.

—¿Dónde conociste a ese tipo?, no es de por aquí —comentó otra persona.

June miró a uno y otro lado para intentar encontrar a los responsables de las preguntas, pero fue en vano; aun así, alcanzó a ver a Susan, la mujer de John, que era la enfermera de la clínica, a Birdie Forrest, su madrina, que había sido la mejor amiga de su difunta madre, a Burt y Syl Crandall, los propietarios de la panadería, a Charlotte Burnham, que había trabajado con ella de enfermera hasta que se había jubilado, a Jessie Wiley, que era su secretaria y recepcionista... a juzgar por la cantidad de amigos y pacientes que había allí, la clínica debía de estar cerrada.

Su padre había agarrado una botella de Jack Daniel's, y después de echar un chorreón de whisky en algunas de las tazas de café, incluyendo la de Jim, le pasó la botella a uno de los presentes y se acercó a ella. La besó en la mejilla, e indicó a Jim con un gesto de la cabeza y un guiño antes de decir:

—Se las ha arreglado bastante bien a la hora de enfrentarse a todos él solito, June.

—¡Papá! Pobrecillo...

—Nada de pobrecillo. ¡Mírale bien, jamás había visto a alguien tan ufano!

June suspiró al ver que Jim se echaba a reír. Era consciente de que estaba en deuda con él por la paciencia que estaba mostrando ante aquella situación, aunque existía el riesgo de que él optara por huir de un momento a otro; de hecho, no estaba segura de qué era lo que la preocupaba más... que él fuera capaz de soportar tanta presión sin inmutarse, o la posibilidad de que decidiera largarse de allí.

Un brazo le pasó por encima del hombro en ese momento, y alzó la mirada para ver de quién se trataba. Era John, que estaba alargando una taza vacía hacia su padre y dijo con tono suplicante:

—Eh, Doc...

Elmer Hudson sonrió de oreja a oreja, y exclamó:

—¡Que alguien le sirva un trago a John, va a necesitarlo si su compañera de trabajo va a casarse y a pedir la baja por maternidad!

June volvió a ruborizarse mientras las risas y las felicitaciones resonaban a su alrededor, y su padre añadió:

—¿Estáis todos servidos? Quiero brindar por la joven pareja, y...

—¡No son tan jóvenes! —gritó alguien, en tono de broma.

Su padre alzó la taza, y dijo:

—¡Brindo por mi hija, por su prometido, y por mi nieto!

—¡Va por ellos! —todos brindaron con entusiasmo, y la mayoría tomaron un trago.

Después de beber un poco de leche a regañadientes, June se volvió hacia su padre y le preguntó:

—¿No crees que es un poco pronto para eso?

—Yo diría que es un poco tarde —le contestó él, antes de lanzar una mirada de lo más elocuente hacia su incipiente barriguita.

Lo cierto era que June se sentía en parte muy agradecida por las bromas y el buen humor reinante, porque lo que había esperado eran burlas; al fin y al cabo, era una solterona que encima había resultado tener un amante secreto.

Dejó aparcadas esas reflexiones en un rincón de su mente, porque las bromitas tenían pinta de alargarse y empezaban a cansarla un poco. Sabía que aquel recochineo bienintencionado podía llegar a convertirse en un machaqueo continuo si no acababa recitando los votos matrimoniales delante de todo el pueblo, pero cada vez que pensaba en asumir un compromiso así, la cara se le encendía como si estuviera ardiendo y se le encogían las entrañas.

—¿Cuándo os casáis? —les preguntó el padre Harry.

Fue incapaz de articular una respuesta racional, así que fue todo un alivio que Jim tomara la iniciativa y contestara, aunque se sintió un poco incómoda al ver que él no le quitaba el ojo de encima al decir:

—Aún no hemos hablado siquiera de cuándo y dónde, así que vais a tener que darnos un poco de tiempo.

—Pues a juzgar por esa barriguita, yo diría que vais a tener que daros un poco de prisa —comentó alguien.

—¡Será mejor que tomes la iniciativa cuanto antes, muchacho! —exclamó otra persona.

Jim alzó una mano, y dijo con calma:

—Eso está en manos de June, y basta con mirarla para darse cuenta de que aún está un poco abrumada con todo esto.

—No estarás echándote atrás, ¿verdad? —le preguntó Elmer con suspicacia.

—Por supuesto que no. La paciencia no es una virtud en este pueblo, ¿verdad?

—Puede que me equivoque, pero creo haber oído que el embarazo ya está bastante avanzado —insistió Elmer.

Jim alzó su taza, y contestó:

—No va a estar menos embarazada mientras ultimamos los detalles —su comentario provocó risas generalizadas—. Nos encargaremos de todo a su debido momento.

June no pudo evitar sentirse reconfortada al ver que la apoyaba. Sabía que a él debía de parecerle extraño que no estuviera presionándole para que la boda se celebrara cuanto antes.

Birdie Forrest, su madrina, emergió en ese momento de entre el gentío, se acercó a ella, y le preguntó:

—A ver si lo he oído bien... ¿aún no habéis fijado la fecha de la boda?

—Apenas hemos tenido tiempo para hablar de eso, ya os diremos algo en cuanto tomemos una decisión.

—¡Por encima de mi cadáver! Eres lo más parecido a una hija para mí, ¡ten por seguro que va a haber boda!

June le tomó la mano, y le dijo con voz suplicante:

—Por favor, dejad que Jim y yo nos encarguemos de esto nosotros solos.

—No te preocupes, dejádmelo a mí.

La palmadita tranquilizadora que Birdie le dio en la mano no la relajó lo más mínimo. Le lanzó una mirada llena de preocupación a Jim, pero éste se limitó a negar con la cabeza como diciendo que era ella la que tenía dudas y la que se había criado en aquel pueblo.

Esbozó una sonrisa al notar que el bebé se movía en su interior, pero Birdie malinterpretó el gesto y le dijo:

—¿Lo ves?, todo va a salir de maravilla.

Al cabo de media hora, tras infinidad de abrazos y de besos de felicitación, salió de la cafetería junto a Jim y comentó:

—Has aguantado el tipo muy bien.

—No puedo decir lo mismo de ti, June. Tengo la impresión de que hay algo que estás intentando evitar.

—Lo siento de verdad. No es por ti, es... la mera idea —admitió, pesarosa.

—¿Qué quieres decir?

—Que te agradezco tu paciencia, y que deberíamos hablar del tema con calma antes de tomar una decisión.

—Todo lo contrario de como concebimos a nuestro hijo, ¿no?

—No quiero ponerte en un brete. Siempre he querido formar una familia y casarme, pero llevo mucho tiempo arreglándomelas sola y estoy acostumbrada a hacer las cosas a mi manera. Supongo que por eso algo en mí se ha quedado helado cuando has mencionado el matrimonio por primera vez —le agarró la mano antes de añadir—: Tengo que acostumbrarme a la idea, pero ten por seguro que te amo —al ver que no la miraba ni respondía, le preguntó—: Oye, ¿te has enterado de lo que acabo de decirte?

Él estaba mirando hacia el final de la calle, y de repente masculló:

—La madre que le parió...

Justo delante del taller de Cussler, un poco ladeada, estaba la destartalada furgoneta cargada hasta los topes con las pertenencias de la familia Davis.

La fiesta fue decayendo en la cafetería y dio paso a un runrún de conversaciones salpicado de alguna que otra carcajada, con el tintineo de vasos y platos como ruido de fondo. Elmer, Sam y Harry estaban sentados en una de las mesas apurando sus tazas, que a esas alturas ya sólo contenían café. Después de echarle un buen vistazo a Jim y de brindar por la pareja, la gente iba marchándose paulatinamente.

—Supongo que debería pasarme por la clínica para ver si John me necesita, no creo que June le sea de mucha ayuda hoy —dijo Elmer.

—Ella ha comentado que quería llevar a Jim a casa de Myrna, para que se conocieran —apostilló Sam.

—Me encantaría estar allí para ver cómo va la cosa, pero no me han invitado —Elmer se levantó de la silla antes de preguntar—: ¿Hay partida de póquer en la rectoría este jueves, Harry?

—Pues claro. ¿No hay ninguna baja?, ¿crees que también vendrá Myrna?

—Ni siquiera una manada de caballos salvajes podría impedírselo.

Harry hizo una mueca, y sacudió la cabeza antes de decir:

—No hay nadie que la quiera más que yo, pero como no se pierda alguna partida una semana de éstas, voy a tener que declararme en bancarrota.

—Pues ya seremos dos, reverendo —le contestó Elmer, antes de marcharse. Todo el mundo sabía que Myrna llevaba años desplumándolos en las partidas de póquer, ya que casi nunca tenía malas rachas.

–Oye, Sam, ¿el servicio de correos de la zona es fiable?

–No tengo ni idea, Harry. Nunca recibo correspondencia.

–No sé si la culpa la tiene la oficina de correos o mi amigo. Le presté algo de dinero hace unos meses, y... en fin, estoy convencido de que va a devolvérmelo... o a lo mejor no piensa hacerlo, y he sido un tonto; en fin, es que me dijo que me lo enviaría, pero...

–No hace falta que me des explicaciones, Harry –Sam se sacó un grueso fajo de billetes del bolsillo, y añadió–: Voy a darte una ayudita para que vayas tirando.

–No sabes cuánto te lo agradezco, no me gusta abusar de tu generosidad...

–No te preocupes. Desde la muerte de Justine, no tengo nada ni nadie en qué gastar mi dinero. Cuenta conmigo para lo que necesites –contó cien dólares, y los puso sobre la mesa.

–Muchas gracias, amigo mío. Te lo devolveré en cuanto reciba el cheque de la nómina.

Podría decirse que Myrna Hudson Claypool, la tía de June, era la habitante más querida de Grace Valley. Había llegado al valle con sus padres cuando tenía cuatro años, y nadie llevaba allí tanto tiempo como ella. Su padre, Charles Hudson, un prestigioso banquero procedente de la bahía de San Francisco que tenía una esposa mucho más joven que él, había decidido construir una casa en la que poder vivir con todas las comodidades, formar una familia numerosa, y tener una activa vida social. Para ello había fundado un pueblo, aunque al final no había llegado a vivir allí demasiado tiempo. Ocho años después de mudarse a Hudson House, la madre de Myrna había muerto al dar a luz a su segundo hijo, Elmer, y cuando Myrna tenía apenas catorce años y su hermano dos, Charles se había reunido con su esposa en el más allá.

A lo largo de los setenta años siguientes, Myrna había llevado una vida excéntrica y fascinante: en vez de jugar con las otras niñas o dejar que la cortejaran los muchachos de la zona, había criado a su hermano desde la infancia y se había asegurado de que fuera a la universidad gracias a la fortuna que les había legado su padre.

Durante aquel periodo en el que había ejercido de madre había sido una lectora incansable, porque la lectura la había salvado de la soledad. Cuando Elmer se había marchado de la casa para continuar con los estudios, había empezado a escribir novelas... primero góticas, después de misterio, y por último de intriga. A la edad de ochenta y cuatro años tenía más de sesenta libros publicados, y aún seguía escribiendo a toda marcha.

Nadie sabía a cuánto ascendía su fortuna, pero había mostrado su generosidad con el pueblo como si éste formase parte de su familia. Había donado un terreno para que se construyera un cementerio, había aportado un millón de dólares para fundar la construcción de la clínica, y el verano anterior, en la comida campestre del Día de la Independencia, había sorprendido a June con una ambulancia nueva.

Por si fuera poco, tenía empleadas a las quisquillosas gemelas Barstow, Endeara y Amelia, porque nadie más querría contratarlas y sin trabajo estarían en la indigencia. Las había contratado a pesar de que no le resultaban de gran ayuda en las tareas de la casa y cocinaban tan mal como ella (la comida de Myrna era legendaria por lo incomible que era, aunque eso jamás había impedido que organizara cenas con un montón de invitados).

Una de las historias más curiosas y entretenidas era la concerniente a su matrimonio. Había permanecido soltera hasta que se había casado a los cuarenta con Morton Claypool, un forastero que trabajaba de viajante y que compartía con ella la pasión por la lectura. El hecho de que pasara muy poco tiempo en Grace Valley era algo que Myrna valoraba de forma positiva, ya que a su edad estaba habituada a hacer lo que le diera la gana. Pero de repente, tras veinte años, Morton se había marchado y nadie había vuelto a saber de él.

Myrna se había enfadado por su desaparición, pero había ocultado el resentimiento que sentía por varias razones: en primer lugar, porque la avergonzaba admitir que había tardado meses en darse cuenta de que él no había regresado a casa, y en segundo lugar, porque sospechaba que la había dejado por otra mujer, y eso le resultaba humillante. De modo que, en vez de dejar que la situación la afectara demasiado, había mantenido la frente bien alta y se había desahogado a través de su carrera literaria.

En muchos de los libros que había escrito tras la desaparición de Morton, una esposa acababa con la vida de un marido traicionero. El estilo de los asesinatos variaba libro tras libro, pero cada vez iban siendo más sangrientos. El primero lo había escrito a modo de venganza personal por el abandono, pero los posteriores habían sido por puro entretenimiento, y el pueblo disfrutaba de lo lindo tanto de los libros como de las conjeturas.

La carrera literaria de Myrna se había tambaleado cuando se habían hallado huesos en su jardín. Las especulaciones habían dado paso a acusaciones y el fiscal del distrito había amenazado con presentar cargos contra ella, pero al final se había descubierto que los huesos pertenecían a más de un esqueleto, con lo que se había eliminado la posibilidad de que fueran los de Morton. En esa época Elmer, Myrna y el abogado de ésta, John Cutler, habían empezado a investigar a conciencia la desaparición de Morton, pero sus esfuerzos habían sido en vano; de hecho, Morton parecía estar «más desaparecido» que nunca.

June le explicó toda la historia a Jim mientras iban camino de la casa de Myrna, y comentó:

—Descubrimos que Morton se jubiló seis meses después de marcharse de Grace Valley, pero el cheque con su pensión se lo enviaban a un apartado postal. Siguió pagando a la Seguridad Social con parte de lo que cobraba, pero la empresa en la que había trabajado cerró y dejaron de pagarle la pensión. No encontramos ningún certificado de defunción, ni constancia de que hubiera cobrado su plan de jubilación. No había ni rastro de él.

—Tu tía debió de quedarse muy afectada.

—Eh... lo entenderás mejor cuando llegues a conocerla un poco, pero la verdad es que tía Myrna parecía de lo más tranquila. Le molestó un poco que el departamento del sheriff cavara en su jardín para buscar un cadáver, y dijo: «Se van a sentir como unos tontos cuando acabe todo esto». Yo estaba hecha polvo, casi inconsolable, llorando ante la mera idea de que mi querida y delicada tía pudiera ir a la cárcel, pero después me di cuenta de que seguramente mis lloreras estaban más relacionadas con el embarazo que con la tensión. Mi padre estaba hecho una furia y Tom Toopeek estaba de un humor de mil demonios por lo que estaba pasando, pero ella mantuvo la compostura y no dudó ni por un segundo que acabaría demostrándose su inocencia; de hecho, la última vez que hablé con ella me comentó que pensaba seguir escribiendo «las tramas con maridos desaparecidos» —soltó un suspiro antes de añadir—: Me parece que a estas alturas ya tendría que haber aprendido la lección.

A pesar de sus palabras, June no cambiaría en nada a su tía. Le encantaba lo ajena que podía llegar a ser a lo que la rodeaba, su entereza. Seguro que iba a seguir escribiendo historias sobre maridos asesinados, y con tramas cada vez más sorprendentes y enrevesadas.

Cuando Endeara les abrió la puerta se quedó mirando a Jim, que medía más de metro ochenta y tenía unos hombros enormes; parecía tan impactada, que incluso dio la impresión de que se tambaleaba un poco. Amelia, que había asomado la cabeza por la puerta de la cocina, soltó un suspiro que se escuchó con toda claridad. Era muy inusual que las dos estuvieran en la casa al mismo tiempo, porque se peleaban tanto, que Myrna había decidido que se repartieran el trabajo y se turnaran a la hora de ir a la casa.

Los cuatro se quedaron allí plantados durante unos segundos... June y Jim en el porche, y Endeara y Amelia contemplando embobadas al apuesto recién llegado, hasta que al final June preguntó:

—¿Vais a dejarnos entrar?

Las dos hermanas permanecieron inmóviles, pero en ese momento se oyó el sonido de pasos que se acercaban y Myrna apareció tras Endeara. Se quitó las gafas, las dejó colgando de la cadena que llevaba al cuello mientras se asomaba por encima del hombro de su empleada, y al verlos dijo con cierta exasperación:

—Oh, por el amor de Dios... —apartó con suavidad a Endeara, y miró sonriente a June—. Entra, querida, entra. Supongo que éste debe de ser tu novio, ¿no? —se apartó a un lado para dejarlos entrar.

Era una mujer que medía poco más de metro y medio, y en esa ocasión su pelo blanco parecía un poco más rebelde de lo habitual. Se lo había recogido en un moño alto sujeto con un lápiz, pero multitud de rizos habían escapado y le enmarcaban el rostro y las orejas. Después de besar a su sobrina en la mejilla, miró a Jim y le dijo:

—Deja que te vea bien —lo observó con un detenimiento que parecía casi picarón en una delicada señora mayor, y al final comentó—: Sí, no hay duda de que eres lo bastante atractivo para mi sobrina, pero la cuestión es si eres lo bastante rico.

—¡Tita!

—Estoy sin blanca, pero pienso ganarme el sustento con el sudor de mi frente.

—Ya veo. Has llegado a un acuerdo con mi sobrina, ¿no?

—Le prometí que haría todo lo que ella me pidiera.

June enarcó una ceja y le miró con escepticismo, porque no recordaba haber oído tal promesa.

—En ese caso, espero que haya empezado a hacer una lista

para mantenerte ocupado durante mucho, mucho tiempo. Venid a la sala de estar, las gemelas nos servirán unos refrescos. ¡Reacciona de una vez, Endeara! ¡Amelia, contrólate! —cuando las gemelas entraron en la cocina a regañadientes, añadió—: ¡Como os oiga discutir, no volveré a haceros ningún favor! ¿Está claro? —al oír que sus empleadas se limitaban a rezongar un poco en voz baja, tomó a June y a Jim del brazo y los condujo hacia la sala de estar—. Me ha parecido buena idea que hoy vinieran las dos, pero es que no sabía cómo salir del atolladero. Cuando Endeara ha venido a trabajar esta mañana y le he dicho que ibas a traer a tu novio para que le conociera, ha pensado que iba a tomarle la delantera a su hermana y ha empezado a darse aires de superioridad —miró a Jim, y añadió—: Se han dedicado toda su vida a discutir entre ellas, por eso hago que vengan a la casa por turnos. Pero a veces necesito que vengan las dos, y siempre acabo pagándolo caro.

Les indicó unas sillas al llegar a la sala de estar, y ella se sentó en un sofá que había justo delante.

—Al ver los aires de superioridad de Endeara, no he tenido más remedio que llamar a Amelia y decirle que podía venir a echarte un vistazo, pero con la condición de que se comprometiera a portarse bien —sonrió como la granujilla que era antes de comentar—: Me parece que has conseguido la aprobación de las dos —dio una palmadita con entusiasmo, y exclamó—: ¡Venga, cuéntamelo todo sobre ti!

De modo que le contaron la historia... abreviada.

—¿Tienes familia, Jim? —le preguntó Myrna.

—Una hermana casada que vive en el centro del país. Tiene un par de hijos adolescentes, y lleva toda la vida dándome órdenes.

—Ya veo. Estáis bastante unidos, ¿verdad?

—Sí, supongo que sí, aunque la verdad es que no nos vemos mucho.

—¿Cuántas veces has estado casado?

—Ninguna.

—¿Y prometido?

—Ninguna.

—¿Qué te hace pensar que puedes casarte con mi June y ser un buen marido para ella? Al fin y al cabo, eres bastante mayor.

June se mordió la lengua y no hizo ningún comentario, ya que había sabido desde el principio que aquello iba a ser un verdadero interrogatorio; por su parte, Jim apoyó los codos en las rodillas y se inclinó un poco hacia Myrna antes de preguntar:

—¿Qué habría pasado si le hubiera dicho que estuve casado una vez y me divorcié?

—Que te habría preguntado por qué crees que esta vez el matrimonio sí que va a durar.

—¿Y si me hubiera casado y divorciado tres veces?

—Me parecería un historial pésimo, ¿a ti no?

Él se echó hacia atrás, y se echó a reír.

—Me parece que es imposible complacerla, señora Claypool.

—Puede que tengas razón —le contestó ella, sonriente—. Por suerte para ti, no tienes que preocuparte por complacerme, ¿verdad?

—Y que lo diga.

Ella cerró los ojos por un momento mientras asentía con la cabeza, y le preguntó:

—¿Juegas al póquer?

Jim mintió sin pestañear siquiera.

—La verdad es que no he jugado nunca, pero estaría dispuesto a dejar que usted me enseñara.

Ella se echó a reír, y le dijo a June:

—Es un hombre avispado, has elegido bien.

Endeara llegó en ese momento con una bandeja con copas

y un platito de fresas, y tras ella entró Amelia con una botella
de champán bien frío.

—Será mejor que me traigas té, Endeara. Estoy embarazada.

La mujer estuvo a punto de dejar caer la bandeja al oír las
palabras de June, pero alcanzó a dejarla en la mesita que había
delante de Myrna justo a tiempo. Amelia aferró la botella de
champán por el cuello, y se tapó la boca con la otra mano.

—Vaya, me parece que tendría que haberos hecho otra
clase de preguntas —comentó Myrna—. ¿Podrías abrir la botella, Jim? Endeara, por favor, trae té para mi sobrina —cuando
las gemelas volvieron a marcharse, se volvió hacia June y le
dijo—: No esperarás que lo mantengan en secreto, ¿verdad?
Son incapaces de mantener la boca cerrada, te lo aseguro.

—No te preocupes, tita. El pueblo entero ya se ha enterado
gracias a mi padre, y eso que se lo dije la semana pasada —el
sonido del corcho al salir de la botella sonó con fuerza en ese
momento—. Estaba a punto de contártelo a ti también, pero
Jim apareció justo entonces. La verdad es que no esperaba
que llegara tan pronto.

—Me parece que es mejor que haya regresado cuanto antes. Dime algo, querida... ¿cómo has conseguido mantenerle
en secreto?

—Es que no le he visto tan a menudo como me habría
gustado, y ha estado trabajando fuera del estado. Jim iba a retirarse en un par de meses y después pensaba presentarse ante
la familia y el pueblo, así que supongo que mientras tanto no
quise tener que compartirle.

—Y yo no quise que me compartiera —apostilló él, mientras llenaba dos copas.

Myrna agarró una de las copas, y comentó:

—No sé cómo te las has ingeniado, teniendo en cuenta tus
horarios de trabajo. Por no hablar del hecho de que todo el
mundo se presenta en tu casa sin avisar cuando necesitan un

médico. Brindo por ti, June. Eres toda una maestra en el arte del engaño –tomó un pequeño sorbo antes de añadir–: Y por si fuera poco, ya viene un bebé de camino...

–Hemos pasado tan poco tiempo juntos, que no me explico cómo sucedió –June estaba realmente perpleja–. La verdad es que, de haber sabido lo que iba a pasar, habría presentado a Jim a todo el mundo bastante antes. Da la impresión de que me metí en la cama con él en cuanto le conocí, pero no fue exactamente así –aunque había sido algo muy parecido.

–Tengo algo para ti, algo perfecto... esperad aquí, ahora vuelvo –Myrna se fue entusiasmada, con toda la rapidez posible para una mujer de ochenta y cuatro años.

La pareja se miró en silencio durante unos segundos, y al final June susurró:

–¿Qué tal lo llevas?

–Creo que sobreviviré. Tu tía es de lo más entretenida... diablos, tu pueblo entero lo es. Me parece que no voy a aburrirme aquí.

–¿Tienes algún pasatiempo con el que entretenerte?, ¿te gusta tejer? –al verle fruncir el ceño, añadió sonriente–: Aún hay muchas cosas que no sé sobre ti.

En ese momento llegó Endeara, con una bandeja que contenía té y una cestita con galletas.

–Por suerte, hay tiempo de sobra –Jim le dio una palmadita en la rodilla mientras ella tomaba un sorbo de té, y añadió en voz baja–: No voy a ocultarte nada.

El té no estaba caliente, y tenía un gusto un poco raro. Las gemelas solían preparar un té pasable, así que June sospechó de inmediato que pasaba algo raro con los ingredientes. No alcanzó a oír bien lo que acababa de decirle Jim, pero su aliento cálido en el oído sumado al sabor como a agua de lavaplatos del té hizo que se le revolviera el estómago.

–¿Estás bien? –le preguntó él con preocupación, al ver

que empalidecía de golpe y que dejaba la taza de té sobre la mesita.

—No sé. Me siento... es el peor... tiene gracia, a estas alturas ya tendría que haberme acostumbrado a esto.

—¿A qué?

—A que se me revuelva el estómago de repente —respiró hondo, y se llevó la mano al estómago—. De golpe y porrazo, sin razón alguna, me vienen unas... —hizo una mueca, y tragó saliva de forma convulsiva.

—No te habrán entrado náuseas porque te he susurrado al oído que puedes saberlo todo sobre mí, ¿verdad? —le dijo él, medio en broma.

—Claro que no —apenas podía hablar. No era la primera vez que experimentaba aquellas fuertes náuseas tan súbitas, pero sabía que acabarían pasando. Aún no había vomitado ni una sola vez durante el embarazo—. Sólo tengo que quedarme quieta y callada durante unos segundos.

—Es increíble. Eres capaz de ayudar a que nazca un bebé sin inmutarte, pero te pones fatal cuando te tomas una taza de té en la sala de estar de tu tía.

—Shhh... —se acarició el vientre con suavidad, cerró los ojos, y rogó para sus adentros que cesaran las náuseas.

—¿Me juras que lo que te da náuseas no es la idea de casarte conmigo?

A June no le hizo ninguna gracia que siguiera bromeando, y masculló:

—Como sigas así, te la vas a ganar.

—Vale, vale —le contestó, con una carcajada.

Jim empezó a tamborilear con los dedos en la rodilla, y contempló la ornamentada sala llena de antigüedades mientras ella tomaba inspiraciones profundas y lentas por la nariz y soltaba el aire por la boca. La miró sonriente para intentar darle ánimos, pero ella ni siquiera se dio cuenta. Le parecía una mujer cautivadoramente bella incluso cuando estaba luchando con las náuseas propias del embarazo.

Myrna entró de nuevo en la sala al cabo de unos segundos, y exclamó sonriente:

—¡Aquí está! —se detuvo delante de ellos, y alzó por encima de la cabeza una percha de la que colgaba un vestido de novia cubierto de una funda de plástico transparente—. Lo he guardado para ti durante todos estos años, querida. ¡Vas a poder casarte con el vestido de novia de tu madre!

June soltó un extraño sonido estrangulado, se volvió de golpe hacia el otro lado, y vomitó sobre la alfombra.

Muchas pacientes le habían dicho a June a lo largo de los años que las náuseas matutinas, a diferencia de las causadas por una intoxicación alimentaria, por la gripe, o por cualquier otro desencadenante, se cortaban de raíz en cuanto se vomitaba. Segundos antes estaba con los ojos cerrados, los dientes apretados, y rezando mientras luchaba contra un malestar abrumador, pero en cuanto había vomitado, había respirado hondo varias veces y... ¡tachán! Se sentía como nueva, parecía un milagro. Las náuseas provocadas por el embarazo eran las únicas que se desvanecían de forma tan radical.

El problema era la humillación posterior.

—¡Oh, Dios mío! ¡No sabes cuánto lo siento, tía Myrna!

—No... no te preocupes, ya sé que no lo has hecho a propósito —la voz de su tía no era demasiado firme.

Después de asomar la cabeza por un instante, Endeara salió a toda prisa de la cocina con un paño húmedo, pero June lo rechazó y dijo:

—Me encuentro perfectamente bien, de verdad. Estoy como nueva, aunque desearía que se me tragara la tierra. Nunca me había pasado algo así.

Amelia llegó corriendo con una fregona y unos trapos, y comentó:

—Los embarazos son algo de lo más raro.

—¡Por favor, Amelia, deja que lo haga yo! —June sintió que se ruborizaba.

—No te preocupes, querida. Será mejor que vayamos al otro saloncito, las vistas nos resultarán más agradables —su tía dejó el vestido de novia sobre el respaldo de una silla, y chasqueó la lengua antes de añadir con voz suave—: Espero que tu madre no lo haya visto desde el cielo.

June se mordió el labio. Había sido pura coincidencia, no había vomitado por el hecho de que Jim mencionara el matrimonio y por la llegada del vestido de boda.

—Debería ayudar a limpiar...

Las gemelas se negaron en redondo.

—Tú has atendido a un montón de enfermos —le dijo Endeara.

—Te mereces que te cuiden a ti —apostilló Amelia.

El otro saloncito estaba junto al despacho de Myrna, enfrente del pasillo de la cocina. Su tía iba a tomar allí su vermú diario a las cinco, cuando dejaba de escribir, a modo de celebración por una buena jornada de trabajo. Era una sala amplia y aireada, con vistas a los terrenos de Hudson House; por regla general, en dichos terrenos había jardines, árboles, parras y césped, además de unas vistas espectaculares del valle hasta la costa, pero en ese momento era un terreno desastroso lleno de hoyos y arbustos destrozados.

Myrna soltó un sonoro suspiro al entrar en el saloncito, y optó por sentarse de espaldas a los terrenos.

—Dejaremos el tema de la boda para otro momento, le tengo mucho aprecio a esta alfombra —comentó, en un tono de voz suave bastante inusual en ella.

—Tía Myrna, las dos cosas no han tenido nada que...

—Claro que no, querida. Relájate y tómate tu tiempo, no

pienso presionarte. Recuerda que crié yo sola a un niño sin la ayuda de ningún hombre —miró con cierta nostalgia a Jim, y admitió—: Aunque si hubiera tenido uno como... —dejó la frase inacabada.

Jim estaba observando ceñudo los destrozos que reinaban en el exterior de la casa, y comentó:

—June me dijo que la policía estuvo cavando un poco en estos terrenos.

—¿Un poco? Estaban buscando un cadáver, el de mi difunto esposo... si es que está difunto, claro —Myrna esbozó una sonrisa antes de añadir—: No se lo digas a nadie, pero las sospechas del fiscal del distrito no eran descabelladas del todo. Llevo años escribiendo tramas parecidas en mis libros, así que pensaron que seguían una buena pista. No tienen ni idea de lo difícil que es escribir, ni de lo duro que resulta que te abandone tu marido.

June la miró sorprendida, porque era la primera vez que la oía decir algo así. Tendría que haberse dado cuenta de que a su tía debía de haberle dolido mucho lo que había pasado, a pesar de que nunca había exteriorizado sus sentimientos.

—Pero todo eso ya ha quedado atrás —añadió Myrna.

—Si quiere, estaré encantado de ayudarla a volver a poner los terrenos en condiciones.

—Es muy considerado de tu parte, joven, pero voy a asegurarme de que la fiscalía asuma todos los gastos. En el fondo no los culpo por sospechar de mí, pero uno tiene que responsabilizarse de sus propios actos... y en ese sentido, he estado pensando muy seriamente en cambiar de forma radical la temática de mis futuros libros.

—¿Ah, sí? ¿Vas a dejar de asesinar a maridos traidores? —le preguntó June.

—Es un concepto que ya ha quedado bastante manido, aunque no puedo negar que me ha reportado mucho dinero... y eso es algo que debo agradecerle a Edward.

—¿Quién es Edward?

Su tía la miró con una sonrisa velada antes de contestar:

—No eres la única de la familia que ha mantenido en secreto a un hombre, aunque el mío está mucho más lejos; a pesar de muchos intentos, jamás hemos llegado a conocernos en persona.

June se echó hacia delante hasta quedar sentada en el borde de la silla, y le preguntó:

—¿Quién es, tía?

—Un escritor, un historiador con quien he mantenido correspondencia durante unos veinte años. Me he carteado con diversos escritores a lo largo de los años... es algo muy frecuente en nuestra profesión, porque trabajamos en soledad. Pero Edward ha sido muy constante. Empezó siendo un admirador que estaba trabajando en su primer libro, una narración de la expedición de Lewis y Clark —se puso de pie y, sin molestarse en dar explicaciones, fue a buscar dicho libro al despacho.

Cuando regresó al cabo de un momento se lo dio a June, que después de ver que se titulaba *El camino prometido* y que estaba escrito por un tal Edward Mortimer, le echó un vistazo a la sobrecubierta y comentó:

—No hay ninguna foto suya.

—Edward es un poco mayor que yo, y muy tímido. Me dijo que tuvo que elegir entre sacar a la luz su vieja foto de militar o no poner ninguna.

June cerró el libro, y le preguntó sonriente:

—¿Por qué no le has mencionado nunca?

—Por ninguna razón en especial... o puede que sí. A lo mejor no quería que nadie pensara que soy una vieja tonta, porque la verdad es que con el tiempo le he tomado mucho afecto.

—Me parece fantástico, tita.

—Le planteé la idea de la esposa asesina, y le pareció bien.

O quizá fue al revés, y fue él quien me la planteó y yo la que pensé que estaba bien, no me acuerdo. Le pareció que era mi mejor obra, puede que porque estaba muy... muy... furiosa cuando la escribí, y fue todo un éxito de ventas. Entonces él me dijo en una carta que no fuera tonta, que volviera a hacerlo pero desde otro ángulo, que había dado con algo que le encantaba a mis lectores. Y yo también le di consejos, por supuesto. Los escritores solemos darnos ese tipo de apoyo —carraspeó un poco antes de seguir—. Él es la única persona en quien he confiado hasta ese extremo, suelo ser muy reservada.

—¿Crees que podrás llegar a conocerle en persona?

—Lo dudo. Hace unos años fui a Fresno, porque él iba a ofrecer una charla y a firmar libros en una librería de allí, pero sufrió un ataque de gota y tuvo que quedarse en cama. No me importa viajar un poco, pero a mi edad sería una locura embarcarme en un viaje de cinco horas en mi viejo Caddy.

—Avísame si se te vuelve a presentar una oportunidad, tita. Yo te llevaré a donde sea —June se puso de pie—. Será mejor que nos vayamos ya, el pobre John está solo en la clínica.

—¿Volverás pronto?

June besó la marchita mejilla de su tía, y le dijo con voz suave:

—Y a menudo.

—Oye, June... quieres que nos casemos, ¿verdad? —le preguntó Jim, mientras iban de camino hacia el pueblo.

—Creo que sí.

—¿Lo crees?

Ella posó una mano sobre su vientre en un gesto protector, y le espetó:

—¡No te pongas así, llevo mucho tiempo arreglándomelas sola!

Él la observó en silencio durante un tenso momento, a pesar de que tendría que tener la mirada fija en la carretera, y al final le dijo:

—Ten en cuenta que también llevas mucho tiempo embarazada.

Los rumores solían propagarse con tanta celeridad por Grace Valley, que a veces alguien oía un cotilleo sobre sí mismo antes de tener tiempo de contárselo a su mejor amigo. June era el ejemplo perfecto: antes de que pudiera contárselo a su tía Myrna, el pueblo entero se había enterado de que mantenía una relación con un hombre en secreto, estaba embarazada, y aún no había fijado la fecha de la boda.

Pero también había ocasiones en que las noticias no se difundían con suficiente rapidez, en que noticias que podían ser lo bastante importantes como para despertar alarma permanecían encalladas. Y una de ellas era la presencia de Conrad Davis en el pueblo, a pesar de que Jim le había dejado muy claro que debía marcharse. Él era el único que había estado lo bastante cerca de Conrad como para darse cuenta, en gran parte gracias al olfato que había desarrollado en su profesión, de que no era un tipo de fiar.

Cuando Sam fue a su taller después de desayunar en la cafetería y encontró allí a Conrad con la destartalada furgoneta, comentó en tono amigable:

—No has llegado muy lejos, ¿verdad? ¿Problemas con la furgoneta?

—No, señor —le contestó Conrad, con una actitud de lo más dócil. Bajó la mirada, y empezó a arrastrar un poco los pies—. Llevaba a la parienta y a las niñas a Fresno, porque mi primo me dijo que seguro que allí encontraría curro, pero ella ha parido a un lado de la carretera —alzó la mirada, y sonrió con timidez—. Ha sido un niño, gracias a Dios que nos ha encontrado esa doctora.

—Sí, es una joya.

—Tengo que ir al hospital a ver a la parienta, pero... —se interrumpió durante unos segundos, y volvió a bajar la mirada antes de seguir—. No me parece seguro dejar la camioneta con nuestras cosas en el aparcamiento de allí, seguro que nos lo roban todo.

Sam enarcó una de sus blancas cejas al contemplar los trastos y los viejos enseres personales que se amontonaban en el vehículo; a su parecer, ni siquiera merecería la pena quemar todo aquello, y mucho menos robarlo... en especial el colchón manchado y ensangrentado que sobresalía de la parte de atrás.

Conrad siguió la dirección de su mirada, y comentó:

—Erline ha dado a luz encima de ese colchón. Habría preferido tirarlo, pero no tenemos más y no quiero que las niñas duerman en el suelo —sus ojos se llenaron de lágrimas—. Sé que mis cosas no valen gran cosa, pero necesito un sitio donde guardarlas mientras voy al hospital a por mis hijas. No puedo arriesgarme a que me roben, ahí tengo la ropa de las niñas y todo lo demás.

Sam siempre había vivido con sencillez por elección propia, no porque estuviera falto de recursos; de hecho, ganaba dinero casi sin proponérselo.

—¿A qué te dedicas, hijo?

—He trabajado en la construcción, y de portero. También he hecho algo de mecánica, pero poca cosa —carraspeó un poco antes de añadir—: Estaría dispuesto a hacer lo que fuera con tal de tener a mi familia bajo techo, señor.

Sam no necesitaba un empleado, la gasolinera funcionaba sin necesidad de que él estuviera allí. Había pasado por épocas duras, ya que había perdido a dos esposas, pero jamás había sido pobre ni había tenido que preocuparse por cómo alimentar a una familia. No tenía hijos, pero aquel joven podía ser como un nieto.

—¿Cuándo comiste por última vez, hijo?

Conrad alzó la mirada hacia el cielo, como si estuviera buscando la respuesta en las nubes, y al final le dijo:

—Ayer no... creo que fue el sábado, cuando acampamos para pasar la noche y pesqué unos peces.

—Un hombre que sabe pescar nunca tiene por qué pasar hambre —le dijo Sam, sonriente—. Anda, vamos a la cafetería para que comas un poco y podamos charlar sobre tus opciones. Esto no es Fresno, pero ¿estarías dispuesto a quedarte una temporada si te encontráramos algún empleo?

El rostro de Conrad se iluminó.

—¿Aquí? Demonios, este sitio es mucho mejor que Fresno. Fresno es un asco, ¿ha estado alguna vez allí?

—No, la verdad es que no.

—Este pueblo es mucho mejor, mucho más bonito. Y la gente es más amable.

—Sí, en Grace Valley hay muy buena gente —le pasó un brazo por los hombros, y lo condujo hacia la cafetería—. Anda, vamos a comer algo. George hace unos desayunos para chuparse los dedos, y su café es el mejor en ciento cincuenta kilómetros a la redonda.

—Señor, mi camioneta... ¿puedo meterla en su taller?

—No te preocupes por ella, te garantizo que en Grace Valley no va a pasarle nada.

—Me gustaría criar a mis hijos en un sitio así —comentó Conrad, con voz queda.

—Nunca se sabe, a lo mejor puedes hacerlo.

Harry Shipton estaba en el despacho de la rectoría, con la chequera y un montón de papeles esparcidos por la mesa y la calculadora en medio. Repetía los cálculos una y otra vez en vano, pero la respuesta siempre era la misma: estaba en números rojos... otra vez.

Alargó la mano hacia el teléfono por puro hábito, pero la apartó de golpe antes de que pudiera llamar a su exmujer, Brianna. Resultaba humillante que ella siempre tuviera razón, pero no podía negar que era un negado a la hora de gestionar el dinero. Sus prioridades se centraban en otros ámbitos. Se le daba muy bien tratar con la gente, dar apoyo espiritual, e incluso hacer de consejero. A Brianna siempre le había hecho gracia que se le diera tan bien aconsejar a las parejas que tenían problemas, pero que ni siquiera se hubiera dado cuenta de que su propio matrimonio estaba derrumbándose ante sus propios ojos.

En fin, al menos no habían tenido hijos... ¿cómo que al menos? Tanto Brianna como él habían querido tenerlos, pero no lo habían logrado.

El teléfono empezó a sonar en ese momento, y se apresuró a contestar. La mujer que había al otro lado de la línea le contó que aquella mañana habían ingresado a su anciano padre en el hospital, que creían que había sido un derrame cerebral, y que el hombre estaba semiinconsciente.

—Lo lamento muchísimo, ¿está en el Valley Hospital? Iré esta misma tarde a hacerle compañía un rato, ¿puedo ayudarte en algo mientras tanto? —cuando la mujer le pidió oraciones, le contestó—: Activaré la cadena de oración de inmediato. No te preocupes, tu padre es un buen hombre y el Señor va a ocuparse tanto de él como de ti.

—No sé qué haríamos sin ti, Harry.

—Y yo no sé qué haría sin vosotros. Llámame de inmediato si hay alguna novedad.

Después de despedirse de ella, se puso manos a la obra. Primero llamó a Betty Lou Granger, y le explicó que había que activar la cadena de oraciones para rogar por aquel feligrés. A continuación llamó a la cafetería, y le preguntó a George si tenía algo de comida congelada que pudiera donar para los miembros de la familia, que iban a pasar muchas horas en el hospital y seguro que no tenían tiempo de preparar una buena comida. Después llamó a Philana Toopeek, la madre de Tom, para preguntarle si podría contribuir con un poco de su delicioso pan casero, y ella le aseguró que su marido lo llevaría a casa de la familia del enfermo antes de la hora de la cena.

Entonces entrelazó las manos por encima de un desastroso montón de facturas, y le rogó al Señor por el amigo y hermano que estaba hospitalizado. Se sintió inundado por la calidez del amor de la comunidad, y al igual que siempre, cuando abrió los ojos después de rezar se sintió con fuerzas renovadas... aunque la sensación sólo duró hasta que recordó que estaba en números rojos, y que tenía que pagar lo que había gastado con tres tarjetas de crédito.

La incapacidad de gestionar su escaso salario de predicador le había costado su matrimonio. Brianna y él habían tenido un buen punto de partida, porque el respetable salario que ella recibía como maestra compensaba lo reducido que era el suyo; de hecho, incluso se las habían ingeniado para ahorrar un poco de cara al futuro. Pero el mayor error que habían cometido había sido caer en la vieja costumbre conservadora de que fuera el hombre de la casa quien gestionara el dinero, porque era un negado en ese aspecto. Siempre pagaba los intereses más altos mientras lidiaba con las facturas, acababa gastando dinero en tonterías, invertía en perdedores y dejaba escapar buenas oportunidades. En resumen: al final habían acabado metidos en un profundo agujero.

Brianna le había dicho que iban a tener que usar el dinero de los ahorros, y que en adelante iba a ser ella la que se ocupara de pagar las facturas... jamás podría olvidar la expresión de su rostro cuando él había admitido que ya no les quedaban ahorros; en teoría, las inversiones que había hecho eran un éxito seguro, pero habían resultado ser un fracaso total.

Ella se había quedado devastada. Después de vender la casa, pagar las deudas, y sacar a flote la cuenta corriente, habían empezado de nuevo, pero entonces él había decidido sorprenderla recuperando el dinero perdido y había encontrado un par de inversiones que pensaba que darían buenos dividendos en menos de seis meses. Había optado por un conjunto de inversiones diversificadas y equilibradas para evitar otra pérdida masiva, y su alegría había sido inmensa cuando las acciones de varios de los negocios se habían disparado y el dinero invertido se había doblado. Entonces había optado por hacer un ajuste de los márgenes de garantía, y poco después había tenido que liquidar parte de los efectivos para pagar una deuda. Cuando varias de las inversiones se habían ido a pique, había liquidado unas acciones para comprar a la baja, y por otra parte, había tenido pérdidas al vender baratas unas acciones que después habían subido de valor. Había tenido que hacer frente a varios pagarés, había ejecutado un par de ajustes de los márgenes de garantía, había hecho uso de varias opciones de compra...

Brianna se había puesto hecha una furia cuando le había confesado que había vuelto a perder todos los ahorros, y él sólo había alcanzado a defenderse diciendo que no lo había hecho a propósito.

Ella había optado por dejarle, y lo cierto era que resultaba comprensible. No era una cuestión de amor, porque aún seguían queriéndose; seguro que, si hubieran llegado a tener hijos, ella les habría abierto una cuenta para ir ahorrando de cara a cuando fueran a la universidad, y él habría acabado perdiéndolo todo en alguna inversión ruinosa. A veces pensaba que su suerte estaba cambiando, pero entonces... ¡zas! volvía a hundirse hasta el fondo.

De no ser por el tema del dinero, su vida sería perfecta.

Amaba a Dios, a su iglesia, a su congregación, y le encantaba su trabajo. Cuando estaba arrodillado rezando, o pronunciando un elocuente y edificante sermón desde el púlpito, o ayudando a alguien necesitado o con problemas, se sentía completamente realizado y feliz, lleno de paz. Pero esos momentos de felicidad pasaban con gran rapidez, y entonces tenía que volver a enfrentarse a las facturas.

Tenía cien pavos, una cuenta corriente en números rojos, y las facturas de las tarjetas de crédito por pagar. En Grace Valley tenía la oportunidad de empezar de cero, pero antes tenía que darle un giro a la situación. Si conseguía pagar lo que debía, no volvería a correr ningún riesgo financiero. Contrataría a un gestor para que le asignara una mensualidad y se encargara de manejar el resto del dinero, y no volvería a desviarse de su presupuesto nunca más.

Abrió el cajón superior del escritorio, y sacó un programa de carreras de caballos. Había apostado otras veces, y le había salido bien; además, le habían hablado muy bien de uno de los animales.

Juró ante Dios que no volvería a apostar nunca más si tenía suerte esa última vez, agarró el teléfono, y empezó a marcar el número de la casa de apuestas.

El edificio que albergaba la comisaría había sido en el pasado una casa de tres dormitorios. El más grande de los tres era el que se había convertido en el despacho de Tom, que en ese momento estaba sentado tras su escritorio. Estaba completamente solo, porque uno de sus ayudantes estaba patrullando y el otro descansando antes de encargarse del turno de noche.

Había empezado la jornada incluso más temprano que de costumbre, y justo cuando estaba pensando en ir a comer algo, oyó que llamaban a la puerta principal y gritó:

—¡Estoy aquí!

De la celda que se había construido a partir de otro de los antiguos dormitorios sonó un resoplido que pasó a ser un ronquido. El ocupante del catre era Rob Gilmore, que se había pasado con la bebida la noche anterior. Jennie, su esposa, le había echado de casa, y había llamado a comisaría.

Tom alzó la mirada, y se limitó a esperar; fuera quien fuese, el recién llegado estaba tomándose su tiempo. No se oían pasos, pero alcanzó a oír el crujido de las tablas del suelo del pasillo. Se llevó la mano al arma por si acaso, aunque le parecía muy poco probable que alguien quisiera atacarle en su despacho.

Al cabo de unos segundos, Jim Post apareció en la puerta y le preguntó con naturalidad:

—¿Qué le ha pasado al tipo de la celda?

—Su mujer le echó de casa.

—No me extraña, vaya ronquidos. Qué horror. Menos mal que no soy tan ruidoso cuando duermo —al oír otro sonoro ronquido, añadió—: Dios mío, ¿cuánto tiempo lleva así?

—Desde que le traje a las cuatro y media de la madrugada.

—Tus nervios deben de ser de acero.

—Sí, la verdad es que no tengo todo el reconocimiento que me merezco —comentó, en tono de broma.

Jim entró en el despacho, y le preguntó:

—¿Tienes un minuto?

Tom dejó a un lado el bolígrafo, y le indicó con un gesto una de las dos sillas que había frente a la mesa. A pesar de que acababa de conocerle, en muchos aspectos sentía como si Jim fuera un viejo amigo; en primer lugar, porque era el novio de June, a la que consideraba su mejor amiga con la excepción de Ursula, su esposa. En calidad de agente de policía del pueblo tenía que tratar muchos asuntos con los servicios médicos, y por si fuera poco, June y él se habían criado juntos; de hecho, de pequeños se consideraban hermanos de sangre... aunque eso había sido antes de que ella se diera cuenta de que era una niña, claro.

Aquellos recuerdos de la infancia le hicieron sonreír, y Jim le preguntó:

—¿Qué te hace tanta gracia?

—Estaba recordando que, cuando éramos niños, June Hudson era mi hermano de sangre. Nos hicimos cortes en las manos y todo. Y ahora resulta que ella es tu... ¿tu qué?, ¿tu prometida?

—Como mínimo.

A Tom le parecía toda una suerte que le cayera tan bien el hombre al que había elegido June. El hecho de que Jim Post hubiera trabajado toda su vida como agente de la ley era un punto más a su favor, y estaba deseando conocerle mejor para charlar e intercambiar anécdotas.

—Quiero comentarte un par de cosas, Tom. ¿Estamos solos? No hay nadie más aparte de ese tipo de la celda, ¿verdad?

—Sí, no te preocupes. Mientras sigamos oyendo sus ronquidos, sabemos que está dormido.

—Perfecto. Vale, en primer lugar... y confidencialmente, si no te importa... estuve trabajando en la DEA hasta que me retiré.

—Ya lo sé.

Jim lo miró sorprendido, y al final le dijo:

—No lo sabías, sólo lo suponías.

—Puedes creer lo que te dé la gana, pero sé que formaste parte de la redada del verano pasado.

—¿Te lo ha dicho June?

—¿Tú qué crees? —apoyó los codos sobre la mesa, y se inclinó un poco hacia delante.

Jim se frotó la barbilla, y frunció los labios antes de contestar:

—Te contó lo de la herida de bala y que me presenté de noche en la clínica, y tú sacaste tus propias conclusiones.

—La verdad es que tengo unas cuantas fuentes bastante fiables.

—Eso me pone un poco nervioso.

—Relájate, estamos del mismo lado.

—Estuve en contacto con tipos bastante peligrosos, Tom.

—Y casi todos están entre rejas gracias a ti y a unos cuantos agentes más. Por el amor de Dios, si la DEA trajo a un verdadero ejército. Está claro que los pocos que lograron escabullirse no van a quedarse por la zona.

—Eso esperamos.

—Estoy muy pendiente de todo, así que intenta relajarte. Tienes otros asuntos que...

—Una cosa más: ¿has visto una furgoneta cargada de trastos aparcada en el taller de Sam Cussler?

—¿Cuándo? —era obvio que no la había visto.

—Cuando salí de la cafetería con June para ir a ver a su tía, la furgoneta estaba delante del taller, y cuando hemos vuelto me he dado cuenta de que la habían metido dentro. June y yo nos la encontramos esta mañana en la carretera, tenía una rueda pinchada. Pertenece a un matrimonio con dos hijas, la mujer estaba de parto y June la ha ayudado a dar a luz en la parte trasera de su propia camioneta. John vino con la ambulancia cuando le avisamos y se los llevó al hospital, y mientras tanto yo traje al marido al pueblo y le compré una rueda en el taller de Sam.

—Has tenido una mañana bastante ajetreada.

—Después de ponerle la rueda nueva a la furgoneta, le he dicho al tipo que se largara de la zona cuanto antes. Intentó darle un par de billetes de veinte a June como pago por ayudar en el parto, y resulta que tenía un fajo de dinero que apestaba a droga.

Tom se reclinó en el asiento, agarró un bolígrafo, y golpeteó con él en la mesa varias veces antes de decir:

—¿Por qué crees que está merodeando por la zona?

—Se me han ocurrido un montón de teorías. Esta mañana, mientras su mujer daba a luz, tenía las pupilas tan grandes como manchones de tinta y estaba colocado, sus movimientos eran lentos y apenas podía centrarse. No creo que esté pensando en empezar de cero. No le conozco, pero estoy convencido de que viene de las montañas. Puede que trabajara para un productor de marihuana, o que tuviera su propia pequeña plantación.

—Si era una plantación al aire libre, puede que se haya ido a pique, porque los productores de marihuana no son los únicos agricultores que lo pasan mal cuando cambia el tiempo. En invierno siempre suelen aparecer desempleados por la zona, los servicios sociales tienen bastante trabajo. Puede que ese tipo sea uno más de esos, que esté pasando una mala racha como tantos otros.

—Cuando le mires a los ojos y hables con él, verás lo mismo que he visto yo. No es lo que finge ser, Tom. No es meramente un tipo que está pasando por una mala racha.

—¿Esperas que le arreste por los ojos que tiene, o que le eche del pueblo porque por aquí no nos gusta cómo huele su dinero?

—Lo que espero es que le tengas vigilado, porque estoy seguro de que no tiene buenas intenciones.

Tom esbozó una sonrisa, y comentó:

—Nadie diría que estás retirado.

Jim le devolvió la sonrisa antes de admitir:

—Es difícil olvidar las viejas costumbres.

—Me lo imagino —él apenas había tenido un día libre en veinte años.

—Además, está claro que Sam va a intentar echarle una mano, y no quiero que le pase nada. Parece un buen tipo.

—Sam no es ningún tonto, pero iré a avisarle que se ande con cuidado por si acaso —Tom se puso de pie, y se estiró antes de preguntar—: ¿Has comido ya?

–Vamos a tener que dejarlo para otro día, tengo que ir a encargarme de un par de asuntos; además, por hoy ya me han interrogado bastante en la cafetería.

La tarde se le pasó volando a June, ya que tuvo más pacientes que de costumbre. La mayoría fueron por naderías, y básicamente se dedicaron a preguntarle por su embarazo y por su supuesta boda.

Por suerte, era consciente de cómo funcionaban las cosas en un pueblo pequeño, y supo lidiar con la situación. Las preguntas eran directas, sin falsas zalamerías, pero ella era toda una experta a la hora de contestar con evasivas: cuando le preguntaban cuánto hacía que conocía a Jim, ella decía que el tiempo suficiente; a la pregunta de cuándo iba a nacer el bebé exactamente, se limitaba a contestar que los bebés nacían a su debido tiempo.

Pero, sin lugar a dudas, lo que le preguntaron más veces fue la fecha de la boda, y en ese caso sólo respondía: «Cuando fijemos la fecha, serás el primero en saberlo»; al final, resultó que unas cuarenta personas iban a ser «las primeras en saberlo».

Para cuando llegó el final de la jornada, estaba exhausta. Sabía que el cansancio se debía en gran medida al embarazo, pero hasta ese momento no había tenido un decaimiento tan brusco.

–Estoy hecha polvo –le comentó a Susan Stone.

–Sí, la fatiga aplastante me parece la peor parte del embarazo, es incluso peor que las náuseas.

–No sé qué decirte –June se llevó una mano al vientre antes de añadir–: ¿Te he contado lo que ha pasado cuando he ido a ver a tía Myrna? Ha bajado del ático el viejo vestido de novia de mi madre, y he vomitado en su alfombra oriental. Supongo que ha sido por el olor a naftalina... y por el té que me ha preparado Endeara, que sabía a agua de lavaplatos.

—¡Anda ya! ¿En serio? —Susan se echó a reír.

—¿Crees que me inventaría algo así? ¡Ha sido mortificante!

Jessie, que estaba en el mostrador de recepción, se acercó por el pasillo al oír reír a Susan y preguntó:

—¿Qué te hace tanta gracia?

—June ha vomitado en la alfombra de su tía.

—¡No puede ser!

—Sí, sí que puede ser —le dijo June.

John salió en ese momento de una de las salas de reconocimiento, y se unió a la conversación.

—¿Y cómo ha reaccionado el futuro padre?

June intentó recordarlo, y al cabo de unos segundos contestó:

—Me parece que ha mirado hacia otro lado.

—Pero no ha salido corriendo, ¿no? —le preguntó Susan.

—No, ha mantenido el tipo. Ha sido horrible —se sentó con cansancio en una de las sillas que había en el pasillo, y añadió—: Le falta poco para cumplir los cuarenta, y no se esperaba esto...

—Tú también estás cerca de los cuarenta, y tampoco te lo esperabas —apostilló John.

—Estoy cerca de los treinta y ocho, no me pongas años. Aunque tienes razón en lo de que no me esperaba...

—¿No esperabas quedarte embarazada? —le preguntó Jessie.

June contempló con una ceja enarcada a la atractiva joven de veintiocho años, que ejercía las funciones de secretaria y recepcionista en la clínica, y le dijo:

—Que te sirva de lección. Cualquier mujer puede quedarse embarazada por un simple descuido, así que ten cuidado.

—Ahora que lo mencionas, no alcanzo a entender cómo es posible que alguien como tú...

Antes de que Jessie pudiera acabar la frase, oyeron que alguien decía desde la sala de espera:

—¿Hola?, ¿hay alguien?

—Gracias a Dios —June se puso de pie, y mientras iba hacia la sala, se volvió a mirar a Jessie por encima del hombro y le dijo—: Aún no puedo hablar de eso.

John se acercó un poco a la joven, y le susurró al oído:

—Yo sí que puedo. No estaba preparada, en ningún sentido —se echó hacia atrás, enarcó las cejas, y la miró con severidad fingida—. ¿Está claro, Jessica?

—Eh... sí, John, muy claro —le aseguró la joven, ruborizada.

Susan se volvió hacia él, y le dio una palmadita en el hombro.

—No la incomodes, tontorrón —miró a Jessie, y le dijo—: Tú y yo comeremos juntas mañana, y charlaremos con calma. Soy una experta a la hora de estar «preparada», así que estás en buenas manos.

Mientras tanto, June encontró en la sala de espera a Harry Shipton, que parecía bastante desmejorado.

—¿Qué te pasa, Harry? Tienes muy mala pinta.

—Vaya, gracias. No me encuentro demasiado bien, he tenido una tarde muy larga. Ya sé que es tarde, pero ¿puedes atenderme?

—Claro que sí. Ven, le echaré un vistazo a tu ficha y podremos hacer un seguimiento...

—Será mejor que dejemos todo eso para otro día, June. ¿Podría hablar contigo un minuto en privado?

—Pues claro. ¿Quieres que vayamos a mi despacho, o prefieres una sala de reconocimiento por si...?

—El despacho.

Harry era alto, delgado, y tenía unos pies enormes, pero parecía encorvado y empequeñecido mientras iba tras June hacia el despacho; a juzgar por su actitud, daba la impresión de que no se encontraba bien, de que estaba enfermo. Jessie, Susan y John le saludaron cuando pasó junto a ellos por el pasillo, y él se limitó a devolverles el saludo sin apenas fuerzas.

Cuando llegaron al despacho de June, ésta fue a sentarse tras su mesa y él hizo lo propio en una de las sillas. Sadie se levantó de inmediato al verlos entrar, y se acercó a él para saludarle antes de volver a tumbarse para seguir con su siesta.

El silencio se alargó durante unos segundos, y al final June tomó la iniciativa.

—¿Qué es lo que pasa, Harry?

—Ten un poco de paciencia, por favor. Esto me resulta muy embarazoso.

—Pues has venido al sitio perfecto, porque hoy soy toda una experta en situaciones embarazosas.

Él esbozó una trémula sonrisa, y comentó:

—Supongo que han estado dándote la lata todo el día con lo de tu estado.

—Sí, pero eso no es más que una parte de todo lo que me ha pasado. Bueno, ¿vas a decirme de una vez a qué has venido?

—¿Puedo pedirte la confidencialidad obligada entre médico y paciente, aunque no esté enfermo?

—Claro que sí, lo que me digas quedará entre nosotros.

—Soy un inútil, June.

—No digas eso.

—Es la pura verdad. Se me da bien tratar con la gente, pero nunca he sido capaz de ceñirme a un presupuesto, y mis cuentas son un desastre. No he tenido cuidado, y ahora resulta que estoy en números rojos y aún me falta una semana para cobrar.

—¿Tienes alguna tarjeta de crédito?

—Sí, pero ya las he usado hasta llegar al límite. La verdad es que pensaba que John, Susan y Jessie ya se habrían ido, y he venido a pedirte un préstamo. Si no consigo doscientos dólares antes de mañana por la mañana, tendré que pagar una penalización enorme... Dios, esto es bochornoso.

June le tomó las manos por encima de la mesa, y le dio un apretón en un gesto tranquilizador.

–¿Por qué somos siempre tan duros con nosotros mismos, Harry? Todos nos hemos equivocado alguna vez. Mírame a mí, lo he hecho delante de todo el pueblo... bueno, no de forma literal, pero como si lo hubiera hecho.

Él soltó una carcajada, y comentó:

–Por cierto, tu joven acompañante es muy agradable.

–Ni él ni yo somos tan jóvenes –le soltó las manos, y sacó su chequera del primer cajón de la mesa–. Ninguno de los dos había estado casado antes ni había tenido hijos, y lo de mi embarazo nos ha tomado por sorpresa. Supongo que parecemos un par de bobos –después de rellenar un cheque, lo arrancó y se lo dio–. A lo mejor deberías pedir uno de esos préstamos para la consolidación de deudas, y cancelar las tarjetas para no seguir pagando unos intereses tan altos.

Él aceptó el cheque, y su rostro se relajó de forma visible.

–Sí, es una buena idea. Gracias por el dinero, te lo devolveré en cuanto pueda. Con intereses.

–No me preocupa lo más mínimo, Harry. Sé dónde vives.

Parecía tan tremendamente aliviado, que era obvio que había estado acarreando una preocupación enorme. June era consciente de que, para algunas personas, un desfase de doscientos dólares en las cuentas era todo un desastre. Ella llevaba una vida sencilla y no tenía mucho dinero, pero tampoco necesitaba demasiado. Sus pacientes le pagaban tanto en especie y servicios como a través de sus seguros médicos, así que por regla general tenía las cuentas saneadas, pero en un par de ocasiones había tenido que pedirle dinero a su padre, y lo cierto era que se había sentido un poco avergonzada; en cualquier caso, el servicio que ofrecían los médicos era mucho más comercial que el de los pastores eclesiásticos. Eso no quería decir que fuera más valioso, sino que generaba dinero con más facilidad.

—No sabes cuánto significa para mí este voto de confianza, June —le dijo él.

—No te preocupes, de verdad.

Jim Post carecía casi por completo de experiencia a la hora de conquistar a una mujer, porque siempre había estado centrado en el trabajo. Pero algo que sí que sabía hacer con maestría era interpretar un papel al participar en operaciones policiales encubiertas, así que al final decidió adoptar el papel de pretendiente y seducir a June para conseguir que se relajara y se acostumbrara a aquella nueva situación; a partir de ahí, sus vidas se fusionarían sin trabas, y tendrían un bebé.

Bueno, el bebé iba a llegar de todas formas, pero sería mejor para todos que naciera en el seno de una relación consolidada. Y para ello iban a tener que superar las náuseas que se apoderaban de June ante la mera mención de un posible matrimonio.

Había estado muy atareado durante toda la tarde. Primero había ido a comprar salmón y verduras frescas a Rockport, después había pasado por los prados de flores de Standard Roberts, y al llegar a casa de June se había puesto a buscar una mantelería fina y platos buenos. Además de sidra para brindar, también había comprado una botella de whisky escocés; al fin y al cabo, él no estaba embarazado.

Quizá por su soltería, la cocina no se le daba nada mal. No era un gourmet ni cocinaba a modo de pasatiempo, pero sabía cómo preparar una cena decente. Había optado por el salmón porque le había parecido una apuesta segura y deliciosa (y un verdadero lujo para alguien como él, que acababa de pasar varios meses en el este), aunque June había vivido toda su vida en aquella zona donde había tan buena pesca, así que quizás estaba un poco harta de pescado.

Un poco de limón y de eneldo, unas alcaparras, puré de

patatas con una pizca de ajo, brócoli... mientras encendía las velas que había colocado sobre la mesa del comedor recordó otra velada, no muy lejana, en que la había sorprendido comprándole un vestidito negro y había bailado con ella en aquella pequeña estancia; si mal no recordaba, June tenía en aquel entonces la talla treinta y ocho, así que no parecía demasiado sensato ir a echar un vistazo en el armario para ver si encontraba el vestido.

Ella le había dicho que le pediría a John o a Susan que la acercaran a casa, así que en cuanto oyó que se acercaba un vehículo, fue a apagar las luces del comedor; justo cuando acababa de hacerlo, se abrió la puerta principal.

Ella se detuvo en seco, y sólo alcanzó a decir:

—Cielos.

—Espero que te guste el salmón —se agachó a acariciar a Sadie, que se había adelantado corriendo a su dueña para saludarlo.

—Teniendo en cuenta dónde vivo, sería un crimen que no me gustara. Te has tomado muchas molestias.

Jim la ayudó a quitarse la chaqueta y la condujo hasta el sofá que había frente a la chimenea, que ya estaba encendida.

—Relájate mientras voy a buscarte algo de beber y acabo de darle los últimos toques a la cena —se arrodilló junto a ella, le quitó las botas con cuidado, y le puso los pies sobre la mesita auxiliar.

—¿Qué pasa si me acostumbro a tantos mimos?

—Eso es justo lo que quiero, mimarte para conseguir que te rindas.

—Como recordarás, ya me rendí —comentó, con una sonrisa pícara, mientras se llevaba una mano a su vientre ligeramente abultado.

Él estuvo a punto de decirle que la rendición aún no había sido completa, pero se mordió la lengua y se limitó a decir:

—Enseguida vuelvo.

June sofocó un pequeño bostezo mientras él iba hacia la cocina, y le pidió:

—¿Podrías aprovechar para darle de comer a Sadie?

Soltó un bostezo mucho más grande, y se relajó contra los cojines. El calorcito de la chimenea era tan reconfortante, el olor de la comida tan delicioso y tentador, el día había sido tan largo y agotador... volvió a bostezar, sintiéndose más a gusto y relajada que nunca.

Cuando Jim regresó con una copa de sidra, la encontró profundamente dormida en el sofá.

Tom y Ursula Toopeek despertaron sobresaltados cuando el teléfono empezó a sonar a las cuatro y media de la madrugada, y fue él quien alcanzó a contestar.

—Toopeek.

—Hay un tipo armado con una pistola en el Rocky's —le dijo una profunda voz masculina.

—Genial, ¿se puede saber qué piensa hacer con...? —se interrumpió de golpe al oír que el desconocido colgaba—. ¿Oiga?, ¿oiga?

El Rocky's era un aislado bar de carretera al que solían ir tipejos de baja calaña de los tres condados, porque se encontraba en una zona limítrofe con los tres; por desgracia, tiraba más hacia la parte norte del condado de Mendocino, la parte donde estaba Grace Valley, así que entraba en la jurisdicción de Tom.

Marcó el número de memoria, y mientras esperaba a que contestaran, Ursula se reclinó contra las almohadas y le preguntó adormilada:

—¿Qué pasa?

—Hay un hombre armado en el Rocky's.

—Vaya novedad, todo el mundo de por aquí tiene una pistola... o doce.

Al ver que nadie contestaba al otro lado de la línea, Tom salió de la cama y encogió los dedos de los pies al notar lo frío que estaba el suelo.

—Debe de tenerlos amenazados a punta de pistola, hasta puede que haya disparado.

—¿Cómo lo sabes?

—Porque nadie contesta el teléfono. Una de dos: o el tipo armado les impide contestar, o alguien ha vuelto a arrancar el teléfono de la pared.

Marcó otro número, y en esa ocasión contestaron de inmediato.

—Ríos.

—Ricky, acabo de recibir una llamada desde...

—Sí, ya lo sé, desde el Rocky's. Son los MacAlvie, dos de los primos. Los han despedido del molino de Mad River y no sé si estaban celebrándolo o ahogando sus penas en el alcohol, pero la cuestión es que la cosa ha acabado en una de sus típicas peleas. Voy de camino.

—Vale, iré de refuerzo.

—No hace falta, Tom, lo tengo controlado; además, he llamado por radio al condado de Humboldt, y he hablado con Bill Sanderson. Los MacAlvie viven allí, así que Humboldt puede sumarse a la fiesta. Tú sigue durmiendo.

—No te preocupes por mí, ya estoy desvelado.

—Y yo también —rezongó Ursula, mientras sacaba los pies de la cama y tanteaba en busca de las zapatillas.

Ricky estaba de guardia hasta las siete de la mañana y había pedido refuerzos a la oficina del sheriff del condado tras recibir la llamada de aviso, pero aun así, Tom decidió personarse en el bar. El hecho de que alguien le hubiera llamado a él en concreto indicaba que el asunto podía ser bastante serio, quizás era una pelea peor de lo habitual; con un poco de suerte, se habrían matado los unos a los otros para cuando él llegara, porque los MacAlvie eran gentuza de lo peor.

Rocky Conner era una mujer de rostro curtido que tenía cuarenta y pico años, aunque daba la impresión de que tenía sesenta. La vida que había llevado le había pasado factura. Era la cuarta generación de su familia al mando de aquel antro de mala muerte, y le debía su nombre a su bisabuelo; según ella, su gente llevaba sirviendo bebida a hombres cansados y sedientos desde los tiempos de la fiebre del oro.

El Rocky's era un bar que estaba apartado de las carreteras principales, y los únicos que conocían su existencia eran los lugareños. Estrictamente hablando, no podría decirse que fuera un lugar al que sólo se podía entrar con invitación, pero casi. No se admitía a los turistas, y a los desconocidos se les recibía con antipatía a menos que llegaran montados en una Harley y que tuvieran el dinero suficiente para invitar a varias rondas.

Rocky llevaba sola el negocio, pero contaba con la protección de sus clientes habituales. En todos aquellos años le habían robado una única vez, y al pobre incauto le habían pegado un tiro en la espalda mientras intentaba huir. Se había demostrado que todos y cada uno de los presentes había disparado un arma, pero Tom no había llegado a encontrar la pistola con la que se había perpetrado el crimen. Era obvio que aquellos tipos se cubrían las espaldas los unos a los otros.

A pesar de que sólo había habido un robo y una muerte, las peleas eran algo más que habitual en el Rocky's. Estaba situado a la sombra de Legend Mountain, a varios kilómetros río abajo de Grace Valley, y bien apartado del camino, justo donde coincidían los condados de Humboldt, Trinity y Mendocino. Ésa era la razón de que se produjera una situación que podría considerarse única: cuando había un altercado en aquel bar, agentes de policía de tres condados estaban dispuestos a cruzar las líneas de demarcación de pueblos y condados para ir a echar una mano, con lo que Tom y sus ayudantes siempre contaban con refuerzos.

Él le había dicho unas cien veces a Rocky que, si llegara de golpe una ventolera que se llevara aquella condenada casucha tres metros hacia el noreste, viviría muchísimo más tranquilo, y ella siempre se limitaba a contestar: «Pues yo te echaría la hostia de menos».

No puso la sirena mientras iba rumbo al bar, pero encendió las luces de emergencia que tenía colocadas encima de su Range Rover y pisó a fondo el acelerador. Al llegar, encontró la zona iluminada con las luces de tres coches patrulla: uno del condado de Humboldt, uno de la policía estatal, y el de Ricky. Cerca de la puerta del bar había varios tipos de aspecto sospechoso, Rocky estaba apoyada en el coche de Ricky con una taza en las manos, y los culpables estaban de cara al edificio con las manos en la pared y las piernas abiertas.

Detuvo el Range Rover cerca del resto de vehículos, y se apresuró a salir.

—¡Eh, Tom! ¿A qué viene tanta prisa? —le preguntó Stan Kubbicks.

—Hola, Stan. ¿Qué tal te va?

—Bien, aquí ya está todo bajo control. Podrías haberte quedado en la cama.

—Me gusta madrugar —comentó, mientras iba hacia el bar.

Ricky, que estaba cacheando a uno de los MacAlvie mientras Bill Sanderson se ocupaba del otro, sacó en ese momento un cuchillo del calcetín de su detenido, y lo echó al montoncito de artículos que ya se les habían confiscado. A primera vista, Tom vio dos cuchillos, una navaja automática, unos puños de acero, un punzón como el que hacían los presos en las cárceles, y un frasquito sin etiquetar que contenía unas pastillas. A los dos MacAlvie les goteaba sangre de la cara, y tanto Ricky como Bill llevaban guantes de goma y estaban cacheándolos con minuciosidad.

—Vaya arsenal —comentó.

—Sí, y se han dejado la mitad de la artillería en el bar —le contestó Bill—. Ya le he dicho a Ricky que vais a tener que llevároslos vosotros, Tom. Nosotros tenemos la comisaría al completo esta noche.

—Debe de ser por la luna llena, ha sido una noche bastante ajetreada —apostilló Ricky.

Tom les enfocó la cara con la linterna después de que los esposaran y vio que tenían cortes, hinchazón y moratones, pero nada demasiado grave.

—Estarán como nuevos con algo de hielo y esparadrapo, no hace falta despertar a la doctora. Llévalos en la parte trasera de tu coche, Ricky. Yo te sigo.

—Genial, me paso media vida lavando el asiento trasero del coche. Van a dejarlo hecho un asco con la sangre.

—Mi coche está limpio —Tom sonrió de oreja antes de añadir—: Y yo soy el jefe.

—Sí, jefe, tú eres el jefe —Ricky hizo que el detenido al que acababa de cachear diera media vuelta, y le dijo—: Venga, capullo, vas a ir directo a la cárcel.

El tipo, que se llamaba Ben MacAlvie, gimió un poco y se quejó, pero su primo Vern se desplomó en cuanto dio un paso. Bill se agachó a su lado, le hizo rodar hasta dejarlo tumbado de espaldas y alargó la mano para comprobar su pulso en el cuello, pero para cuando notó los rítmicos latidos, el tipo ya estaba roncando. Miró a Tom con incredulidad, y le dijo:

—Se ha quedado fuera de combate.

Rocky se acercó con paso firme, y le dio una patadita en las costillas; al ver que Vern se limitaba a soltar varios pequeños ronquidos y seguía durmiendo, miró a Tom y comentó:

—Si se hubiera quedado fuera de combate hace una hora, estaría muerto o la pelea se habría acabado, y en los dos casos habría habido menos desperfectos —le vació el contenido de la taza en la cara y Vern empezó a resoplar como un loco, con lo que quedó claro que no estaba en coma–. Malditos MacAlvie, son todos unos indeseables –añadió, antes de alejarse.

Tom enarcó una ceja al oír eso, porque ella no era una ciudadana modélica ni mucho menos, pero en ese momento se quedó boquiabierto al ver una cara conocida entre los cuatro o cinco tipos que aún seguían allí a aquellas horas. Se trataba de un viejo amigo del instituto, Chris Forrest, y le sorprendió muchísimo verle allí; que él supiera, Chris jamás había sido demasiado bebedor, y mucho menos uno como los que cabría esperar encontrar en un tugurio como el Rocky's a las cuatro de la madrugada. Y Chris no sólo parecía estar ebrio, sino que a juzgar por su aspecto desastrado, era obvio que había participado en la pelea... en ese momento se dio cuenta de que había sido él quien le había llamado por teléfono para avisarle de lo que pasaba, aunque había intentado distorsionar su voz.

Levantó a Vern MacAlvie junto con Bill, y mientras éste llevaba al detenido, que ya se tenía en pie, al coche de Ricky, aprovechó para acercarse a Chris.

—¿Chris? —no supo qué decir.

Chris había bajado la mirada y se había metido las manos en los bolsillos al verle llegar, pero al cabo de unos segundos lo miró y se limitó a preguntar:

—¿Podrías llevarme a casa en tu coche?

Chris era el único hijo de Judge y Birdie Forrest y había sido el mejor amigo de Tom y de June durante toda la infancia, hasta que habían acabado la secundaria. Él había sido el rey de la fiesta de fin de curso, June la reina, y entonces, como tantos otros jóvenes de Grace Valley, había decidido marcharse para explorar nuevos horizontes. Al final había acabado en San Diego y había tenido gemelos junto a su esposa Nancy, que también era de Grace Valley.

Hacía unos meses que había regresado al valle junto a sus hijos, que ya tenían catorce años, en busca de un lugar donde criar a aquellos dos pequeños delincuentes que con sus gamberradas y sus faltas de respeto habían acabado por colmar la paciencia de Nancy. Los problemas de actitud de los chicos habían quedado resueltos, pero de una forma que nadie esperaba: Brad y Brent le habían robado el coche a su abuela, y habían caído por un barranco. Habían estado a punto de morir, y les esperaba una larga convalecencia.

Durante el camino de regreso a casa, le dijo a Tom:

—La casa que me he comprado necesita un montón de arreglos. Está hecha un desastre, pero ahora resulta que es un desastre con dos camas de hospital en la sala de estar. Están tratando a mis hijos con terapia de tracción, y no hay tiempo para hacer que la casa sea habitable. El fisioterapeuta viene cada día, y los tortura hasta que gritan de dolor. Nancy echa de menos tanto a sus amigos como el empleo que tuvo que dejar, que era muy bueno, pero es que encima vamos tan justos de dinero que tenemos que controlar hasta el último centavo. Llora todas las noches hasta que consigue conciliar el sueño, pero apenas puede dormir, porque los niños se despiertan cada dos por tres pidiendo la cuña y calmantes —luchó por no hundirse en la autocompasión, y admitió—: A veces, es demasiado.

—Me lo imagino.

—Necesitaba salir un rato de casa.

—Lo entiendo, pero no sé por qué has ido al Rocky's. Sabes que ese sitio es como un partido de hockey en pleno apogeo.

Chris soltó una carcajada, y comentó:

—Sí, pero es que era el único sitio abierto a las tres de la madrugada.

—Aun así...

—No he bebido casi nada, pero estaba tan cansado, que se

me ha subido directo a la cabeza —bajó la mirada, y se miró los nudillos antes de añadir sonriente—: Pero al menos le he pegado un par de buenos puñetazos a Vern MacAlvie.

—Tienes suerte de que no te hayan molido a palos.

Al cabo de un minuto de silencio, Tom se dio cuenta de que el sonido casi imperceptible que estaba oyendo era el lloro quedo de su viejo amigo, que había girado la cara hacia la ventana para evitar que le viera. Optó por no decir nada, y al final fue Chris quien rompió el silencio.

—Al principio pensé que el que Nancy se viniera a vivir aquí nos ayudaría a resolver nuestros... nuestros problemas, pero la tengo viviendo sin apenas dinero en esa casucha y no sé cómo vamos a salir adelante.

Cuidar a pacientes en estado crítico era una tarea muy difícil, así que resultaba comprensible que tanto Chris como su esposa estuvieran exhaustos... por no hablar de los problemas económicos que tenían a cuestas. Birdie le había contado a Ursula en el grupo de costura que el seguro sólo había cubierto los gastos de hospitalización durante un tiempo, y que por eso habían tenido que trasladar a los niños a la casa antes de que ésta estuviera habitable.

A pesar de que Birdie y Judge los ayudaban en todo lo que podían y de las visitas a domicilio de los terapeutas y las enfermeras, Chris y Nancy estaban agotados; además, Chris tenía que ayudar a cuidar a los niños, así que no podía trabajar lo necesario.

—Podrías pedir ayuda, Chris.

—¿A quién?

—A tus amigos.

—Mis hijos se metieron en problemas con todo el mundo, Tom. ¿Crees que alguien va a querer echarles una mano? Robaron en la panadería de Burt Crandall, y se metieron con todo el pueblo. Causaron destrozos en la cafetería de George, volcaron contenedores de basura, y hasta pegaron a tu hijo.

Nadie va a sentir pena por ellos, te lo aseguro —le miró con las mejillas húmedas de lágrimas, y añadió—: Y la culpa la tengo yo, porque no he sabido ser un buen padre.

Tom le dio una palmadita en el brazo, aunque en realidad tenía ganas de parar el coche y zarandearle hasta hacerle entrar en razón.

—Déjate de lamentaciones y recuerda lo que sabes sobre tu gente, sobre tu pueblo.

Chris se sacó un pañuelo del bolsillo, y se sonó a conciencia la nariz antes de comentar:

—Lo que sé es que a veces las personas llegan a hartarse.

Antes de que Tom pudiera contestar, se oyó la voz de Ricky por la radio del coche.

—Ríos llamando a Toopeek. ¿Dónde estás, jefe?

—Entre Paradise y la 162, Ricky.

—Una furgoneta ha chocado contra un ciervo en la 162 con la 86, ¿recibido?

—Sí, yo me encargo.

—Gracias, jefe.

Tom encendió las luces y la sirena. Había bastante niebla, y era especialmente densa en las zonas bajas entre colinas.

—Lo siento, Chris, pero vamos a tener que dar un pequeño rodeo.

—No te preocupes, yo voy de paquete.

—Seguiremos hablando de lo tuyo, te lo aseguro.

—No es más que una mala racha, saldremos adelante —se secó la cara, y se sorbió las lágrimas.

Al cabo de unos minutos vieron las luces de un vehículo a través de la niebla matutina, que podía llegar a ser muy dañina tanto para la fauna como para los conductores. Hal Wassich, un granjero de la zona, estaba junto a su camioneta con una escopeta en las manos, y a un lado de la carretera yacía el cadáver de un ciervo bastante grande.

–Hola, Hal –le saludó Tom, cuando Chris y él bajaron del coche.

–He tenido que sacrificarlo, jefe. Le he dado de lleno en la cadera con la camioneta, y estaba muy mal –Hal sacudió la cabeza y la camisa se le manchó con un reguero de sangre, pero él ni siquiera parecía haberse dado cuenta de que tenía una herida–. ¿Alguna vez has oído berrear de dolor a un ciervo tan grande? Es horrible, te lo aseguro.

En vez de iluminar al animal con la linterna, Tom enfocó hacia la cabeza de Hal y dijo con calma:

–Por favor, Chris, saca una bolsa de hielo y vendas de mi coche. ¿Cómo te has hecho esa herida en la cabeza, Hal?

El granjero se llevó una mano a la cabeza, y fue entonces cuando se dio cuenta de que estaba sangrando.

–Mierda, seguro que me he dado contra el volante. Ese bicho me ha dado de lleno, ha sido como chocar contra un tanque. ¿A que es enorme?

–Y que lo digas –Tom entornó un poco los ojos para poder verle mejor, y comentó–: Te has abierto la cabeza.

–Pues menos mal que la tengo hueca y no puede salir nada de dentro, ¿verdad? –su sonrisa de oreja a oreja dejó al descubierto las mellas que tenía en la parte inferior de la dentadura.

–Verdad –Tom le devolvió la sonrisa.

Chris sacó vendas, esparadrapo y una bolsa de hielo del botiquín que había en el Range Rover, le indicó a Hal que se sentara en la parte posterior del vehículo, y empezó a limpiarle la herida; mientras tanto, Tom le echó un vistazo a la camioneta accidentada y al cuerpo del ciervo. El animal habría acabado sufriendo una muerte lenta y agónica si hubiera conseguido internarse en el bosque cojeando o arrastrándose, y en cuanto al vehículo, tenía el parachoques torcido, el capó hundido y el parabrisas roto, así que iban a tener que llevárselo de allí a remolque.

En ese momento, oyó que Hal le preguntaba a Chris:

—¿Estás patrullando con la policía?

—Qué va. Estaba en el bar, y Tom se ha ofrecido a llevarme a casa. Me he pasado un poco con la bebida, y no estaba en condiciones de conducir.

Hal soltó una carcajada, y le preguntó en tono de broma:

—¿Estás lo bastante sobrio como para ocuparte de mi cabeza?

—Sí, no te preocupes; por suerte, es un corte enorme, así que puedo verlo la mar de bien.

El viejo granjero se echó a reír otra vez, y le dijo:

—¿Sigues vendiendo seguros, muchacho?

—Sí, eso es lo que paga las facturas estos días.

—Nunca me pareciste un chupatintas, siempre pensé que te dedicarías a algo manual.

En esa ocasión fue Chris quien se echó a reír.

—¿Por qué?, ¿porque apenas sacaba aprobados en el colegio?

—No sé qué notas sacabas, pero estuviste trabajando de aprendiz con Hank, ¿verdad? Sí, él tiene unos cuantos años más que tú. Recuerdo que le hiciste a tu madre una mesita auxiliar que estaba muy bien.

—He hecho algo de carpintería de vez en cuando... estanterías, reparaciones, cosas sencillas.

—También recuerdo que te tuvimos en el 4-H, y que tenías muy buena mano con los animales.

—Hace años que no tenemos perro.

—Si quieres uno, dímelo, nuestra perra pare cada primavera. Es vieja y tendría que haber dejado de ser fértil hace unos cuatro años, pero no para. Border collies, a veces mezclados. Buenos perros.

—A lo mejor me lo pienso.

—Ahora tenemos un par de cachorros de seis meses. Son pastores y duermen en el establo, así que no están enseñados a comportarse en una casa —se volvió hacia Tom, y le gritó—: ¡Eh, jefe! ¿Puedo quedarme con el ciervo?

—Lo siento, Hal, pero tengo que avisar a los forestales.

—¡Venga ya! Ese hijo de mala madre me ha destrozado la camioneta, creía que al menos me dejarías quedármelo.

—Puede que los forestales te lo den.

—Esos cabrones nunca dan nada, ¿te acuerdas de aquella osa que le dio un susto de muerte al pueblo entero?, ¿crees que alguien pudo quedársela?

—Un oso no tiene nada que ver con un ciervo.

—Van a tener que darte unos puntos de sutura, Hal. El corte es muy grande, no basta con un poco de esparadrapo —apostilló Chris en ese momento.

—¿Quieres que me encargue de llamar a una grúa? —le preguntó Tom.

—No, préstame tu móvil y llamaré a Frank. Bastará con su camión de plataforma y unas cadenas. Maldita sea, el día se me ha echado a perder.

—Tu seguro se hará cargo de la camioneta, ¿no? —comentó Chris.

—Lo haría si no se me hubiera caducado. Es increíble, siempre pasa algo cuando uno piensa que las cosas le van bien.

Chris asintió, y se limitó a decir:

—Y que lo digas.

June despertó cuando empezó a sonar el teléfono y Jim, que estaba durmiendo junto a ella, le preguntó adormilado:

—¿Llegas a levantarte alguna vez con el despertador?

Ella agarró el teléfono, y se limitó a contestar:

—June Hudson.

—O a dejar que el sol te despierte, aunque eso sería incluso más inconcebible, ¿no? —siguió mascullando él.

–Shhh...

–Siento llamarte a estas horas, June –estaba diciéndole John Stone, al otro lado de la línea–, pero estoy en Rockport con un paciente con apendicitis, y si no aparece el cirujano, voy a tener que... en fin, te llamo porque resulta que Tom tiene una oferta especial de puntos de sutura en cara y cabeza. Tiene a dos MacAlvie en comisaría, se metieron en una pelea en... no me acuerdo dónde me ha dicho.

–En el Rocky's, seguro –detestaba tener que suturar a los MacAlvie, siempre había alguien que acababa vomitando.

–Eso, en el Rocky's. Debe de ser una especie de club nocturno.

–Más o menos. ¿Están muy graves?

–Tom me ha dicho que no, pero que cree que deberías echarles un vistazo. Y va a llevar a la clínica a un tal Hal Wassich, que ha chocado contra un ciervo con la camioneta y se ha abierto la cabeza con el volante. ¿Le conoces?

–Sí, es un granjero que lleva toda la vida aquí. ¿Está muy mal?

–Tom me ha dicho que es una herida bastante profunda en el área occipital y que sangra bastante, pero que está consciente. El tal Hal debe de tener una cabeza bastante dura.

–Durísima. Vale, yo me encargo de todo. Nos vemos después en la clínica –después de colgar, se volvió hacia Jim y le besó en la cabeza–. Duérmete, voy a suturar unas heridas. En cuanto acabe vendré a darme una ducha, y podrás quedarte si quieres con la camioneta.

–¿Estás bien? –le preguntó, mientras le frotaba el brazo con ternura.

–Sí, he dormido a pierna suelta.

Después de vestirse sin encender la luz con un chándal, zapatillas de deporte y una gorra, June salió del dormitorio de puntillas. Atravesó el comedor sin mirar a su alrededor, pero al ver la sartén que había en el fregadero de la cocina, volvió sobre sus pasos. Fue entonces cuando vio que sobre la mesa del comedor había unas velas que se habían consumido del todo y una botella de algo que parecía champán en una cubitera llena de agua, y que en el lugar que ella solía ocupar había un juego de cubiertos.

Recordó de repente lo que había pasado la noche anterior, y se apresuró a regresar al dormitorio. Se arrodilló junto a Jim, que seguía en la cama, y susurró:

—Anoche me quedé dormida —deslizó la mano por el vello que le cubría el pecho, y enroscó un poco alrededor de su dedo en un gesto juguetón—. ¿Estás enfadado conmigo?

—Claro que no. Estabas exhausta, despertaste a duras penas para acostarte.

—Lo siento mucho, te tomaste muchas molestias.

—Sí, te tenía preparada una gran noche.

—¿Vas a volver a preparármela?

—Claro, pero estamos a martes, y que yo recuerde, hoy toca pastel de carne.

Hacía años que cada martes, a menos que hubiera una urgencia, le preparaba a su padre el pastel de carne que solía cocinarles su madre. Era una tradición importante que no podía romper, y estaba claro que Jim lo sabía.

—Nos vemos luego —le dijo, antes de marcharse.

June fue primero a la clínica, y después de ocuparse de Hal Wassich, decidió que ya limpiaría más tarde la sala de reconocimiento que acababa de usar y puso rumbo a la comisaría; por suerte, no tuvo problemas para tratar a los MacAlvie, porque estaban dormidos y no dejaron de roncar mientras les limpiaba los cortes faciales y les ponía antiséptico antes de vendarles. Los dos olían a alcohol, pero al menos no hubo discusiones ni peleas.

Regresó a la clínica para limpiar la sala, y para cuando salió de nuevo, faltaba poco para que amaneciera. Al ver que había luz en la cafetería, decidió ir a tomarse una taza de cacao caliente, pero se detuvo cuando, justo antes de llegar a la puerta trasera del establecimiento, vio las siluetas de tres hombres a la orilla del río. Uno era alto con el pelo plateado, el otro tenía una estatura media y un estómago prominente, y el otro era bajito y calvo... Sam, George, y Elmer.

Bajó hacia ellos, y al acercarse oyó el murmullo de la fuerte corriente de agua. Era la primera señal tangible que indicaba la llegada de la época invernal, porque el río Windle solía ser muy manso; de hecho, en los meses cálidos y secos del verano era poco más que un riachuelo en muchos puntos, y Sam pescaba allí de vez en cuando.

Era obvio que los tres hombres estaban echando un vistazo para comprobar que no estuviera desbordándose. Seguirían atentos hasta bien entrada la primavera, hasta que se hubieran derretido las últimas nieves de las montañas.

—Hola a todos —les dijo, al llegar junto a ellos.

—Hola, cariño —la saludó su padre—. Hoy has empezado la jornada bastante pronto, ¿verdad?

—Me han salido varios pacientes. Les he curado unos cortes faciales a varios MacAlvie dormidos y he suturado a Hal Wassich, que ha chocado contra un ciervo y se ha abierto la cabeza con el volante de su camioneta.

—Menos mal que no se ha hecho daño en nada importante.

—¡No digas eso, papá! ¿Qué hacéis aquí?, ¿vais a pescar?

—El río está bastante crecido —comentó Sam.

—Sí, no suele haber tanto caudal —apostilló George.

—Es por este dichoso calor.

—¿Pero qué dices?, ¡yo estoy helada!

—Hace demasiado calor para esta época del año y llueve más de lo habitual, hay poca nieve en las montañas.

—La nieve siempre va acumulándose durante el invierno, papá.

—Siempre hay humedad en invierno. Las lloviznas y la niebla nos benefician, pero las lluvias copiosas y las temperaturas altas que derriten la nieve de las montañas pueden ser muy dañinas.

—Tenemos que tener esta zona bien vigilada —comentó Sam—. El río no se ha desbordado en veinte años, pero cuando lo hace, lo hace de golpe. Puede pasar de riachuelo a río embravecido en un abrir y cerrar de ojos.

—No os preocupéis, seguro que no pasa nada —June sofocó un bostezo antes de añadir—: Voy a casa, me daré una ducha antes de empezar de nuevo la jornada —miró hacia la clínica, ya que su camioneta estaba allí, y vio que había un coche aparcado justo delante del edificio—. Me parece que tengo un paciente, voy a ver quién es.

—¿Quieres que me ocupe yo, cariño? —le preguntó su padre.

—No, papá. Gracias.

Tal y como solía pasarle, se vio inmersa en su trabajo y al final no pudo ir a casa; de hecho, ni siquiera tuvo tiempo de llamar a Jim hasta pasado el mediodía, y para entonces él no contestó el teléfono.

Jim Post no tenía coche propio cuando se había ido a vivir a Grace Valley, porque el que había usado hasta el momento era propiedad del gobierno... podría considerarse una especie de coche de empresa, y había que devolver las llaves al dejar el puesto y retirarse.

No tardó demasiado en darse cuenta de que la opción de compartir la camioneta de June era inviable, porque siempre corría el riesgo de que ella se fuera a poner unos cuantos puntos de sutura, le prometiera que iba a regresar en una hora o menos, y al final no volviera a aparecer hasta la noche; por eso, en cuanto vio que ella se retrasaba más de una hora, llamó a Tom por teléfono y le dijo:

—Ya sé que no se suele llamar a la policía por algo así, pero necesito una camioneta.

—¿Ah, sí?

—A ver si me explico: necesito encontrar un sitio donde comprar o alquilar una camioneta. No puedo compartir con June la suya y tampoco puedo vivir en su casa, a esta distancia del pueblo, sin tener un vehículo. Me entiendes, ¿verdad?

—Te entiendo. ¿Cómo puede ayudarte el Departamento de Policía de Grace Valley?

—Necesito que alguien me lleve. Apenas conozco a la

gente de por aquí, y no tengo el teléfono de nadie. ¿Cómo puedo pedir un taxi?

Tom no pudo evitar echarse a reír, y ni siquiera se molestó en decirle que en Grace Valley no había taxis.

—Espera ahí, ahora mismo te envío a alguien.

El reverendo Harry apareció en su ranchera de veintidós años al cabo de unos tres cuartos de hora, lo llevó a Rockport, estuvo esperando hasta que Jim encontró una camioneta que le gustó (una Ford con una cabina muy amplia), le pidió prestados cincuenta dólares, y le siguió de regreso al valle.

—La verdad es que me gusta esto de tener una iglesia con servicio completo, a lo mejor me vuelvo más religioso —le dijo Jim, mientras le estrechaba la mano.

—Se hace lo que se puede, llámame si necesitas cualquier otra cosa. Ah, y te pagaré en cuanto reciba mi cheque.

—No te preocupes por eso, Harry. Un taxi me habría costado eso como mínimo.

El resto del mes pasó con bastante lentitud para Jim, ya que estaba aclimatándose y aún no había decidido en qué iba a invertir su tiempo. Descubrió que le gustaba más de lo que esperaba preparar el pastel de carne de los martes para June y Elmer, fue a echar un vistazo a varias tiendas de bricolaje de las poblaciones cercanas más grandes, por si decidía construir algo... como una habitación adicional, o muebles infantiles.

También llamó a su hermana Annie, que vivía en Madison, para contarle lo de June y el bebé, y las pasó canutas a la hora de intentar explicarle lo que tenía pensado hacer (o mejor dicho, a la hora de explicar que aún no tenía nada concretado). Se portó como un caballero, y dejó que Annie diera por hecho que era él quien se resistía a ponerle fecha a la boda... aunque a lo mejor no lo hizo por caballerosidad, sino por vergüenza.

Mientras él lidiaba con el aburrimiento, June y Tom Toopeek estaban cada vez más ocupados. La temporada entrante era dura, llegaría a su punto álgido justo después de Navidad, y no empezaría a remitir hasta principios de primavera.

Había pérdidas de empleo que conducían a la desidia, a los excesos con la bebida, a las disputas domésticas y a las crisis económicas, y todo ello llevaba a su vez a la depresión, a más bebida y más disputas... el círculo iba ampliándose. Los cielos siguieron estando nublados, y el clima húmedo y frío no contribuía a generar empleos ni a aliviar las depresiones. La gripe llegó y atacó incluso a los más fuertes, pero se cebó con especial virulencia en los que no tenían trabajo ni dinero, en los que no tenían combustible para la calefacción, y en los desnutridos.

Tom trabajaba hasta altas horas de la noche y empezaba la jornada muy temprano, y la clínica siempre estaba llena. Jim se dio cuenta de que, para poder pasar algo de tiempo con June, la mejor forma era pasarse por la cafetería al mediodía o a la hora del descanso, aunque eso implicara lidiar con el resto de comensales habituales.

Cuando la esperaba en casa hasta la hora en que, en teoría, acababa su jornada de trabajo en la clínica, nunca sabía si iba a verla o no para cenar; además, la suma de trabajo duro y embarazo contribuía a que estuviera un poquitín irritable y muy cansada, por no hablar de lo irascible y quisquillosa que estaba a veces. Y se quedaba dormida en cuanto apoyaba la cabeza en la almohada.

Pero él mantuvo la paciencia en todo momento, y como le gustaba verla dormir, no todo estaba perdido; de hecho, a lo largo de aquellos días se dio cuenta de que nada estaba perdido... al contrario, lo había ganado todo. Después de pasarse veinte años centrado en el trabajo, en la lucha por mantener la ley y el orden, aquella vida sin exigencias le aportaba paz. No era idiota, sabía que era un oasis temporal que no tardaría en desvanecerse bajo el peso del aburrimiento, de algún problema (problema que, con un poco de suerte, no estaría relacionado con su relación sentimental), o de los berridos de un bebé hambriento o con dolor de tripa, pero de momento, mientras June se acostumbraba al hecho de que él no pensaba marcharse jamás y formaban una familia que ya estaba creciendo, iba a disfrutar de la calma... iba a contemplar a la mujer a la que amaba mientras estaba dormida.

Jamás se había planteado qué era el amor de verdad; de hecho, había empezado a pensar que jamás iba a llegar a conocer a su compañera perfecta, a la mujer a la que le entregaría su vida y por la que estaría dispuesto a morir. Pero la había conocido. Le daban igual las complicaciones que pudieran surgir, jamás se había sentido tan completamente seguro de algo.

Jessie se acercó a June en medio de un ajetreado día en la clínica, y le dijo:

—Birdie Forrest al teléfono, dice que tiene el corazón acelerado y no puede calmarse.

Sin pararse a comprobar siquiera si había algún paciente esperando, June agarró su maletín y fue a casa de su madrina como una exhalación. La encontró meciéndose con nerviosismo en el acristalado porche delantero, donde hacía un frío gélido porque era una estancia en la que no ponían la calefacción nunca, ni siquiera en invierno. Seguro que Birdie se había sentido acalorada, y había ido allí para intentar refrescarse; a juzgar por su expresión, estaba intentando mantener la calma, pero tenía el labio superior perlado de sudor.

June se arrodilló junto a ella, y le dijo con voz suave:

—Tranquila, ya estoy aquí —le dio una aspirina al ver que tenía el pulso acelerado e irregular como precaución ante un posible ataque al corazón, aunque era una posibilidad que le parecía poco probable; de hecho, sus sospechas iban en otra dirección—. ¿Qué estabas haciendo cuando se te ha acelerado el corazón?

—Doblando unos calzoncillos de Judge —le contestó, con

voz débil–. ¿Estoy bien? Si muero, el pobre se quedará sin ropa interior limpia en una semana.

–Me parece que los calzoncillos de Judge no tienen de qué preocuparse. ¿Te duele el pecho?

–No, no mucho, pero estoy mareada y me siento... incorpórea.

June luchó por contener una sonrisa al contestar:

–Pues eres de lo más corpórea, te lo aseguro. Te están bajando las pulsaciones, ¿lo notas?

Birdie tardó unos segundos en contestar.

–¡Sí, sí que lo noto! Eres una doctora increíble, June.

–No he hecho nada. Dime, ¿qué ibas a hacer después de doblar la ropa? ¿Qué pensabas hacer esta tarde?

–A ver... estoy preparando un guiso y un pastel que voy a llevarles después a Nancy, Chris y los niños, pasaré por la tienda si me da tiempo, y me quedan por poner varias lavadoras con la ropa sucia que me traje de su casa. Los pobres no dan abasto, y la casa donde viven no es... en fin, aún no está en condiciones.

–Me lo imagino, cuidar de dos adolescentes postrados en cama debe de ser una pesadilla. Debes de estar muy preocupada por ellos, ¿verdad?

–No sabes cuánto desearía haber cerrado mi coche con llave.

–Tenías las llaves colgadas en el gancho de la cocina y te las quitaron, Birdie. No tuviste forma de evitar que te robaran el coche.

–Pues desearía haber cerrado con llave la puerta de casa.

–Tu pulso ya está casi normal, querida. Me parece que has tenido un ataque de ansiedad.

–Anda ya, eso es imposible.

–¿Por qué?

–¡Porque si Judge no ha conseguido que tenga un ataque de ansiedad en todos los años que llevo aguantándole, no hay nada que pueda provocármelo! –se puso de pie, y se alisó la falda plisada de lana que llevaba puesta.

Desde que June tenía uso de razón, Birdie siempre había vestido faldas con camisas blancas, rebecas y zapatos con cordones. De joven solía ponerse bigudíes para recogerse el pelo en apretados ricitos castaños que con el paso del tiempo habían pasado a ser blancos, pero eso era lo único que había cambiado en su estilo.

Birdie no encajaba bien los cambios, y a pesar de que Judge era un viejo gruñón, al menos era constante. La pobre había sentido que su vida se ponía patas arriba con la llegada de su hijo y sus nietos, y a eso había que sumarle el estrés adicional de un accidente de coche casi mortal.

—Quiero que mañana por la mañana vayas a hacerte un análisis de sangre rutinario —sacó del maletín una hoja de solicitud, y añadió—: No espero encontrar nada, pero más vale prevenir que curar. Cuando salga de la clínica iré a casa de Chris y Nancy, para ver cómo están los niños.

—¿En serio? ¡Gracias, June!

Como era obvio que Birdie había llegado al límite con tanto estrés y que había que tranquilizarla como fuera, June le dijo:

—Pensándolo bien, cuando salga de la clínica vendré a buscar el guiso y el pastel para llevárselos yo misma. Quiero que te tomes la noche libre.

—Me encantaría, pero no puedo dejarles...

—Son órdenes de tu doctora, Birdie. No te preocupes, yo me ocupo de ir a verlos.

—Eres una dulzura, querida. Bueno, ¿cuándo podremos charlar sobre tu boda?

June tragó con dificultad, y alcanzó a contestar:

—Hoy no puedo, no tengo tiempo.

Jurea Mull y sus dos hijos adolescentes vivían en una casita de la zona más humilde del pueblo, pero para ellos cada día era maravilloso, cada día era el mejor que habían tenido en sus vidas. Hasta unos meses atrás, Jurea había vivido siempre en las montañas: primero como miembro de una familia numerosa que había luchado por subsistir trabajando la tierra, y después como esposa de Clarence Mull, un excombatiente de la Guerra de Vietnam. Su hogar, el lugar donde habían criado a sus dos hijos, era poco más que una cabaña situada en un rincón recóndito de las montañas, y en aquellos años el aislamiento les había parecido una protección.

Clarence padecía estrés postraumático y trastorno bipolar a raíz de la guerra y necesitaba sentirse protegido de la gente, pero a pesar de todo, era un hombre muy inteligente. Al regresar de la guerra había sido una especie de descastado que había decidido irse a vivir a Grace Valley, y había sido allí donde había encontrado a la familia de Jurea, que la tenían medio escondida debido a las terribles cicatrices que le marcaban la cara.

El extremo sacaclavos del martillo de su padre le había destrozado toda la parte izquierda de la cara, y se había quedado desfigurada debido a la falta de atención médica. Clarence había visto en ella de inmediato a su verdadera alma gemela, a alguien que, como él, también era prisionero del mundo.

Los dos habían formado su propia familia en las montañas. Él le había enseñado a contar, leer y escribir, y después se había encargado de enseñar también a los niños. Habían vivido así durante años, hasta que June Hudson y Tom Toopeek los habían descubierto y los habían ayudado a mudarse al pueblo para que Jurea se sometiera a una serie de operaciones de cirugía estética, los niños entraran en la escuela pública, y Clarence obtuviera tanto medicación como las ayudas que le correspondían como veterano de guerra. Al principio le había ido muy bien con los psicotrópicos, pero tal y como sucedía en muchos otros casos similares, había dejado de tomar la medicación y había regresado a su mundo imaginario. De modo que, mientras él estaba recuperándose en el hospital,

Jurea se las arreglaba sola junto a sus hijos, Clinton y Wanda, que tenían dieciséis y catorce años respectivamente.

La casa vecina a la de los Mull calle abajo llevaba abandonada desde mucho antes de que ellos se mudaran al pueblo. Jurea no tenía ni idea de quién era el propietario (de hecho, ni siquiera sabía si le pertenecía a alguien), y se asombró al ver que Sam Cussler entraba allí acompañado de un joven.

A pesar de que era una mujer tímida por naturaleza, se había propuesto intentar interaccionar más con la gente, en especial desde que se había sometido a la primera operación y tenía el rostro muchísimo mejor. Si quería estar integrada en el pueblo, ser la madre de unos jóvenes estudiantes y una feligresa más de la iglesia, tenía que aprender a relacionarse con los demás, así que se puso la chaqueta y salió a la calle con valentía para ir a saludar al señor Cussler. Le esperó en la puerta de la casa abandonada, y él sonrió al verla cuando salió acompañado de su amigo.

—Hola, Jurea, ahora mismo iba a pasar por tu casa. Te presento a Conrad Davis.

—Encantada —al ver que el tal Conrad hundía las manos en los bolsillos, agachaba la mirada y se limitaba a asentir, supuso que era tan tímido como ella.

—Conrad tiene tres hijos, uno de ellos recién nacido. Está pasando por una mala racha, y...

El joven alzó la cabeza, y comentó:

—Me he quedado sin curro.

Sam prosiguió con las explicaciones.

—Esta casa lleva una eternidad sin dueño, está abandonada y hecha un desastre mientras que gente como Conrad y su esposa necesitan un techo. He pensado que pueden quedarse a vivir aquí, y tendrán un hogar por el módico precio de lo que les cuesten unas cuantas reparaciones.

—Qué buena idea —Jurea miró al joven, y le preguntó—: ¿Dónde está tu esposa?

Al ver que Conrad permanecía en silencio, Sam se encargó de contestar.

—Los de servicios sociales la han hospedado con los niños en un hostal de Rockport, mientras Conrad busca trabajo. Ya tengo un empleo para él, pero la familia no puede venirse a vivir aquí hasta que la casa esté habitable y con calefacción.

—Cuando Wanda llegue del colegio, podría venir con ella a ayudar a limpiar.

—Eres muy amable, Jurea. ¿Verdad que sí, Conrad?

En vez de contestar, el joven preguntó a bocajarro:

—¿Qué te ha pasado en la cara?

Jurea se quedó atónita, y se llevó la mano a la cara de forma automática. Gracias a la operación la tenía mucho mejor, ya que antes tenía el pómulo hundido y el ojo cerrado por las cicatrices que lo cubrían, pero era la primera vez que alguien mayor de siete años le preguntaba al respecto de forma tan descarnada; por suerte, siempre había sido una optimista con ganas de aprender, así que se lo tomó como una oportunidad para lidiar con situaciones difíciles.

—Cuando era pequeña, me acerqué a mi padre cuando estaba usando un martillo y me dio de lleno con la parte del sacaclavos. Me han operado, antes estaba mucho peor.

No se dio cuenta de que Sam estaba mirando ceñudo a Conrad; de hecho, ni el mismo joven se percató, y se limitó a decir:

—Pobrecilla —su expresión aparentaba conmiseración, pero en su tono de voz se reflejaba una mezquindad velada.

—Bueno, Jurea, nosotros nos vamos ya. Quiero que esas ventanas rotas queden tapadas con tablas hoy mismo. Volveremos dentro de un rato.

—Estoy deseando conocer a tu esposa y a tus hijos, Conrad. En cuanto Clinton y Wanda lleguen a casa, vendremos a echar una mano.

—Eres un cielo —le dijo Sam, antes de regresar a su coche.

Mientras esperaba a que Conrad entrara también y se pusiera el cinturón de seguridad, se limitó a permanecer pensativo y en silencio. La vida no le había tratado demasiado bien en los últimos tiempos. Había enterrado recientemente a su segunda esposa, una mujer que tenía más de cuarenta años menos que él y que había fallecido tras una larga y dolorosa lucha contra el cáncer, y la verdad era que se sentía solo y estaba en medio de un bajón anímico cuando aquel pobre muchacho había aparecido en el taller con su patética furgoneta y su lastimera historia.

Siempre había creído que la mejor forma de levantar el ánimo cuando estaba pasando por un mal momento era ayudando al prójimo; de hecho, en más de una ocasión el Señor había hecho llegar a su vida a alguien necesitado justo cuando necesitaba animarse.

En sus setenta años de vida no se había arrepentido ni una sola vez de echarle una mano a alguien, y Conrad acababa de regresar al valle para recoger sus pertenencias después de pasar semanas buscando trabajo sin éxito.

Se volvió hacia él, y le dijo:

—Estoy intentando ayudarte, muchacho, y acabas de ser un grosero con una amiga mía.

Conrad le miró a los ojos, y le dijo:

—¿En serio?, pues ha sido sin querer.

Sam lo contempló en silencio durante unos segundos, y al final comentó:

—Puede que sí, o puede que me haya equivocado. Ya lo veremos.

June tenía muy buenas razones para no haber ido a casa de Chris y Nancy Forrest hasta el momento: en primer lugar, siempre estaba atareada; de hecho, tenía tanto trabajo, que apenas le quedaba tiempo para centrarse en el complejo capítulo nuevo que se había abierto en su vida privada. En segundo lugar, no era el médico de cabecera de los Forrest, aunque había sido ella la que había atendido a los gemelos cuando habían tenido el accidente. Involucrar a demasiados médicos podía complicar las cosas, así que en ese momento iba a visitarlos en calidad de amiga.

El problema radicaba en que arrastraba una complicada relación pasada con Chris y Nancy. Él había sido su novio en la época del instituto y ella su rival, y en cuanto se había ido a la universidad, ellos se habían fugado para casarse. Era algo que seguía tomándola por sorpresa incluso después de tantos años, ¡Chris había estado mandándole cartas de amor a la universidad mientras se dedicaba a ponerle los cuernos con Nancy en Grace Valley! A esas alturas, estando enamorada de otro hombre y embarazada, seguía enfadándose si se paraba a pensar en ello, pero estaba convencida de que se le daba bien disimular su enfurruñamiento.

Tras pasar casi veinte años con Nancy en Carolina del Sur, Chris había regresado pocos meses antes a Grace Valley junto a sus hijos, pero hacía dos meses escasos que June se había enterado de que el matrimonio no estaba divorciado, tal y como él afirmaba, sino que se trataba de una mera separación que había sido idea de Nancy; al parecer, Brad y Brent eran tan problemáticos y Chris tan despreocupado como padre, que la pobre se había hartado y había decidido que fuera él quien tomara las riendas.

Chris había optado por regresar a Grace Valley (como buen norteamericano de pelo en pecho, había pensado que su madre le ayudaría), pero las cosas no le habían salido demasiado bien. Los gemelos se habían metido en un montón de problemas en el pueblo, y al final habían robado el coche de Birdie y se habían caído por un barranco.

Lo que había empezado siendo un problema doméstico, tanto conyugal como familiar, se había convertido en una verdadera crisis; y por si fuera poco, la casa donde vivían estaba hecha un desastre. Chris la había comprado antes del accidente y en aquel entonces sí que había sido una buena idea, ya que podía aprovechar su tiempo libre para ir haciendo mejoras, pero seguro que después del accidente apenas tenía tiempo. Nancy había dejado su trabajo en San Diego para ir a cuidar a los niños, así que seguro que tenían unos ingresos mínimos y un nivel de estrés máximo.

Después de pasar a buscar la comida a casa de Birdie, puso rumbo a la casa de Chris. Los terrenos de la propiedad eran preciosos, y para llegar había que dejar la carretera y subir por un largo camino secundario hacia la cima de una pequeña loma. Pero a pesar de que las tierras eran de primera, la casa en sí estaba en mal estado desde mucho antes de que Chris la comprara, y para cuando Brad y Brent habían tenido el accidente, sólo estaban hechas mejoras básicas como la fontanería y la instalación eléctrica.

Justo cuando estaba alzando la mano para llamar a la puerta, oyó que uno de los gemelos llamaba a gritos a su madre mientras el otro berreaba pidiendo un calmante. Tuvo ganas de dar media vuelta y huir de aquel sitio caótico, pero se obligó a llamar y al cabo de unos segundos Nancy abrió la puerta de golpe. Estaba ceñuda, y sopló para apartarse un mechón de pelo de la cara.

June alcanzó a ver bastante desde la puerta. El suelo de la casa estaba sin alfombrar, había habitaciones sin puertas, en el cuarto de baño del fondo del pasillo sólo había una cortina para salvaguardar la privacidad, algunas de las ventanas estaban tapadas con tablas de madera, alguien había arrancado los armarios de la cocina para poner unos nuevos y se había quedado a medias, los electrodomésticos eran viejísimos (lo más seguro era que pensaran cambiarlos cuando la nueva cocina estuviera terminada), y de los techos colgaban las bombillas desnudas. En medio del comedor había dos voluminosas camas hospitalarias con equipo de tracción y mesas con ruedas y bandeja.

—Dios del Cielo —fue lo único que alcanzó a decir.

—Si tus hijos van a tener un accidente de tráfico y a pasar una temporada postrados en cama, no es nada práctico haberse comprado una casa ruinosa. No está como para salir en una revista de decoración ni mucho menos.

—La mía estaba así al principio, tardé una eternidad en dejarla a punto —no pudo evitar darse cuenta de que Nancy tenía unas ojeras enormes, y le dijo con calma—: Hay que ir paso a paso —le dio la fuente con el guiso mientras sujetaba el pastel con la otra mano.

—Qué detalle, June.

—Me encantaría atribuirme el mérito, pero os lo envía Birdie. Me siento fatal, Nancy, tendría que haber venido hace semanas a ver a los críos, y a echaros una mano con la comida y el resto de tareas.

—No te preocupes, me he enterado de que tú también tienes un montón de cosas entre manos.

June se llevó una mano al vientre de forma instintiva antes de contestar.

—Aun así, tendrías que haber dado la voz de alarma. Necesitáis ayuda.

—No seas ingenua —la voz de Nancy reflejaba un profundo desánimo.

—¿Qué quieres decir?

—Entra, por favor. Si tienes un poco de paciencia, pondré la cafetera en cuanto acabe los ejercicios de movilidad de Brent. No puedo dejarlo a medias, le duelen mucho y es mejor acabarlos cuanto antes; con un poco de suerte, después me quedarán unos minutos libres para poder charlar contigo.

—Déjalo. Estoy procurando no tomar cafeína de momento, aunque me cuesta un montón. Tú ocúpate de Brent, y mientras tanto pondré la comida a calentar.

Cuando entró en la cocina, se dio cuenta de que estaba incluso peor de cerca. El fregadero estaba despegado de la pared, no había estantes en la despensa, y por el suelo había varias cajas de color naranja que contenían enseres de cocina. Había algo de comida en la nevera, que era una antigualla, pero algunas cosas aún estaban en las bolsas de la compra.

—Oye, Nancy, ¿cómo te las apañas sin un fregadero en condiciones?

—¡Mamá, me toca tomarme el calmante! —gritó Brad.

Brent, por su parte, tenía los dientes apretados y gemía mientras su madre le estiraba y le encogía las piernas. Estaba aferrado a la barandilla de la cama, y era obvio que luchaba por contener las lágrimas.

—¡Ya lo sé, cielo, ya lo sé! Espera a que acabe con Brent, y enseguida voy a buscártelo. Dame unos minutos.

June se acercó a la cama de Brad, y le preguntó:

—¿Qué es lo que tomas?

—Percocet. Está allí, encima de esa mesa plegable.

June fue a por el frasco, agarró una jarra que había con agua para llenarle un vaso, y le dio el calmante. Se acercó de nuevo a la mesa (allí había todo lo necesario para los críos, desde la medicación hasta sábanas limpias), agarró un bote de loción, y regresó junto a Brad.

—Ponte de lado, voy a masajearte los hombros.

El joven tenía la pierna en tracción y le costaba bastante moverse, pero consiguió ladearse para que June pudiera quitarle la camiseta y empezara a darle el masaje, y sus gemidos de placer contrastaron brutalmente con los de dolor de su hermano.

—Aguanta un poco más, Brent. Cuando tu madre acabe de ayudarte con los ejercicios, te masajearé a ti también.

—¿Puedo tomarme otro calmante, June? —le preguntó, con voz trémula.

—Te has tomado uno justo antes de empezar —le dijo Nancy.

—¡Pero ella es médico!

—No es aconsejable que haya más de un médico administrándote medicamentos, Brent —le dijo June—. Aguanta un poco, ya verás como el calmante no tarda en hacerte efecto. El dolor ortopédico es el peor —mientras le masajeaba la espalda a Brad se dio cuenta de que tenía varios puntos de presión enrojecidos en la piel por pasar tanto tiempo en cama, puntos que podían convertirse de la noche a la mañana en peligrosas úlceras de decúbito—. Oye, Nancy, ¿la enfermera se encarga de darles un masaje? ¿Controla si les salen puntos de presión y úlceras de decúbito?

—Sólo viene tres veces por semana, así que nos turnamos entre todos a la hora de masajearlos y controlarlos. El otro día nos aconsejó que compráramos una badana, pero no hemos tenido tiempo de...

Antes de que pudiera acabar la frase, la puerta principal se abrió y Chris entró en la casa a toda prisa. Parecía aterrado.

—¿Ha pasado algo?

—No, no te preocupes. He venido de visita.

Él se llevó la mano al pecho, y comentó:

—Gracias a Dios. Llevo encima mi móvil y Nancy no me ha llamado, pero al ver tu camioneta fuera...

—Sí, suelo tener ese efecto en la gente —le dijo ella, en tono de broma—. Os he traído comida que os ha preparado tu madre, y he aprovechado para ayudar un poco.

—Gracias. ¿Dónde está mi madre?

—Le he dicho que se tomara la noche libre, Chris. Esta tarde ha pasado un mal rato. No creo que fuera nada grave, pero tenía el corazón acelerado y estaba acalorada. Supongo que es por el estrés.

—Sí, eso es algo que no falta por aquí.

—Ella quería venir de todas formas, pero yo he insistido...

—Si está bien la necesitamos, June.

—Tiene que tener una noche libre —le contestó, inflexible–. Se lo prescribo como médico, al menos hasta que tenga los resultados de su analítica y sepa que está bien.

–¿Vas a arreglar hoy el fregadero, Chris? –dijo Nancy.

–¡Acabo de llegar a casa!

–¡Sólo estaba preguntándotelo!

–¡Ya te dije que lo intentaría!

June procuró poner paz.

–Oye, ya sé que estáis cansados...

Chris no le hizo ni caso, y pasó junto a ella de camino a la parte trasera de la casa. Se detuvo a darle un breve beso en la mejilla a Nancy, que permaneció ceñuda. La tensión era tan palpable, que incluso los críos habían enmudecido.

–Otra vez ha vuelto pronto a casa –comentó Nancy.

–Pero debe de venirte bien tenerle aquí, ¿no? Supongo que te hace falta que te ayude.

–Me hace más falta su sueldo.

June pensó en su acogedor hogar y se preguntó cómo sería vivir como Chris, o peor aún, como Nancy. Estar atrapado en aquel caos, trabajando de peón para poder cuidar de aquellos dos críos... era comprensible que la pareja tuviera una relación tirante.

Cuando Nancy acabó con los ejercicios de Brent, le colocó de lado para el masaje. El pobre estaba tan agotado tras la dolorosa sesión de rehabilitación, que permaneció inmóvil y callado. Chris regresó en ese momento al comedor (o mejor dicho, a la habitación de hospital), vestido con vaqueros y una sudadera, y se acercó a la cama para revolverle el pelo a su hijo en un gesto juguetón. Hizo ademán de pasarle el brazo por la cintura a su esposa, pero al ver que ella se apartaba ligeramente a un lado para evitarle, comentó:

–Vale, me lo merezco. Os pido perdón a todos.

Nadie dijo nada durante un largo e incómodo momento, y al final June comentó con fingida naturalidad:

–Bueno, tengo que irme ya. Te prometo que esta vez no tardaré tanto en volver, Nancy.

–Gracias, me ha alegrado verte –lo dijo con amabilidad, pero parecía agotada y a punto de echarse a llorar.

–Lo mismo digo. Ánimo.

–Te acompaño a tu coche –apostilló Chris.

–No hace falta, estáis ocupados.

Él abrió la puerta de la casa, y la acompañó hasta el vehículo antes de decir:

–Siento que hayas tenido que presenciar eso, pero es que a veces Nancy y yo nos sacamos de quicio el uno al otro por culpa de la presión y de todo lo demás.

–Es comprensible. Oye, antes le he comentado que tendría que haber avisado de que necesitabais ayuda, y me ha dicho que no fuera ingenua. ¿A qué se refería?

–En fin, ya sabes... –al ver que lo miraba con perplejidad, le explicó–: Tenemos muchas cuentas pendientes aquí, June. No sólo por los problemas que los críos provocaron antes del accidente, aunque supongo que la gente tardará bastante en olvidarse de eso, sino por Nancy y por mí. Nos largamos sin dar explicaciones, le dimos la espalda a nuestro pueblo y volvimos en contadas ocasiones, como si nos creyéramos superiores. Y además te hice daño a ti, que eres la hija predilecta de este lugar –respiró hondo antes de añadir–: La gente no está deseosa de ayudarnos en este momento. Se nos considera unos forasteros, y la culpa es nuestra.

Ella lo miró boquiabierta, y tras unos segundos exclamó:

–¡Eso no es verdad, Chris! Lo que pasa es que nadie se ha dado cuenta de lo mal que os van las cosas.

Él esbozó una sonrisa, y le dio una palmadita cariñosa en la mejilla.

–Nancy tiene razón, eres una ingenua.

–Pero...

–Voy a ver si puedo arreglar ese dichoso fregadero para

redimirme un poco. Hasta la vista, June —sin más, regresó a la casa.

June regresó a su propio hogar, y al llegar vio que estaban encendidas tanto la luz del porche como la del garaje, que era una construcción separada de la casa con cabida para un vehículo; llevada por la curiosidad, abrió las puertas dobles y encontró a Jim midiendo un trozo de madera que tenía apoyado sobre dos caballetes.

Sonrió de oreja a oreja, y exclamó:

—¡Ostras, si tienes un cinturón de herramientas! ¡Pareces uno de los Village People!

—No sé si eso es un cumplido.

—Claro que lo es. ¿Qué estás haciendo?

—Una parte de la baranda del porche está bastante dañada, no quiero que te apoyes y te caigas.

—¿Eres carpintero?

—No, más bien un manitas.

—Oye, he estado planteándome... la verdad es que no hemos tenido ni un segundo para hablar de esto, pero ¿qué piensas hacer a partir de ahora? ¿Vas a buscar trabajo, o prefieres seguir ocioso? ¿Quieres dedicarte a ir a pescar con Sam y a jugar al póquer con mi padre?

—Aún no lo he decidido. Pensaba entretenerme con las tareas que vayan saliendo en la casa, pero si quieres que haga algo...

—¡No, claro que no! —se abrazó a su cuello, y añadió—: Ya has tenido un montón de detalles conmigo. Te has encargado de hacer recados, de limpiar, de cuidar de Sadie... —tuvo una idea, y los ojos se le iluminaron—. Pero si estás aburrido, creo que sé dónde puedes poner en práctica algunos de tus talentos.

Jim no estaba seguro de si era la persona más adecuada para organizar el proyecto de restauración de una casa, pero había una cosa que sí que tenía muy clara: estaba dispuesto a llevar hasta los confines de la Tierra cualquier carga que June quisiera adjudicarle.

Cuando había pensado en cómo viviría tras retirarse, jamás se le había pasado por la cabeza algo así. Se había imaginado disfrutando del sol en un barco o en una isla tropical, o metido hasta las rodillas en un río, pescando, y también había tenido una pequeña fantasía en la que vivía en una cabaña recóndita del bosque y subsistía cazando. Jamás se había imaginado viviendo en una casita cercana a un pueblo lleno de gente excéntrica a la que le encantaba entrometerse en los asuntos ajenos... pero le encantaba.

Le habría bastado con el amor que sentía por June, ya que por ella habría hecho todo lo posible por integrarse de todas formas, pero aún no había conocido ni a un solo miembro de aquel pueblo que le cayera mal; además, le sorprendía lo bien que le había acogido todo el mundo. La aceptación de todas aquellas personas se debía en gran parte al aprecio que sentían por June, pero estaba convencido de que si él les cayera mal, si pensaran que no la trataba lo bastante bien o que no se la merecía, estarían dándole un montón de problemas para intentar echarle. Se trataba de gente cordial, confiada, y bienintencionada.

Lo primero que hizo fue ir a hablar con Elmer sobre la idea de June. Le encontró en la cafetería, tomando un desayuno tardío en la barra, y se sentó junto a él antes de pedir un café. La mayoría de los clientes habituales de primera hora ya se habían marchado, y el establecimiento estaba bastante tranquilo; de hecho, la misma June ya había iniciado la jornada de trabajo en la clínica.

Después de pasar unos minutos charlando sobre el tiempo, que era horrible, Jim sacó el tema que tenía en mente.

—June me ha pedido que vaya a casa de los Forrest para ver si puedo echarles una mano con la restauración de la casa, aunque la verdad es que la carpintería no es mi fuerte.

—Eso sí que es una patada en todo el trasero. ¿Sabías que Chris es el antiguo novio de mi hija?

—Sí, ya me lo han comentado unas cuantas personas —de hecho, no habían sido unas cuantas, sino prácticamente el pueblo entero.

—Nunca fue lo bastante bueno para ella, ni cuando era el capitán del equipo de rugby del instituto.

—Me alegra saberlo.

—Tengo entendido que está pasando por una mala racha.

—Sí, eso parece. June me contó que la casa donde vive está hecha un desastre, y que su mujer y él están al límite de su aguante por culpa de los gemelos.

—Ellos mismos se han metido en esa situación.

—June no entró en detalles, pero me dijo que por sí solos no conseguirán tener la casa habitable antes de Navidad, y que la situación entre ellos es muy tensa.

—¿Por qué me cuentas todo esto?

—Porque le prometí a June que iría a echarles una mano, y he pensado que a lo mejor querrías venir conmigo.

Elmer lo miró ceñudo, y masculló:

—Maldita sea... tengo una relación muy estrecha con Birdie y Judge y no le deseo nada malo a ese inútil que tienen por hijo, pero Chris Forrest siempre me ha parecido un estorbo y un cero a la izquierda.

Jim se sorprendió por la satisfacción que sintió al oír aquellas palabras, aunque Elmer no había mencionado en ningún momento que a él le tuviera más aprecio. La cuestión de cuándo iba a casarse con June, o incluso de si iba a haber boda y el bebé que estaba de camino (que podría acabar siendo el único nieto de Elmer) iba a nacer en el seno de un matrimonio, era algo que generaba una tensión latente entre ellos.

Su estrategia consistía en no presionar a June e intentar complacerla, y si lo que ella quería era que trabajara en la casa de su antiguo novio...

—¿Cómo ha conseguido convencerte? —le preguntó Elmer.

—No le ha hecho falta hacerlo.

—Cielos.

Jim soltó un suspiro. Lo cierto era que no quería parecer débil a ojos del hombre que esperaba llegar a tener como suegro.

—Me pilló haciendo unos arreglos para la barandilla del porche, y pensó que soy buen carpintero. Tengo mucho tiempo libre, y después de pasarme veinte años trabajando un montón de horas al día, no me acostumbro a estar en casa sin hacer nada, esperando a que llegue la señora doctora.

Elmer le miró sonriente, y exclamó:

—¡Menos mal, empezaba a pensar que eras un pusilánime! —se inclinó hacia él, y añadió en voz más baja—: Pero ¿June cree que...?

—Que he accedido a ayudar a los Forrest porque la adoro.

Elmer se dio una palmada en la rodilla y se echó a reír, pero de repente se detuvo y le preguntó un poco ceñudo:

—¿Estás seguro de que nunca has estado casado?

—Seguro del todo.

—Pues eres bastante avispado para ser un principiante; por cierto, quería comentarte una cosa.

Jim supo de inmediato el rumbo que iba a tomar la conversación, y permaneció en silencio.

—June ya no es una cría. Sé que es sensata y que hace tiempo que quería formar una familia, aunque le faltaba el marido, así que lo que ella quiera no es de mi incumbencia si está sana y es feliz —enarcó una ceja, y le miró por encima de las gafas—. Aunque aún sigue sin tener marido.

Jim se había enfrentado sin temor a criminales armados, pero sintió que el cuello se le perlaba de sudor ante aquel hombre mayor, calvo y menudo.

—¿Has hablado del tema con ella, Elmer?

—No le gusta que me entrometa en sus asuntos.

—¿Y eso te ha impedido hacerlo alguna vez?

—Qué pregunta tan impertinente, ¿seguro que quieres caerme bien?

Su hermana Annie también le había presionado para averiguar por qué no habían fijado aún la fecha de la boda, pero la verdadera cuestión era quién se resistía a fijarla, y no había ni una sola respuesta positiva. Si decía que era reacio a hacerlo, quedaba como un canalla; si decía que la que tenía dudas era June, quedaba incluso peor por delatarla; si decía que los dos eran reacios, todo el mundo querría saber cuál era el problema, lo que llevaba de vuelta a las dos preguntas iniciales.

Al final, se limitó a contestar:

—Más de lo que te imaginas.

—Pues no lo parece. En fin, sólo quería que supieras que es un tema que me preocupa.

Jim tuvo ganas de admitir que a él también le preocupaba, pero sólo dijo:

—Siento causarte tantas molestias —se sentía más inseguro que cuando estaba trabajando infiltrado y le habían interrogado criminales armados.

—¿Qué piensas hacer? —le preguntó Elmer, con una pequeña sonrisa.

Jim pensó en ello durante unos segundos antes de contestar.

—Creo que tendríamos que ir a buscar a Sam Cussler y a Harry Shipton, y pasar por casa de los Forrest para ver lo que hay que hacer. Después tendremos tiempo de ir a comprar lo que haga falta a Westport o a Fort Bragg.

—No sé si Harry ha puesto un solo clavo en toda su vida.

—En ese caso, puede dedicarse a rezar por todos nosotros.

Después de bajar del taburete en el que estaba sentado, Elmer se sacó unos billetes del bolsillo y los dejó sobre la barra antes de decir:

—Vale, vamos a echar un vistazo. Eres un tipo escurridizo, Jim.

A la hora de la comida hubo un descenso de actividad en la clínica. John había ido a hacer su ronda al Valley Hospital, Jessie estaba aprovechando su hora libre para estudiar un poco, y June estaba comiendo en su mesa con Susan, que había ido a buscar sopa de tomate y unos bocadillos de queso calientes a la cafetería.

—Llevamos unas semanas sin parar de trabajar —comentó Susan.

—Sí —se limitó a contestar ella, antes de tomar otra cucharada de sopa.

El ajetreo no se limitaba a la clínica, sino que afectaba también a su vida privada. Apenas tenía un momento de descanso, pasaba del trabajo a casa con Jim, al trabajo otra vez, a responder a llamadas de emergencia, a casa con Jim, a compromisos familiares... hiciera lo que hiciese, siempre llegaba tarde. Siempre. Incluso había llegado a perderse por completo varias cenas; además, ¿adónde había ido a parar el tiempo? Jim llevaba allí desde la primera semana de octubre, y ya había llegado noviembre.

—George hace una sopa para chuparse los dedos —comentó Susan.

—Sí.

En un tiempo así, con aquella llovizna constante que presagiaba la llegada del invierno, lo que apetecía era una buena sopa y una chimenea encendida. Le costaba muchísimo salir de aquella cama calentita en la oscuridad de primera hora de la mañana, en especial desde que tenía un cálido cuerpo masculino a su lado, y era una verdadera tortura ir al trabajo horas antes de que amaneciera a través de la gélida neblina, con los cristales del coche empañados por el vaho. Aunque lo cierto era que cuando se hacía de día seguía haciendo frío, y apenas clareaba.

Se había preguntado en más de una ocasión cómo era posible que pasara, sin notar siquiera la transición, de sentirse revigorizada por los colores vivos y el ambiente del otoño a estar decaída por la oscuridad invernal.

—Has pasado de mujer soltera y centrada en su profesión a embarazada con pareja... debe de ser un poco raro, ¿verdad?

—Sí.

—¡Por el amor de Dios, June!

Dio un respingo al oír la exclamación llena de exasperación de Susan, y la miró sobresaltada.

—¿Qué pasa?

—¿Te has dado cuenta de lo callada que estás?

—¿Qué?

—Es la primera vez que estamos a solas en un montón de tiempo. No hay pacientes esperando, John está en el hospital y Jessie absorta estudiando, y apenas has abierto la boca.

—¿Me has preguntado algo?

—No, estaba limitándome a esperar con paciencia a que hablaras, a que me explicaras algo. ¿Cómo estás?, ¿cómo es Jim?

June tardó un momento en contestar.

—La verdad es que es tan maravilloso, que cuesta de creer. Cuando le dije que estaba embarazada, vino en cuanto pudo, y para quedarse de forma definitiva. Se ha retirado, trabajaba en... la policía —al ver que enarcaba una ceja, le preguntó—: ¿Por qué haces eso?

—Por nada. Sigue, cuéntame más cosas.

—Ha tenido una paciencia enorme y no se ha quejado ni una sola vez por lo ocupada que estoy, sobre todo ahora que estamos en una de las peores épocas del año en cuanto a enfermedades. Limpia la casa, hace recados, prepara la cena, y si tengo que encargarme de alguna urgencia y llego muy tarde a casa, me guarda sin rechistar un plato que a veces ni siquiera llego a comerme —tomó otra cucharada de sopa antes de añadir—: No sé si yo podría ser tan comprensiva si estuviera en su lugar, creo que me enfadaría con él.

—¿Pensáis organizar una boda, o preferís casaros sin avisar a nadie?

—Qué buena está la sopa.

—¡June!

—La verdad es que tengo un problema, y no puedo contárselo a nadie. ¿Puedo confiártelo a ti, o te irás de la lengua?

—¡Claro que puedes confiármelo!, ¿es que no soy la discreción en persona?

June no supo cómo contestar. Susan sabía cuándo hablar y cuándo mantener la boca cerrada, y no se había filtrado ninguna confidencia médica desde que ella era la enfermera al cargo de la clínica; aun así, una charla entre mujeres era algo muy diferente, y seguro que Julianna Dickson, la mejor amiga de Susan, acabaría enterándose de todo tarde o temprano, pero... ¿con quién más podría sincerarse?

Con su padre no podía hablar de aquel tema, Birdie ya tenía más que suficiente con sus propios problemas, y la querida tía Myrna era bastante excéntrica. Ursula Toopeek sería una buena opción, pero estaba de lo más atareada con cinco hijos, su trabajo de maestra a tiempo completo, un marido que era jefe de policía, y los suegros viviendo bajo su techo.

—Al cuerno con todo. Resulta que hay un tema concreto del que Jim y yo evitamos hablar, y es una carga muy pesada que pende sobre nuestras cabezas: nuestro posible matrimonio.

—¿Por qué no habéis hablado del tema?

La pregunta era muy sencilla, pero la respuesta era muy compleja.

—Porque... eh... porque... no sé por qué. Porque he sido soltera toda mi vida, y es un paso enorme.

Susan la miró perpleja, y se inclinó un poco hacia ella por encima de la mesa antes de preguntar:

—¿No te parece que tener un hijo también es un paso enorme?

—Sí, pero eso es algo que ya no se puede cambiar. Es una realidad, y por muy nerviosa que esté, no me queda otra opción. Pero aún está en mis manos decidir si quiero asumir el gran compromiso del matrimonio, y no sé si estoy preparada.

—Madre mía, esto va a causar un buen revuelo.

—Sí, no lo dudes.

—Dices que no has hablado del tema con Jim, ¿es que no te ha preguntado si te quieres casar con él?

—Sí que me lo ha preguntado... más o menos.

—¿Qué quieres decir?

—Me dijo, textualmente: «Quizá deberías tomarte el día libre... podríamos ir a Reno o al lago Tahoe, y casarnos».

—Ah. Sí, eso cuenta como petición de matrimonio. ¿Le dijiste que no?

—Le dije que no podía tomarme el día libre.

—¡Venga ya!

—Supongo que voy a tener que hablar con él.

Se sorprendió al ver que la delicada y refinada rubia alzaba el plato de sopa y se ponía a beber sin cuchara, y no pudo evitar echarse a reír al ver que bajaba el plato sonriente y que le había quedado un bigote de sopa de tomate.

Susan se lamió el labio superior, y se limpió la boca con una servilleta antes de admitir:

—No sé qué es lo que me pasa, pero tengo un hambre de caballo. Debo de tener una solitaria.

—No sé dónde lo metes.

—Tengo que ir con cuidado. Cuando una mide metro sesenta, se nota si se come un copo de avena de más. Volviendo a tu tema... será mejor que hables con él, a lo mejor tampoco está preparado para el matrimonio y sólo estaba intentando hacer lo correcto. Si a los dos os pasa lo mismo, podéis ir asimilando juntos la idea de una posible boda. Lo que cuenta de verdad es que los dos estéis de acuerdo, y que el bebé sea lo prioritario.

—He pasado de estar sola a estar acompañada en todo momento.

—¿Empiezas a sentirte un poco agobiada?

—Pues no, la verdad es que me gusta —esbozó una sonrisa, pero se puso seria de nuevo al admitir—: Ahora estoy bien, pero no puedo dejar de preguntarme si de repente, de la noche a la mañana, voy a detestar tener que compartir mi espacio personal con otra persona. No sé si a alguien le pasará eso...

—Nos pasa a nosotros cada mañana, June. Tendríamos que tener un cuarto de baño con dos lavamanos por lo menos.

—Entonces, ¿todo esto es normal hasta cierto punto?

—Exacto. ¿Vas a acabarte el bocadillo?, estoy hambrienta.

—Cómetelo. Antes, cuando he comentado que Jim estaba retirado, has hecho un gesto raro. ¿Por qué?

—Es que he dado por hecho que, si era poli, le conociste en la época en que desmantelaron aquella plantación de marihuana.

—¿Cómo has llegado a esa conclusión?

—Pues siguiendo un razonamiento lógico. Los federales tenían que tener agentes en la zona meses antes de montar un asalto masivo contra una plantación tan enorme, y la época concuerda con tu embarazo.

June la contempló en silencio durante un largo momento, y al final dijo muy seria:

—Jim estaba de acampada con un amigo, la primavera pasada.

—Eso es lo que todos los polis infiltrados les cuentan a sus novias —Susan le guiñó el ojo, sonriente, y se puso de pie. Después de poner los platos sucios en la bandeja para llevarlos de vuelta a la cafetería, añadió—: Hazme caso, no dejes aparcados temas que es mejor aclarar cuanto antes; cuanto más tardes, más te costará arrancar.

Jim y Elmer fueron a casa de éste para echarle un vistazo a las herramientas que había acumulado a lo largo de los años, y después fueron a ver las que tenía June en el garaje. Elmer había pasado todo su tiempo libre pescando y jugando al póquer, así que sólo tenía lo necesario para reparaciones básicas, y lo mismo pasaba con las escasas herramientas que Jim llevaba en el maletero de su coche y con las que había en el garaje de June. Daban por hecho que Sam estaría mejor preparado, y pusieron rumbo a su taller; cuando supieran con exactitud con qué contaban, irían a casa de los Forrest para hacerse una idea de lo que iban a tener que comprar.

Cuando llegaron al taller, se encontraron con un altercado. La furgoneta de la panadería de Syl Crandall estaba parada junto a uno de los surtidores de gasolina, y la mujer estaba discutiendo a gritos con Conrad Davis.

—Dios, me parece que Sam ha metido la pata hasta el fondo —comentó Elmer.

Los dos bajaron de la camioneta justo cuando Syl estaba diciendo:

—¡Si Sam quería cambiar la forma de hacer las cosas, nos lo habría dicho a sus amigos!

—Si no tiene la pasta, puedo ir a la panadería a por ella.

—¡No es que no la tenga, jovencito, es que suelo pagar a Sam con un cheque una o dos veces al mes! Gasto mucha gasolina cuando voy de reparto.

—Ahora cobramos al contado.

—¿Ah, sí? —le dijo Elmer, al acercarse a ellos.

Jim iba varios pasos detrás y fulminó con la mirada a Conrad, que tardó un segundo en reconocerle y se apresuró a decir:

—Sólo estoy cobrando la gasolina, colega.

—¿Dónde está Sam?

—En una casa vieja que dice que la familia y yo podemos usar, hace mucho que está abandonada.

—Elmer, este joven dice que a partir de ahora va a encargarse de la gasolinera, y que ya no podemos seguir dejando pagarés. ¿Tú sabes algo del tema?

—No, nada. Será mejor que aceptes el pagaré de la señora Crandall, hijo. Así es como hace negocios con Sam.

—Pues las cosas han cambiado ahora que yo estoy al mando. Me dijo que le daba igual cómo dirigiera el negocio mientras lo cuidara bien, y hasta he barrido.

—Y Sam está...

—¡Ya he dicho que está trabajando en esa casa vieja!

Elmer dio un paso hacia él, y le preguntó con calma:

—¿Dónde está la casa, hijo?

—Me parece que la calle se llama Marigold, o algo así. Está cerca de aquí, por detrás de la iglesia... justo al lado de una mujer con la cara hecha picadillo.

Syl soltó una exclamación, y exclamó horrorizada:

—¡Se refiere a la señora Mull! —metió el pagaré en el bolsillo de Conrad sin contemplaciones, y regresó a su furgoneta hecha una furia—. ¡Esto es inadmisible! —masculló, en voz baja.

—¡Me parece que es ilegal marcharse sin pagar, señora!

—¡Pues llama a la policía! —le gritó, antes de meterse en la furgoneta y poner rumbo a la panadería.

—Conozco a Syl Crandall desde hace unos cien años y no me imagino lo que le has dicho para enfadarla tanto, pero supongo que ha sido algo bastante desagradable —comentó Elmer.

—Quien compra gasolina tiene que pagarla, ¿tanto cuesta entenderlo?

Jim posó una mano en el hombro de Elmer por detrás, y le dijo:

—Vamos a hablar con Sam.

—¡Eso, él lo dejará muy clarito! ¡Ahora me encargo yo de este sitio, y cuando pongo gasolina, quiero que me paguen!

—Venderás mucho más con miel que con vinagre —le espetó Elmer.

—¿Qué?

—Da igual, déjalo —cuando estuvo sentado junto a Jim en la camioneta, comentó—: No sé en qué diablos estará pensando Sam.

Lo que estaba pensando les quedó claro en cuanto vieron la casa vecina a la de la señora Mull. En la parte delantera sólo había dos ventanas con cristales, y el resto estaba cubierto con tablas de madera. Era un sitio pequeño y humilde, pero el hilillo de humo que salía de la chimenea le confería cierta calidez.

La puerta principal se abrió justo cuando iban a llamar, y Jurea dio un respingo que dio paso a una sonrisa en cuanto reconoció a Elmer.

—Hola, doctor Hudson. Me ha pillado desprevenida —llevaba en los brazos una cesta de mimbre llena de ropa sucia.

—Buenos días, Jurea. Supongo que aún no conoces a Jim Post, June y él son... son... —se volvió a mirarle ceñudo, y como no se le ocurrió ninguna descripción apropiada, la miró de nuevo a ella y dijo sonriente–: Es un recién llegado que ha venido a vivir al valle.

Jim había adivinado de inmediato quién era aquella mujer de sonrisa tímida y dulce, porque June llevaba hablándole sobre los Mull, sobre cómo habían dejado atrás su aislamiento en las montañas, desde la misma semana en que la había conocido. Había sentido mucha curiosidad por el rostro de Jurea, por su transformación, y no se dio cuenta de lo encantador que parecía cuando alargó el brazo para estrecharle la mano; al ver que ella seguía aferrada a la cesta, no tuvo más remedio que aflojarle un poco los dedos y le dio un breve apretón.

–Me alegra mucho conocerte, Jurea. June me ha hablado muchísimo de tu familia y de ti.

Elmer soltó un bufido cargado de ironía, y comentó:

–Me alegra saber que mi hija y tú os tomasteis un ratito para charlar. ¿Sam está dentro, Jurea?

–Sí, pasen, pero cuidado con la puerta. La casa está tan llena de agujeros, que nos las vemos y nos las deseamos para que no entre el viento, y hay niños pequeños.

En un rincón de la sala de estar, junto a la estufa de leña, había una joven sentada en una mecedora con un bebé muy arropado en los brazos. La alfombra estaba muy raída, pero al menos servía para que las dos niñas que estaban jugando en el suelo con unos bloques de colores no tuvieran frío. Cerca de ellas estaba Sam, arreglando arrodillado una tabla del suelo que tenía el borde roto y astillado. Era una escena tan casera, que parecía casi normal.

–Vaya, aquí llega la caballería –comentó Sam, por encima del hombro.

Elmer se acercó a él, le puso una mano en el hombro, y le preguntó en voz baja:

–¿Se puede saber en qué te has metido?

Sam se incorporó hasta quedar en cuclillas. Erline Davis estaba sentada a escasos metros de él, con su bebé en brazos y sus niñas jugando a sus pies, y a diferencia de cuando estaba dando a luz en la parte trasera de una camioneta, parecía guapa y serena... y también demasiado joven para tener tres hijos.

—El invierno se nos viene encima, Elmer. Erline y los niños han estado viviendo en un refugio, y antes se limitaban a acampar donde podían.

Elmer soltó un sonoro suspiro, y pensó en lo que Conrad estaba haciendo en la gasolinera. Estaba claro que Sam iba a tener que echarle de allí si no quería que le robara.

—Me parece que es cierto lo que dicen, Sam... toda buena acción recibe su justo castigo.

Jim no tenía intención de hacerse cargo de un proyecto de restauración en el pueblo, pero era obvio que las cosas se encaminaban en esa dirección. Los hijos de los Davis eran tan pequeños y vulnerables, que había que asegurarse de que estuvieran en un lugar apuntalado y seguro, aunque de momento fuera una única habitación. La calefacción central estaba descartada, pero la chimenea y la estufa de leña caldeaban la pequeña sala de estar. No había lámparas ni electrodomésticos, pero la instalación eléctrica funcionaba y en la vieja camioneta había un par de sartenes, algunos platos, y un hornillo.

Jurea no tardó en hacerse cargo de Erline, y empezó a mostrarle cómo arreglárselas en una casa que estaba en condiciones tan precarias. Elmer le dejó un mensaje en el contestador a Corsica Ríos, una asistente social del Departamento de Asuntos del Niño y de la Familia, que iba a encargarse de que los Davis recibieran ropa y comida.

Mientras ayudaban a los Davis, los tres hombres no pudieron evitar darse cuenta de que, como Clarence estaba hospitalizado, a Jurea y a su familia también les iría bien que les echaran una mano; horas más tarde, mientras comían en la cafetería y hablaban de todo lo que quedaba por hacer, George se acercó a ellos y les dijo:

—Estoy dispuesto a ayudar en casa de los Forrest, si vosotros echáis una mano a los Craven este fin de semana. Leah es mi camarera y Frank, su hijo de dieciséis años, lava los platos. Tiene que salir adelante sola con sus cinco hijos y se las apañan bastante bien, pero se acerca el frío y no estaría de más asegurarse de que están preparados de cara al invierno.

—La carpintería no es mi fuerte, pero puedo acarrear cosas como el que más —apostilló Harry.

—Antes de ponernos manos a la obra, tenemos que tener claro qué es lo que hay que hacer. Habrá que ir a casa de los Forrest para evaluar la situación.

Hal Wassich estaba tomando una taza de café junto con su hijo Hank y varios convecinos, y había permanecido atento a la conversación a raíz de oírles mencionar por primera vez a los Forrest. Se acercó a ellos, y les dijo:

—¿Estáis hablando de ir a echarles una mano a los Forrest?

Se volvieron a mirarle, y Elmer se quedó boquiabierto al ver la cicatriz rosada que le cruzaba la frente.

—Madre mía, te diste un buen golpe en la cocorota.

—Choqué contra un ciervo enorme. Chris Forrest iba en el coche del jefe Toopeek aquella mañana, y me curó lo mejor que pudo. No mencionó que necesitara ayuda, ¿no sabe que puede contar con mi familia?

—Parece que le da vergüenza pedir que le echen una mano, supongo que por todas las gamberradas que hicieron sus hijos antes del accidente —apostilló Sam.

—Tiene a dos adolescentes postrados en camas de hospital en su sala de estar, y la casa que compró está hecha un desastre. No creo que haya podido arreglar el fregadero de la cocina, no tiene alfombras, y June me dijo que han colgado cortinas a modo de puertas en el cuarto de baño y las habitaciones.

—Se rumorea que la mejor ayuda que tienen es Judge, y ya sabéis lo agradable que es trabajar con él.

Hal soltó un silbido antes de comentar:

—Será mejor que vayamos a echar un vistazo cuanto antes. ¡Oye, Hank!

—¿Qué? —le contestó su hijo, desde el otro extremo de la cafetería.

—Acábate el café, tenemos que ir a ocuparnos de una cosa.

Al cabo de una hora más o menos, Nancy Forrest fue a abrir la puerta al oír que llamaban y encontró en su desvencijado porche a una cantidad impresionante de hombres que habían llegado en media docena de camionetas. Estaban Jim y Elmer, Sam y Harry, Hal y Hank Wassich, George Fuller y su hijo, y algunos más que se habían unido al grupo: Standard Roberts, cuyos prados de flores estaban demasiado húmedos como para mantenerle demasiado ocupado, Lincoln Toopeek, que estaba medio retirado, Ray Gilmore, al que habían encontrado en la panadería y se había sumado a los demás, y por último Bud Burnham, al que habían encontrado en la bifurcación del camino y que estaría dispuesto a hacer lo que fuese con tal de pasar un rato alejado de su esposa, Charlotte.

—Hola, soy Jim Post. June es mi... mi... bueno, la verdad es que nadie ha logrado encontrar una descripción adecuada hasta el momento —oyó alguna que otra carcajada, pero se dio cuenta de que Elmer permanecía serio—. Nos han dicho que necesitáis que os echen una mano... algunas reparaciones, algo de carpintería y de fontanería... también tenemos especialistas capaces de cargar escombros, de encerar, lavar, y cualquier otra cosa que os haga falta.

Nancy se quedó mirándolo atónita durante unos segundos, y entonces se cubrió la boca con las manos y se echó a llorar.

A pesar de que aún no hacía el frío suficiente como para tranquilizar a los que vigilaban el río, al menos bastaba para que no resultara extraño que June llevara tantas capas de ropa. Jim era el único que sabía que ya no podía cerrar la cremallera de los pantalones.

En esa ocasión cubrió la prueba delatora con una camiseta larga y un jersey ancho que le llegaba por debajo de las caderas, pero cada día, cuando se vestía y notaba que toda la ropa, desde el sujetador a las botas, le quedaba más ajustada, se daba cuenta de la rapidez con la que estaba pasando el tiempo. Mientras Jim estaba atareado ayudando por todo el pueblo, mientras la temporada de resfriados y gripes estaba en pleno apogeo, mientras el sombrío tiempo invernal iba ganando terreno y Acción de Gracias se acercaba, ella iba engordando.

Susan la contempló en silencio durante unos segundos antes de preguntar:

—¿Vas a ponerte ropa de premamá alguna vez?

—¿Te preocupa el tema?

—Pues la verdad es que sí. Llegará un punto en que los pantalones no se sujetarán desabrochados, y se te caerán hasta las rodillas en el peor momento. Lo sé por experiencia.

Estaba claro que Jim no era el único que sabía que la ropa le quedaba estrecha, así que admitió:

—Aunque tuviera tiempo de ir a comprar ropa de premamá, no sabría por dónde empezar.

—No te preocupes, te traeré unos catálogos; por cierto, ha llamado tu tía Myrna para ver si podrías ir a comer a su casa hoy mismo.

—Llámala y dile que ya llevo yo la comida, y que iré a eso de las doce y media.

Su apetito iba acrecentándose junto con su vientre, y las náuseas de los primeros meses de embarazo habían dado paso a un hambre voraz. Llamó a la cafetería, y le pidió a George que le preparara un bocadillo de medio metro relleno hasta rebosar. Tía Myrna sería capaz de comerse una cuarta parte como máximo, y eso si tenía mucha hambre. Se detuvo a comprar cuatro pastelillos de chocolate de los grandes en la panadería de los Crandall (uno para sí misma, otro para su tía, y uno para cada una de las gemelas), aunque si alguna de las demás no quería el suyo...

Llegó escasos minutos después de las doce y media a casa de su tía, que estaba esperándola con impaciencia.

—Gracias a Dios que has venido, June. Pensaba que iba a tener que ir a la clínica para poder hablar contigo. No me acuerdo de cuándo fue la última vez que le pedí consejo a alguien, pero... ¡va a venir!

—¿Quién?

—¡Edward Mortimer va a venir a verme! ¡Después de tantos años carteándonos sin una sola llamada telefónica, va a venir en persona! ¿Qué diantre voy a hacer con él?

—¿Cuándo viene?

Myrna la miró con ojos llenos de pánico, y susurró:

—En Acción de Gracias... ¡Acción de Gracias!

—En ese caso, aún nos quedan un par de semanas. ¿Podríamos entrar y comer?

—Soy incapaz de probar bocado —dio media vuelta como una exhalación, y se internó en la casa—. Vamos a la cocina, allí podrás comer tranquila.

Cuando estuvieron sentadas en la cocina, June sacó toda la comida que había comprado y la colocó sobre la mesa. Agarró un cuchillo y dos platos, y a pesar de que su tía le indicó con un gesto que no quería, le cortó un trozo de bocadillo y se lo puso delante. Estaba hambrienta, pero antes de hincarle el diente al enorme trozo que se había servido, preguntó:

—¿Por qué estás tan nerviosa?, creía que querías conocerle en persona.

—Siempre he deseado que viniera a visitarme, incluso intenté verle en Fresno hace muchísimo tiempo. Llevamos muchos años carteándonos, querida; por un lado, somos grandes amigos, pero, por el otro, somos unos completos desconocidos...

—¿Cómo contactasteis por primera vez?

—Edward era muy fan de mis libros, creo que sabía más sobre algunas de las tramas que yo misma.

—Qué tierno —comentó, entre bocado y bocado.

—¿Verdad que sí? En aquel entonces, antes de que todos usáramos ordenadores, muchos de nosotros escribíamos cartas. Para mí era una forma de iniciar la jornada, un arte tan creativo como escribir novelas o poesía, y no escatimaba palabras a la hora de redactarlas. En una ocasión en que me despaché a gusto despotricando contra Morton, Edward me escribió diciéndome que la pasión y la rabia que se desprendían de mi carta le habían enardecido, y me preguntó si me había planteado alguna vez acabar con Morton en un libro.

—Así que fue idea suya, ¿no?

—Supongo que sí, pero estaba a punto de ocurrírseme a mí.

Mientras June disfrutaba de la copiosa comida, Myrna le

contó una historia de amistad que abarcaba casi veinte años. Edward la había animado a que incorporara a sus tramas el asesinato de maridos, y de vez en cuando también leía los manuscritos y le daba su opinión; al parecer, era el único que tenía ese privilegio, ya que nadie más tenía acceso a sus obras antes de que se las entregara al editor. Edward había sido durante todos aquellos años el amigo por correspondencia a la sombra de su carrera de escritora, alguien que la apoyaba y a veces incluso la ayudaba; por su parte, ella había sido su mentora, ya que él había tenido por fin la oportunidad de empezar a escribir después de jubilarse.

Según el mismo Edward, la ocupación que había tenido durante años era aburrida y le había aportado el dinero justo para ir subsistiendo, y aunque no había sido desdichado gracias a sus libros, sus amigos y sus viajes, lo cierto era que no se había sentido realizado; por suerte, al jubilarse había tenido la oportunidad de empezar a escribir sobre historia, que era un tema que había estudiado durante toda su vida a modo de entretenimiento. En aquella época era un solterón empedernido de sesenta y pico años, así que había iniciado su carrera de escritor bastante tarde, pero había publicado su primera obra de divulgación unos cuantos años después de entrar en contacto con Myrna.

—Es un escritor con mucho talento, pero me gusta pensar que mi ayuda influyó para que consiguiera acabar y publicar su primer libro. Leí el manuscrito varias veces, le aconsejé y corregí algunos errores, ¡incluso le presenté a mi editor! No le compró el libro, pero aun así... supongo que estaba haciendo por él lo mismo que él había hecho por mí, nos hemos apoyado el uno al otro en la publicación de unos veinticinco o treinta libros.

—¡Quién iba a pensar que había un hombre misterioso en tu vida que te ayudaba a mantener una prosa sólida y unas tramas truculentas!

—He estado en contacto con multitud de escritores a lo largo de los años, pero éste es especial y lleva muchísimo tiempo a mi lado.

—En ese caso, ¿a qué vienen tantos nervios? Conocerle debería ser una experiencia maravillosa, y Acción de Gracias me parece el momento perfecto —se cubrió la boca para sofocar un pequeño eructo, y añadió—: Papá, Jim y yo nos encargaremos de la comida —en ese momento se dio cuenta de que no había visto a ninguna de las Barstow, y le preguntó—: ¿Dónde están las gemelas?

—No quería que nadie más escuchara nuestra conversación, así que he enviado a Amelia a su casa en cuanto he recibido la carta de Edward.

Los ojos de June se iluminaron al darse cuenta de que no iba a tener que compartir los pasteles de chocolate con las Barstow. Abrió el paquete blanco de la panadería poco a poco, de forma casi reverente.

—¿Cómo puedo ayudarte, tía Myrna?

—En primer lugar, no le digas ni una sola palabra de esto a tu padre, ya se lo contaré yo cuando me haya aclarado las ideas. Y en segundo lugar... ¿qué voy a hacer con Edward?, ¡no puede alojarse en mi casa!

—¿Por qué no?

—Aparte del hecho de que las gemelas estarían entrometiéndose todo el rato, ¿qué pasa si no me cae bien al conocerle en persona, o si soy yo la que no le cae bien a él?

—Eso no es demasiado probable, ¿no?

—A veces, uno puede ser de una manera por carta y muy diferente en carne y hueso, ¿verdad?

—Sí, pero también puedes llegar a conocer a alguien mucho mejor cuando va revelando su personalidad carta a carta, supongo que por eso hay tanta gente que se enamora en los chats de Internet.

—¡Exacto! ¡Pero entonces conocen a la persona, y descubren que no es lo que esperaban!

—¿Has engañado en algo a Edward? —era posible que su tía hubiera mentido en cuanto a su edad o algo así, pero no le extrañó verla negar con la cabeza, porque sabía que era una mujer muy honesta.

—Es que a lo mejor le parezco un poco... excéntrica.

La carcajada le salió de forma tan súbita e imparable, que June fue incapaz de fingir que estaba tosiendo o estornudando; al ver que su tía la miraba ceñuda, le dijo:

—No pidas milagros, tita.

—Qué graciosa.

—Lleváis carteándoos casi veinte años, así que seguro que a estas alturas ya se ha dado cuenta de que eres un poco especial.

—Tendríamos que haberte castigado más de pequeña —masculló.

—Tita... —June no pudo evitar echarse a reír.

—¡Por no hablar de cuánto comes! ¡Si sigues así, acabarás tan enorme como Charlotte Burnham!

June dejó lo que le quedaba de su segundo pastelito sobre el papel blanco en el que se lo habían envuelto, y comentó con tono melindroso:

—Estás siendo muy vengativa.

—Perdóname, querida, pero es que me has sacado de mis casillas con esa tontería de que soy una vieja maniática...

—¡No he dicho eso!

—Pues es lo que he entendido... y la pura verdad, pero no me gusta que la gente piense eso de mí —se puso de pie, y se alejó de la mesa sin dejar de hablar—. Quiero que oigas algo, y me entenderás —regresó de inmediato con una carta en la mano—. Escucha bien, June.

Myrna, querida mía, a veces me irritas tanto, que si fuera más joven subiría al primer autobús con destino a Grace Valley para po-

der discutir contigo a placer. Pero otras veces eres tan cálida y tierna, que me cuesta creer que eres tú; por no hablar de tu sentido del humor, y de tu rotunda seriedad. Nadie me ha hecho tan feliz como tú, ya sea discutiendo o bromeando conmigo, y voy a decir lo que tú te callas: no sería el mismo sin ti. He llegado a depender de ti, y creo que eres la persona con la que he tenido una amistad más estrecha en toda mi vida. Pero eso se debe a que sólo existimos en estas cartas, porque seguro que seríamos un par de enamorados si nos conociéramos en carne y hueso... ¡qué estampa tan maravillosa!

—¡Es un encanto, tía Myrna!

—¿Verdad que sí? ¿Qué pasa si cuando venga resulta que no nos soportamos? Seguro que dejaríamos de estar en contacto, y cartearme con él ha sido un apoyo y un deleite para mí.

Tras pensar en ello durante unos segundos, June le dijo:

—Preferirías que las cosas siguieran como hasta ahora, ¿verdad?

—¡Exacto! Pero es que... en fin, Edward ha decidido venir, y sería una grosería decirle que no lo haga. No sé qué...

—¿Te has planteado que podríais llegar a enamoraros el uno del otro?

—No digas tonterías, June —a pesar de sus palabras, se ruborizó.

Después de agarrar su pastelito de chocolate, el papel, y las bolsas vacías de la comida, June se puso de pie y besó a su tía en la frente antes de decir:

—Ya verás como todo sale bien; de hecho, seguro que sale genial. Nos tienes a papá, a Jim y a mí para apoyarte, y juntos conseguiremos que Edward disfrute al máximo de Acción de Gracias. Si no quieres que se quede en tu casa, consíguele una habitación en el hostal de la 482, ¡aunque yo en tu lugar no dejaría a Agatha Worth cerca de tu hombre!

—No es exactamente mío.

—Como si lo fuera. Tengo que volver a la clínica, tita. ¿Estás bien, o quieres que te dé algo para tranquilizarte?

—Preferiría que me dieras algo, querida. Estoy bastante alterada.

—Vale, lo que voy a darte es un consejo: tómate una taza de té, pon los pies en alto durante un rato, y en vez de preocuparte, piensa en positivo e imagínate que todo sale de perlas. Arriba ese ánimo.

Su tía la miró enfurruñada, y comentó:

—Creía que me darías un Valium, o algo así.

—¡Ja!, ¡qué más quisieras! ¡Te llamaré después para ver cómo sigues!

Sam no había tenido hijos, así que se sentía en cierta desventaja; además, aparte de contratar a algún muchacho de vez en cuando a tiempo parcial para que le cortara el césped o le barriera el taller, tampoco había tenido empleados. Por eso le costaba entender que el joven Conrad Davis rechazara la oportunidad de ganarse un sueldo realizando un trabajo honesto que además era fácil y carente de estrés.

Él no necesitaba la ayuda extra, porque la gente se servía la gasolina por sí misma. La única forma de ponérselo más fácil a Conrad sería diciéndole que se quedara todo el día en la cama y llevándole el cheque a domicilio cada semana.

Le había dejado claro dos veces que no debía pedir que le pagaran la gasolina al contado, que la gente de la zona estaba acostumbrada a dejarle pagarés. También le había dicho que, a menos que los propietarios le indicaran lo contrario, tenía que limpiar las ventanillas de los coches y comprobar el aceite.

Se había pasado una mañana entera observando a escondidas tras unas lilas altas y frondosas que había justo enfrente del taller, y a pesar de que se había sentido culpable por espiar así, sus sospechas se habían confirmado: Conrad no se esforzaba lo más mínimo por ayudar a los clientes. Había limpiado un par de parabrisas y comprobado el aceite una o dos veces, pero ninguno de los vehículos había recibido un servicio completo. Se empeñaba en pedir que le pagaran al momento y se metía el dinero en el bolsillo, y sólo hubo un cliente que se negó e insistió en dejar un pagaré.

Al cabo de unas horas, Sam decidió que ya había visto más que suficiente. Salió de su escondite, y cruzó la calle hacia su taller.

—Hola, viejo. ¿Qué te trae por el pueblo? —Conrad ni siquiera le había visto llegar.

—He pasado un rato sentado allí, al otro lado de la calle, viendo cómo llevas el negocio. Supongo que las instrucciones que te di te entraron por un oído y te salieron por el otro, ¿verdad?

—¿De qué hablas?, ¿has estado espiándome?

—Vamos a ver: estaba comprobando cómo te comportabas tú, que eres mi empleado, aquí, que resulta que es mi negocio. ¿Crees que eso es espiar?, yo lo llamaría control de calidad.

—Oye, viejo chocho, no...

Sam alargó la mano, y le dijo con firmeza:

—Dame lo que has ganado esta mañana, Conrad.

El joven vaciló por un instante y le miró con resentimiento, pero al final se sacó del bolsillo un fajo de billetes y el pagaré y se los dio con brusquedad.

Sam tenía la mano mucho más grande, y la cerró con fuerza alrededor del dinero y del puño del joven. Apretó con firmeza sin dejar de sostenerle la mirada, y al final le soltó cuando le pareció que acababa de dejar clara su postura.

Conrad apartó la mirada para no ver cómo contaba el dinero; de haber sabido que el viejo estaba al otro lado de la calle, habría entrado en el taller para guardarse unos cuantos billetes.

—... Cincuenta, cincuenta y cinco, sesenta, uno, dos, tres... no está mal para una mañana, ¿verdad? Y es el doble de lo que se ganó en los últimos dos días.

—¿Qué insinúas? —le preguntó, a la defensiva.

—No insinúo nada, hijo. Estoy diciéndote que esto no funciona, y que estás despedido. Clientes de toda la vida han venido a decirme que no les gusta cómo llevas el negocio.

—¿Se puede saber qué es lo que quieres de mí, viejo?

—Nada, hijo... bueno, me gustaría que dejaras de llamarme «viejo». Tu mujer y tú podéis seguir viviendo en la casa abandonada de momento. Puede que consigas encontrar trabajo en la zona, o a lo mejor decides marcharte con tu familia en busca de un lugar mejor. Pero si te dejo al mando del negocio un día más, mis mejores amigos son capaces de ir a repostar a Rockport.

Conrad permaneció en silencio durante un largo momento, con la mirada fija en el dinero que Sam tenía en la mano, y al final le dijo:

—Dame una oportunidad más, vie... dime cómo quieres que haga las cosas, y te haré caso. Una sola oportunidad más.

Sam contuvo las ganas de esbozar una sonrisa llena de sarcasmo. Aquel joven no estaba pidiéndole una oportunidad, estaba exigiéndola.

—Lo siento, Conrad.

—¿*Qué?* ¿Vas a darme la patada así, sin más?

—Te he avisado varias veces. Voy a dejar que te quedes con lo que me has sisado durante estas últimas semanas, espero que te lo gastes en tu familia y no en ti mismo —sacudió la cabeza en un gesto lleno de tristeza, y añadió—: La culpa no es tuya, hijo. No tendría que haber metido las narices en tus asuntos para intentar ayudarte, ninguno de los dos ha estado a la altura de las expectativas.

—Y que lo digas, viejo —Conrad se metió las manos en los bolsillos y se marchó enfurruñado, pero cuando apenas se había alejado diez pasos, agarró una piedra del suelo y la lanzó hacia el taller; al ver que había logrado romper una ventana, se sacudió las manos con satisfacción y prosiguió su camino.

Sam ni siquiera se inmutó, consciente de que se había equivocado de pleno al intentar ayudar a aquel muchacho.

Las jornadas de trabajo de Tom no habían cambiado por el hecho de que los días fueran acortándose; de hecho, se levantaba más pronto en invierno que en verano y primavera. Los lugareños estaban más cansados cuando abundaba el trabajo y los días eran más largos, pero a la vez se sentían productivos por muy limitado que fuera el salario, y surgían menos problemas en el valle.

Lee Stafford, uno de sus ayudantes, había recibido aviso muy temprano de una disputa doméstica en casa de los Craven. Cuando se recibían ese tipo de llamadas era aconsejable pedir refuerzos, ya que se trataba de situaciones que podían resultar muy volátiles e impredecibles, pero los Craven en concreto tenían un largo y trágico historial de problemas domésticos.

El difunto Gus Craven había estado en la cárcel infinidad de veces por maltratar a su esposa y a sus cinco hijos, y una noche terrible en que estaba borracho y descontrolado Leah le había matado de un golpe en la cabeza con una pala y las palizas se habían terminado para siempre. Un jurado compuesto por sus convecinos había dictaminado que hacía mucho que Gus estaba buscándose que le dieran ese golpe de gracia.

La violencia doméstica era algo que costaba mucho cortar de raíz, algo generacional, y por alguna extraña razón, lo que un niño aborrecía más de un padre o madre maltratador podía ser justo lo que acababa heredando: la tendencia a golpear.

Por eso Tom no se sorprendió demasiado al ver que el altercado se había producido entre Leah y su hijo de dieciséis años, Frank.

Frank y él tenían un largo historial común, un historial demasiado largo para un chico de su edad y un jefe de policía... y demasiado personal. El joven había cortejado durante una temporada a Tanya, su hija mayor, y un día la había golpeado en un irracional arranque de furia, tal y como solía hacer Gus con Leah.

Pero todo eso había quedado en el pasado, y lo que preocupaba a Tom en ese momento era el presente. Para cuando llegó junto a Lee a casa de los Craven, Leah estaba en la mecedora del porche con una bolsa de hielo en el ojo y Frank estaba sentado en los escalones, llorando. En la casa había luces encendidas, pero reinaba una quietud absoluta y sólo se oían el crujido de la mecedora y los sollozos quedos de Frank.

—¿Los demás están bien, se han quedado dentro? —le preguntó a Leah.

—Sí. Frank y yo hemos discutido un poco, nada más. Los niños ni siquiera se han despertado.

—Uno de ellos ha llamado a la policía, Leah —al ver la sorpresa que relampagueó en sus ojos, se volvió hacia Lee y le dijo—: Entra a echarle un vistazo a los críos, a ver si alguno necesita algo. Y asegúrate de que ninguno esté herido.

Lee entró de inmediato en la casa. Tenía dos hijos, así que era el hombre idóneo para aquella tarea. Tanto Ricky como él tenían unos treinta años, pero el primero estaba soltero.

—Deja que te vea el ojo, Leah —Tom apartó la bolsa de hielo, y palpó con sumo cuidado el pómulo amoratado—. No parece muy grave, pero te aconsejo que pases después por la clínica para que June o John le echen un vistazo.

—No pasa nada, he tenido heridas peores.

—No me gusta oírte hablar así, da la impresión de que esta

familia vuelve a estar igual que cuando Gus estaba vivo —se calló al verla bajar la cabeza, pero al oír que Frank mascullaba algo en voz baja, preguntó con voz acerada—: ¿Qué has dicho, Frank?

—¡Que ha sido sin querer!

—Sí, claro; bueno, al menos no ha sido premeditado. Anda, ve a por una chaqueta.

—No tengo frío.

—Vas a tener que venir conmigo.

Leah se puso de pie de golpe, y exclamó:

—¡No, Tom, no le lleves a comisaría! No ha sido para tanto. Ha llegado tarde y hemos discutido, la culpa ha sido mía...

—Sólo vamos a dar una vuelta en mi coche, Leah.

Podría acusar a Frank de agresión con lesiones y encarcelarlo, pero en ese momento tenía dos objetivos: antes de nada, apartar a Frank de su madre, porque por muy arrepentido que estuviera, un solo comentario a destiempo bastaría para caldear de nuevo los ánimos y reiniciar la disputa. Y en segundo lugar, quería hablar a solas con el joven sobre posibles terapias y clases para aprender a controlar la agresividad.

—No te preocupes, mamá —Frank entró en la casa, y volvió a salir al cabo de unos minutos con una chaqueta; después de besar a su madre en la mejilla, bajó los escalones del porche y fue hacia el Range Rover.

Al ver que hacía ademán de abrir la puerta trasera, Tom le indicó desde el porche que se sentara delante, y el joven le miró perplejo antes de obedecer.

—Empiezo a cansarme de tener que venir a esta casa. Creía que los problemas de esta familia se habían acabado con la muerte de Gus —comentó Lee, mientras se dirigían a sus respectivos vehículos tras asegurarse de que tanto Leah como los niños estaban bien.

—Eres un ingenuo. Bueno, nos vemos después en comisaría —Tom se puso al volante del Range Rover, y se alejó de la casa; al cabo de un largo momento, le preguntó a Frank—: ¿Quieres acabar como tu padre?

—¿Cómo?, ¿muerto? —la voz del joven rezumaba sarcasmo.

—Todos vamos a acabar muertos, hijo. Me refiero a si quieres ser incapaz de controlar tu genio, si quieres hacerles daño a tus seres queridos y sentirte como todo un perdedor por ello. A eso me refiero.

Frank tardó unos segundos en contestar.

—Nadie quiere algo así.

—Pues tenemos algunas opciones para intentar evitar que tomes ese camino.

—¿Por qué te incluyes?

—Oye, hijo, soy yo quien se ha levantado antes del amanecer para ir a ver a quién estaban pegándole en tu casa. No es ninguna novedad, llevo haciéndolo durante mucho tiempo... primero por tu padre, y ahora parece que por ti. Así que me parece que estamos juntos en esto, al menos en parte.

Frank se hundió en su asiento, y masculló:

—Pues qué alivio.

—No estaba seguro de si tendría que empezar a lidiar con avisos de disputas domésticas en las que tú estuvieras involucrado, pero a decir verdad, las estadísticas lo predecían. Ahora tenemos por delante varias opciones: puedo dedicarme a encarcelarte cada vez que causes un problema, o podemos meterte en un programa de ayuda; de hecho, ya tendrías que haber estado en uno...

—Lo estuve.

—¿En serio? ¿Qué pasó, lo dejaste?

—No, asistí durante los tres meses que duró.

—¿Estás diciéndome que lo aprobaste?

Frank le miró, y admitió con la misma incredulidad que Tom sentía:

—Pues sí. Supongo que eso demuestra lo bueno que era el programa.

Tom soltó un pequeño silbido, y comentó:

—Mensaje recibido. Pero tenemos que hacer algo, Frank. No podemos fingir que no ha pasado nada.

—Podrías meterme un tiempo en chirona.

En ese momento pasaron por delante de la comisaría, pero Tom pasó de largo.

—Eso no serviría de nada, aunque estaría bien que la vida fuera tan fácil... aguanta en la cárcel una temporada, y al salir te habrás librado como por milagro del impulso de liarte a golpes cada vez que las cosas no salen como tú quieres.

—No ha sido así exacta...

—Vale, pues cada vez que alguien te toca las narices y te provoca hasta que sólo se te ocurre una forma de ponerle a raya. ¿Te parece una descripción mejor?, ¿es así como ha sido?

—¡Sí, justo así!

Tom aparcó delante de la cafetería, que aún estaba a oscuras, y se volvió a mirar a Frank.

—Vale, gallito, voy a dejarte algo claro: no todo el mundo pierde los estribos ni se cabrea tanto, es algo que está en los genes y pasa de generación en generación, como una enfermedad. Y existe un tratamiento.

—¿Qué hacemos aquí?, no entro a trabajar hasta después de clase.

—Tengo la llave. Vamos a encenderle la cafetera a George para que se la encuentre lista, nos prepararemos unos zumos de naranja, y charlaremos hasta decidir qué es lo que vas a hacer.

—Venga ya...

—Si no hablas conmigo, quizá prefieras hacerlo con Judge Forrest.

—Vale, me quedo contigo.

—Bien hecho.

Tom sacó un llavero cargado con las llaves de la mayoría de los establecimientos y los almacenes del pueblo, pero al llegar a la puerta trasera de la cafetería, se la encontró entreabierta. Alargó el brazo hacia Frank para indicarle que se detuviera, se llevó un dedo a los labios, y lo condujo de vuelta al Range Rover; cuando el joven estuvo dentro del vehículo, sacó la escopeta.

Le habría encantado pensar que a George se le había olvidado cerrar la puerta, pero nunca antes lo había hecho. A pesar de que vivían en un pueblo pequeño donde apenas había robos, había dos sitios en la calle principal donde siempre se tenía mucho cuidado con las cerraduras: la cafetería y la clínica. En la primera George tenía almacenados alimentos y productos costosos, y en la segunda se guardaban productos de otra índole además de algunos fármacos; además, no sólo se tenía cuidado de que esas puertas quedaran bien cerradas, sino que el agente al que le tocaba la ronda de noche siempre se aseguraba de ir a echar un vistazo a los dos sitios.

—Túmbate en el asiento, y mantén las puertas cerradas —le dijo a Frank, en voz baja.

Alzó la escopeta, la cargó, y se dispuso a entrar en el edificio. Abrió un poco la puerta y entró con sigilo, y después de encender la luz empezó a inspeccionar el local a conciencia y sin hacer ruido. Miró en todas partes, incluyendo los lavabos y debajo de las mesas, pero no encontró a nadie. El intruso se había largado mucho antes, y había dejado la caja registradora abierta y vacía.

—¡Joder, me han robado! —exclamó George desde la puerta.

Grace Valley no era un lugar exento de criminalidad; al fin y al cabo, los mayores productores de marihuana de California e incluso de todo el país se escondían en las extensas cadenas montañosas que había al este del pueblo... aunque eso era diferente, porque se trataba de una actividad que no tenía nada que ver con el valle; además, teniendo en cuenta que Tom siempre estaba alerta, ese tipo de forasteros no solían meterse en problemas y solían centrarse en plantarles cara a los federales.

Claro que había delincuencia en Grace Valley, y bastante. Había contiendas y peleas, demasiados problemas domésticos, y debido a la cercanía con los productores de marihuana, Tom y sus ayudantes tenían que lidiar con una buena cantidad de yonquis. También había borrachos y alborotadores, fugitivos, ladrones, y accidentados. Había gente con problemas y gente problemática, como en todas partes.

Pero era la primera vez que alguien forzaba la cerradura de la puerta de la cafetería y vaciaba la caja, y una intrusión así tomaba un cariz muy personal. George sólo solía dejar unos doscientos dólares en la caja, lo suficiente para no tener que ir a buscar cambio al banco. Iba a ingresar la recaudación una vez a la semana, y cada noche se llevaba a casa las ganancias del día y las guardaba en la caja fuerte que tenía en su dormitorio.

Todo el mundo conocía su rutina: dejaba los doscientos dólares de rigor en la caja, cerraba las puertas, y se llevaba el resto del dinero a casa. Tanto la cafetería como la clínica se encontraban en la calle principal y estaban bien vigiladas cuando había un agente de guardia por la noche, que era casi siempre. Era un establecimiento que estaba bien iluminado, pero más allá de eso, era un verdadero amigo del pueblo. Robar a George, en la cafetería, era como robar en la iglesia o a los propios padres.

—Ni se me había pasado por la cabeza que pudiera pasar algo así —le dijo George a sus convecinos, mientras les servía café.

—¿Le han robado a alguien más? —le preguntó Elmer.

—Qué va, lo primero que hizo Tom fue ir a echar un vistazo a la clínica, la floristería y la panadería. Le encargó a Lee que buscara huellas por el suelo y en la caja registradora, para mandarlas a no sé qué laboratorio de criminología, pero seguro que había demasiadas. Oye, Sam, has comprobado que no hayan entrado en tu taller, ¿verdad?

—Allí no hay ningún dinero, George. Y si alguien me robara alguna de las herramientas, la verdad es que estaría haciéndome un favor. Apenas las uso, son más viejas que Matusalén, y aún tengo el seguro en vigor porque me da pereza cancelarlo.

Elmer se volvió a mirarle, y comentó:

—Eres el único hombre que conozco capaz de hacer que la pobreza y la falta de trabajo parezcan una virtud.

—¡Oye, que no me falta trabajo!

—Sí, y apuesto a que es la persona más rica del condado después de Myrna —apostilló George.

—No soy rico, lo que pasa es que tengo algunos ahorrillos.

Los demás se echaron a reír, y George comentó:

—Te pesa tanto la cartera, que me extraña que no tengas escoliosis por estar sentado ladeado.

Al igual que a mucha gente de su edad, a Sam le gustaba el dinero contante y sonante y no le gustaba pagar con cheques ni meterse en fondos de inversión. Tenía una cuenta corriente y el banquero había logrado que obtuviera un certificado de depósito, pero le había costado mucho convencerle. Tanto la casa en que vivía como el taller eran propiedad suya, y no le interesaban lo más mínimo conceptos como los intereses hipotecarios deducibles.

Se sentía más cómodo con las cosas que cuadraban... y algo que no cuadraba era el hecho de que hubieran robado a George menos de una semana después de que hubiera despedido al inútil de Conrad Davis.

Se despidió de los demás después de apurar su taza de café, y al salir se cruzó con June y la saludó.

—Buenos días a todos —dijo ella, al entrar en la cafetería—. Me he enterado de que te han robado, George. ¿Qué demonios ha pasado?

—Parece que forzaron la puerta trasera con una palanca. Ya sé que has dejado de tomar café de momento, pero aún puedes desayunar bollos rellenos, ¿verdad?

—¡Claro que sí! Podría comerme diez, pero me conformaré con dos.

June se acercó a su padre, que estaba sentado en uno de los taburetes de la barra, y le besó en la mejilla; en vez de mirarla a la cara, él fijó la vista en su vientre y murmuró:

—Cada vez estás más enorme.

Ella se frotó con suavidad el vientre, y contestó con toda naturalidad.

—Sí, aunque me parece que es un diez por ciento por el bebé y un noventa por ciento por los bollos rellenos.

—Ese niño va a nacer con los dedos pegajosos —dijo George, en tono de broma.

—Me da igual —dijo Elmer, antes de añadir en voz baja—: Lo que me importa es que, para entonces, mi hija tenga en el dedo algo más que azúcar glas.

Sam se dio cuenta de que la vieja furgoneta de los Davis no estaba aparcada delante de la casa donde vivían. Salía humo de la chimenea a pesar de que aún era bastante temprano, así que supuso que Erline se había levantado pronto y había avivado el fuego para que las niñas y el recién nacido no pasaran frío; aun así, llamó a la puerta con cuidado de no hacer demasiado ruido.

—¿Quién es? —contestó una voz queda, al cabo de un largo momento.

—Sam Cussler. Perdona que venga tan temprano, Erline, pero...

Oyó cómo descorría el cerrojo, y la puerta se abrió. Saltaba a la vista que la pobre había estado llorando, porque tenía los ojos enrojecidos y su rostro reflejaba una profunda tristeza. Aún era demasiado temprano como para que hubiera surgido algún problema, así que la conclusión lógica era que se había pasado la noche llorando.

Ella logró esbozar a duras penas una sonrisa trémula, y le dijo:

—Ya sabe que las puertas de esta casa siempre están abiertas para usted, señor Cussler.

—Gracias, Erline. He venido a ver a tu marido.

—No está en casa.

—¿Ha encontrado trabajo?

Cuando ella agachó la cabeza y empezó a llorar, Sam entró y cerró la puerta. Las niñas y el bebé estaban durmiendo en el suelo de la sala de estar, sobre un fino colchón que había justo delante de la estufa de leña, y estaban tapados con unos jerséis que debían de ser de Erline.

—Venga, explícame a qué vienen esas lágrimas.

—Hace días que no veo a Conrad, se fue con la furgoneta y aún no ha vuelto.

—¿Por qué no se lo has dicho a nadie?

—Porque ya he causado bastantes problemas a todo el mundo, incluso a Conrad. Si no me hubiera quedado embarazada... —se limpió las lágrimas con la manga. El enrojecimiento de la nariz no sólo se debía a las lágrimas, sino también al frío.

—Esta noche han entrado a robar en la cafetería, forzaron la puerta trasera y vaciaron la caja registradora. Sospecho que pudo ser Conrad.

—No sé si fue él, pero le aseguro que no vino a casa. Me he pasado la noche en vela, aguzando el oído por si oía llegar esa vieja furgoneta, con la esperanza de que regresara y nos ayudara a salir adelante. No habrá sido capaz de abandonarnos para siempre, ¿verdad?

—¿Cuántos años tienes, Erline?

—Diecinueve.

—¿Y tu hija mayor?

—Tres. Hemos tenido un hijo por año, pero uno se murió.

—¿Cuántos años tiene Conrad?

—Él dice que veinticuatro, pero no sé si es verdad.

De modo que Conrad había seducido a una menor de catorce años, y había acabado dejando atrás a una familia rota.

—No es la primera vez que se va, seguro que acaba volviendo.

—¿Cómo te apellidas, Erline?

—Ya lo sabe...

—Conrad y tú no estáis casados, ¿verdad? ¿De dónde eres?

Ella le dio la espalda, y se acercó a los niños. Se arrodilló junto a ellos, y después de arroparlos mejor, removió las brasas de la estufa y metió otro tronco.

Sam era muy ingenuo en algunos aspectos, ya que a diferencia de June y de Tom, jamás había tenido frente a frente el lado sórdido de la vida; aun así, tenía muy claro que Erline no estaba siendo del todo sincera, que había algo lo bastante sórdido y doloroso como para que quisiera ocultárselo.

Al cabo de un largo momento, la joven se volvió a mirarle y le dijo con calma:

—Aunque parezca increíble, Conrad me sacó de una situación incluso peor.

Él no le pidió explicaciones, no hizo ningún comentario al respecto, y se limitó a preguntarle:

—¿Aún te queda comida? —el hecho de que ella apartara la mirada fue respuesta suficiente. Seguro que, más que a la ausencia de Conrad, su llanto se debía en gran medida a la escasez de recursos—. ¿Se te ha acabado? —insistió, con voz suave. Al verla asentir, añadió—: ¿Y tienes algo de dinero?

Supo la respuesta incluso antes de que ella negara con la cabeza. Conrad se había marchado de la gasolinera con algo de dinero, más el que le había sisado de lo que le había cobrado a los clientes sin su permiso. El muy sinvergüenza podría haber tenido al menos el detalle de dejarle a la madre de sus hijos lo suficiente para que pudieran subsistir.

La sala de estar quedó sumida en un largo silencio, sólo se oía el sonido desgarrador del llanto quedo de la joven.

—Mira, Erline, estoy dispuesto a buscarte ayuda si eres capaz de cortar de raíz con ese malnacido inútil, pero me niego a ayudar a Conrad. Si piensas volver con él, dímelo ahora, y te compraré billetes de autobús para que puedas irte con los niños adonde sea. Eres tú la que debe tomar la decisión, me parece que ya es hora.

Ella se puso de pie, y admitió:

—Nunca quise acabar así, pero no tuve otra salida. Tuve que elegir entre Conrad o morirme de hambre.

—Pues parece que estás muriéndote de hambre de todas

formas. La decisión está en tus manos. Puedo conseguirte una ayuda estatal... te correspondería algo de dinero y comida al mes, y a lo mejor te concederían algunas mejoras en esta vieja casucha. Corsica Ríos, una asistente social de los servicios de protección del menor del condado, es muy querida en la zona. Su hijo Ricky es ayudante del jefe de policía.

—¿Qué tengo que hacer?

—Supongo que rellenar algunos formularios. Voy a llamarla desde la cafetería y aprovecharé para traerte leche y cereales para las niñas, después iré a por unas buenas cerraduras para que las puertas de esta casa queden bien cerradas. Pero tienes que prometerme que no vas a darle a ese yonqui las ayudas que te concedan.

Ella esbozó una pequeña sonrisa, y le dijo:

—Se lo prometo, señor Cussler. Vivir con Conrad no ha sido nada fácil.

Un poco más tarde, Ricky Ríos detuvo su coche patrulla delante de la casa y fue hacia la puerta cargado con cuatro bolsas llenas de provisiones. Como tenía las manos llenas, no tuvo más remedio que llamar con el pie, y al cabo de unos segundos Erline entreabrió la puerta y se asomó con cautela mientras de fondo se oía el llanto de varios niños.

—Hola, ¿puedo pasar? Traigo comida.

—¿Por qué me trae comida la policía? —le preguntó, desconcertada. Abrió la puerta del todo, pero sin demasiada convicción.

Él se echó a reír, y le dijo:

—No vengo en calidad de policía. Soy el hijo de Corsica, y mi madre me ha encargado que traiga todo esto. ¿Dónde puedo guardarlo?, supongo que no tienes nevera.

Ella se apartó para dejarle pasar.

—Vivimos en la sala de estar, la estufa de leña nos mantiene calientes.

—Vale —mientras dejaba la comida junto a las escasas pertenencias de la joven, que estaban apoyadas contra una pared, ella fue a sentarse en la mecedora con el bebé en brazos–. Mi madre va a tardar un poco en venir, porque apenas da abasto en esta época del año, así que me ha pedido que traiga esto y que te diga que vendrá en cuanto pueda. ¿Necesitas unos dólares para ir tirando?

Ella se quedó mirándolo embobada. Ricky medía cerca de metro noventa, era musculoso, y el uniforme le sentaba de maravilla; además, era guapísimo, y cuando la miró y sonrió, su encanto se acrecentó aún más.

–¿Necesitas unos dólares para ir tirando? –insistió él.

–Eh... –Erline sacudió la cabeza para intentar aclararse las ideas, y alcanzó a decir–: No, gracias. El señor Cussler me ha dado un poco de dinero, y pienso devolvérselo en cuanto pueda.

–No te preocupes por eso, el viejo Sam no tiene problemas económicos –clavó una rodilla en el suelo junto a las niñas, que estaban jugando con unas muñecas de trapo bastante raídas, y les dijo con afabilidad–: Hola, señoritas, ¿habéis comido ya? He traído mantequilla de cacahuete, pan, y unos plátanos, ¿os apetece? –al ver que las pequeñas se apartaban un poco con timidez, se puso de pie y se volvió de nuevo hacia Erline–. En fin, mi madre vendrá en cuanto pueda; mientras tanto, si surge cualquier imprevisto, puedes dejar un mensaje en comisaría. ¿Sabes dónde está?

Ella se limitó a asentir, porque aún estaba un poco boquiabierta. Se preguntó cómo sería tener a un hombre así en su vida, un hombre tan fuerte y tan alto, tan limpio e inteligente, que además estuviera del lado de la ley. Seguro que sería maravilloso, y a pesar de que acababa de conocerle, sabía de forma instintiva que estaría a salvo con él, que la protegería en vez de hacerle daño.

Había mujeres que estaban con hombres buenos, aunque ni su madre ni ella habían tenido esa suerte; sí, sabía que había hombres decentes, esposas dichosas, y niños felices y bien alimentados. Si tuviera que hacer una lista de sus sueños y sus anhelos, lo primero que pondría sería llevar esa vida maravillosa e imposible junto a sus hijos.

—Volveré dentro de un par de días para asegurarme de que todo va bien, no te levantes —Ricky fue hacia la puerta, pero antes de abrirla se volvió hacia ella de nuevo y añadió—: Ah, y avisa a alguien si ese tal Conrad vuelve a aparecer por aquí, por favor. Nos gustaría hablar con él.

—¿Quién dices que quiere hablar con él?

—Pues... el jefe, yo, la policía. Nos gustaría saber dónde estaba cuando se produjo el robo en la cafetería.

—No creo que lo hiciera él. No estoy intentando excusarle, pero creo que habría oído esa vieja furgoneta si hubiera estado por aquí.

—¿Por qué?, ¿le falla el silenciador?

—A ese viejo trasto le falla todo, hace muchísimo ruido.

Él volvió a mirarla con aquella sonrisa gloriosa antes de decir:

—Gracias, Erline, ése es un buen dato. Se lo pasaré al jefe.

El agente se fue y ella se quedó un buen rato sentada en la mecedora con su bebé en brazos, rogando por enésima vez para que Dios les diera a sus hijos y a ella la oportunidad de escapar de la pobreza y la violencia que habían caracterizado sus vidas hasta el momento.

June estaba en la cocina de su casa, removiendo una olla de espeso y sabroso chile con carne. Era una maravilla salir de la clínica lo bastante temprano como para poder preparar la cena, encender la chimenea, y sentir cómo se movía el bebé en su interior mientras esperaba a que llegara a casa su pareja.

Cuando las luces de la camioneta de Jim entraron por la ventana, se pasó una mano por el pelo y le susurró a su hija:

—Papá ya está en casa.

Al ver entrar a Sadie, se arrodilló para acariciarla. La verdad era que la echaba mucho de menos cuando Jim se la llevaba.

—Hola, preciosa, ¿qué tal has pasado el día? ¿Te has portado bien?, ¿les has hecho compañía a los gemelos? —alzó la mirada hacia Jim, que tenía la sudadera cubierta de suciedad y de polvo, y comentó—: No creerás que vas a adueñarte de mi perra junto con todo lo demás, ¿verdad?

—Mírala, está sonriendo de oreja a oreja. Le encanta ir en la parte trasera de la camioneta.

June lo miró horrorizada, porque eso era algo que le había prohibido tajantemente.

—No habrás sido capaz, ¿verdad?

—No, no lo he sido. Oye, algo huele de maravilla. No tenía ni idea de que sabías cocinar —comentó, en tono de broma.

Elle le dio en el brazo con un trapo de cocina húmedo, y el golpecito levantó una pequeña nube de polvo.

—Cocino mejor que tú, listillo. Estás muy sucio, ¿habéis avanzado mucho?

—La verdad es que sí, a la casa le falta poco para estar habitable —le dio la vuelta a la sudadera al quitársela, para que la suciedad quedara dentro.

June se quedó sin aliento al ver su pecho desnudo, aunque eso no era ninguna novedad. En Grace Valley había un montón de hombres musculosos a los que conocía desde niña, pero cada vez que veía a Jim quitándose la camisa, le daban ganas de fundirse entre sus brazos y quedarse allí para siempre. Se apoyó en la encimera con los brazos cruzados por encima de su abultado vientre, y se limitó a observarle a placer mientras él se lavaba las manos y seguía hablando.

—No me extraña que Chris la comprara, es un sitio muy prometedor y a él se le dan bien la construcción y la carpintería. Tendrías que ver lo que ha hecho desde que nos tiene para echarle una mano, me ha enseñado un montón. No sé cómo es Judge Forrest como juez, pero es un buen carpintero, y Chris es incluso mejor. Hemos trasladado a los gemelos a uno de los dormitorios y ya tenemos la sala de estar casi lista, sólo falta colocar la alfombra —acabó de lavarse las manos, y agarró la toalla que ella le alargó—. ¿Se ha sabido algo de lo del robo en la cafetería?

—No, al menos que yo sepa.

—¿Y sobre Conrad Davis?

—Al parecer, ha abandonado a su mujer y a sus hijos. Sam me comentó que había llamado a los servicios sociales para que les echaran una mano.

—Están mucho mejor sin él —se acercó a la olla, y removió un poco el chile antes de probarlo—. Vaya, no está nada mal para una gringa. ¿Crees que te sentará bien?, ¿no crees que puede darte ardor de estómago?

—Qué va, tengo un estómago de acero. ¿Qué te parece si cenamos en el suelo, junto a la chimenea?

Después de colocar los platos y todo lo necesario en un par de bandejas con su ayuda, June partió una barra de pan por la mitad, y la puso junto a un cuchillo y la mantequilla en una tabla que le dio a él. Cuando entraron en la sala de estar, Jim se sentó con las piernas cruzadas frente a la chimenea sin que se le cayera nada, y suspiró extasiado cuando tomó una cucharada de chile.

Ella permaneció de pie, consternada; al final puso una rodilla en el suelo y después la otra, pero no sabía cómo sentarse. ¿Desde cuándo tenía un estómago tan enorme? Dejó la bandeja en el suelo e intentó apoyarse en las manos, pero tenía un problema: podía apoyar las manos en el suelo por delante y andar a gatas, pero cuando se incorporaba y echaba las manos hacia atrás para intentar llegar hasta el suelo, su estómago se convertía en una montaña gigantesca que se tambaleaba y amenazaba con derribarla con su peso. Volvió a ponerse a gatas y lo intentó hacia el otro lado, pero obtuvo el mismo resultado. Se planteó dejarse caer al suelo sin más, pero no tardó en darse cuenta de que no era buena idea.

Se acercó tambaleante a gatas al sofá, agarró uno de los cojines más grandes, y volvió hacia su cena. Entonces se colocó el cojín bajo el trasero, con lo que quedó a escasa distancia del suelo, y se dejó caer con la gracia y la elegancia de un búfalo de agua. Rodó demasiado hacia la izquierda y estuvo a punto de dar una voltereta hacia atrás, pero logró detenerse a tiempo; cuando por fin estuvo sentada y alzó la mirada, se dio cuenta de que Jim estaba contemplando el espectáculo pasmado, y con la boca llena de chile.

—Avísame cuando tengas que levantarte, ¿vale? —le dijo él, después de tragar.

—Vale, perfecto, genial —se cruzó de piernas y alargó la mano hacia la bandeja para ponérsela en el regazo, pero entonces se dio cuenta de que apenas le quedaba regazo; como no estaba dispuesta a darse por vencida, agarró el plato y una cuchara y comentó con naturalidad—: A partir de ahora, comeremos en la mesa.

—Buena idea —Jim se echó a reír de repente, y exclamó—: ¡Por el amor de Dios, mira lo embarazada que estás! ¿Estabas así esta mañana?

—No, y mañana por la mañana estaré incluso más embarazada que ahora, y así sucesivamente —el plato dio un saltito cuando lo colocó sobre su vientre.

—¡Madre mía!, ¿has visto eso?

—Sí.

—¡Esto es divertidísimo!

Parecía un crío. Aquel hombre corpulento, fuerte y peligroso estaba sentado en el suelo de su sala de estar, riéndose a carcajadas de su abultado vientre.

—Eres un idiota —le dijo, muy serena, antes de comerse su plato de chile.

Era noche cerrada, pero June era incapaz de conciliar el sueño. Al principio pensó que tenía ardor de estómago, pero supo de inmediato que su indisposición no se debía a la cena. Y tampoco se trataba de las contracciones de Braxton Hicks, que eran muy habituales en el último trimestre del embarazo; de hecho, ni siquiera había llegado aún a ese último trimestre, aunque le faltaba poco.

Después de ir al cuarto de baño, se sentó en la sala de estar a oscuras para intentar calmarse. El embarazo estaba demasiado avanzado como para que se tratara de un aborto, y aún era demasiado pronto para dar a luz con garantías. Estaba cerca de los seis meses, así que seguramente se trataba de contracciones.

Después de llamar a John y de describirle los síntomas, fue a despertar a Jim y le pilló en medio de un ronquido.

—Tengo que ir al hospital, Jim.

—Vale, despiértame cuando vuelvas —le dio la espalda, y Sadie se acurrucó más contra él.

June lo miró boquiabierta, y al darse cuenta de que creía que la habían llamado para atender una urgencia, le dio en el hombro con más firmeza y le dijo:

—Despiértate de una vez, tienes que llevarme en tu camioneta.

Él rodó hasta quedar tumbado de espaldas, y le preguntó adormilado:

—¿Por qué?

—Porque tengo contracciones, dolores de parto, y aún es demasiado pronto.

Jim se levantó como una exhalación, se puso a toda prisa los vaqueros, los zapatos sin calcetines, y una sudadera encima de la camiseta, y agarró las llaves del coche de encima del tocador; en cuanto estuvieron en la camioneta, empezó a bombardearla a preguntas.

—¿Por qué tienes contracciones?, ¿es por el chile picante? A lo mejor es por dejarte caer al suelo con el cojín, ¿crees que estás trabajando demasiado? A lo mejor tendríamos que haber llamado a la ambulancia, ¿avisamos a tu padre? ¿Estas cosas son normales?, ¿suelen pasar durante un embarazo? ¿Estás bien?, ¿se mueve el bebé?

—Por favor, cállate un rato —le contestó, con voz suave.

—¿Cómo quieres que me calle?, ¡dime lo que está pasando!

—Shhh...

Estaba metida en lo más profundo de su ser. Era algo que no había aprendido en clase, sino como método de supervivencia en el transcurso de su carrera médica. Cuando algo amenazaba con hacerla flaquear, con bloquearla e impedirle trabajar, tenía que tomar las riendas de sus emociones hasta tal punto, que era como si no estuviera en su propio cuerpo. Era un estado en el que solía entrar de forma automática cuando veía un accidente horrible, o algún caso terrible de abusos a una mujer o a un niño.

En todo caso, no esperaba tener que protegerse de sí misma, y eso era justo lo que estaba pasando. Si se paraba a pensar en qué era lo que estaba sucediéndole, lo más probable era que acabara empeorando la situación. No podía pensar en que se había quedado embarazada siendo bastante mayor, en que el bebé que esperaba la había tomado por sorpresa a los treinta y ocho años. Había tenido relaciones sexuales sin protección demasiadas veces, sobre todo teniendo en cuenta que era médico, y era la primera vez que se quedaba embarazada. ¿Estaría a tiempo de volver a intentarlo, si aquel embarazo se malograba?

Pero además de los hechos puramente biológicos, también estaban los emocionales. Notaba los movimientos de aquella niñita en su interior, tenía la mano fuerte y grande del padre de su hija posada sobre el abdomen, y quería tenerles a los dos en su vida, lo anhelaba con todo su ser. No podía rendirse ante la debilidad y el miedo, en especial en ese momento.

–June, sólo te pido que me digas si te duele.

–Shhh... no. Céntrate en conducir con cuidado, John se encargará de todo. Es un genio como tocólogo.

–De acuerdo –le concedió el silencio que quería, pero mantuvo la mano sobre su vientre. Deseó con todas sus fuerzas que el bebé diera una patada, pero no notó nada.

John estaba esperándolos en la puerta de Urgencias del hospital con una silla de ruedas, y su rostro no reflejaba emoción alguna. June sabía que no iba a dejar entrever ante ella ni pizca del temor lógico que debía de estar sintiendo ante unas contracciones a los seis meses de embarazo.

–Hola, June. Te duele un poco el estómago, ¿verdad? Teniendo en cuenta lo que comes, no me extraña.

–Qué gracioso. Lo que me duele no es el estómago, sino el útero, y quiero que lo soluciones.

–Claro, ahora mismo.

Cuando la metió en el hospital en la silla de ruedas, varias enfermeras la saludaron al verla pasar y un médico le dijo:

–Aguanta, June. Ya verás como todo sale bien.

–Gracias.

John se detuvo de repente y miró por encima del hombro hacia Jim, que nada más entrar se había quedado en la puerta sin saber qué hacer. Tuvo la sensación de que era la primera y la última vez que iba a ver tan indeciso a aquel hombretón, y le dijo:

–¡Vamos!

Jim los siguió prácticamente a la carrera.

John debía de haber llamado al hospital para alertarlos de lo que pasaba, porque todo estaba listo para una exploración y una ecografía. Le hizo varias preguntas a June... si había sangrado, dónde le dolía, si había habido derrame de líquido amniótico... y fue explicándole con voz suave y tranquilizadora todo lo que iba haciendo.

—El latido del corazón es estable y fuerte, no hay adelgazamiento ni dilatación del cuello uterino. Es un bebé grande, ¿quién iba a pensar que se podía tener una niña tan grande a base de bollitos rellenos? —después de hacer la ecografía, la miró a los ojos y le dijo—: Estás bien, June.

—¿Qué?

—Estás bien.

—¿Estoy bien?

—Del todo.

—Pero... —le agarró la mano, y la posó encima de su abdomen endurecido—. ¡Tengo contracciones!

—No es una contracción —le dijo, sonriente. Hizo un fuerte golpeteo con los nudillos sobre el monitor metálico, y añadió—: Eso sí que sería una contracción.

—Entonces, ¿qué es lo que me pasa?

—Que tienes contracciones pequeñas, un mero adelanto. Braxton Hicks.

—¡Soy médico, sé diferenciar una contracción de una Braxton Hicks! —le espetó, indignada.

—Pues parece que no.

Jim estaba en el extremo de la mesa de exploración, y en ese momento bajó la cabeza hasta hundir el rostro en el hombro de June y soltó un sonoro y trémulo suspiro de alivio.

—Gracias a Dios —alcanzó a decir ella. Fue incapaz de seguir controlándose, y se le escaparon unas cuantas lágrimas.

—Un momento, aquí hay algo que no encaja —comentó John, que tenía la mirada fija en el monitor. Al ver que Jim se incorporaba de golpe y que June permanecía expectante, se volvió hacia la enfermera y le dijo—: Enséñaselo —cuando la mujer giró el monitor, él indicó con el lápiz una protuberancia que había en la imagen... una protuberancia bastante grande—. El próximo médico de la ciudad no va a ser una niña, sino un niño.

—¡No puede ser!

—Sí, sí que puede ser; de hecho, es un error bastante habitual. No suele darse el caso contrario, pero pensar que es una niña y que al final sea un niño es de lo más normal.

June empezó a llorar otra vez, pero de alivio, y admitió:

—No sé qué decir, me siento como una tonta.

—No eres tonta, ya te he dicho que es un error habitual.

—Bueno, pues me siento... un poco torpe.

—Vale, es un buen comienzo. ¿Vas a dejar que yo sea el tocólogo en este caso a partir de ahora?

Tanto June como el bebé estaban en perfectas condiciones, no había riesgo de complicaciones si se cuidaba; aun así, John pensó que era una buena oportunidad para hacer un par de cambios que iban a beneficiar a todo el mundo, en especial al niño.

En primer lugar, quería que June se limitara a trabajar a tiempo parcial, y que empezara por tomarse todo aquel día libre.

—¡Estamos en plena temporada de gripe! —se apresuró a protestar ella.

—Buscaremos ayuda, Susan se encarga de casi toda la gestión de la clínica ella sola. Tu padre estará encantado de pasar consulta un par de mañanas a la semana, y seguro que algún médico de las poblaciones cercanas estará dispuesto a echarnos una mano a tiempo parcial... podríamos llamar a Blake Norton, o al doctor Lowe. Todo saldrá bien, ya lo verás.

—Pero tú mismo has dicho que estoy en perfectas condiciones...

—Y sería fantástico que siguieras así, ¿verdad?

Le dijo que regresara a casa, desconectara el teléfono, y durmiera hasta tarde, que pusiera música suave y aprovechara para terminar el libro que había empezado a leer seis meses atrás y que hacía siglos que no abría... o que se dedicara a bordar, porque sabía por boca de Susan que era toda una experta en *petit-point* y guateados.

—Y si nada de todo eso te sirve, ¿por qué no dejas a un lado la cautela y empiezas a hacer planes de cara al futuro? El niño va a nacer en tres meses como mucho.

No tuvo más remedio que claudicar, porque Jim aunó fuerzas con él. Cuando la llevó de vuelta a casa estaba agotada desde un punto de vista físico, pero su mente estaba acelerada gracias al alivio abrumador que sentía. Permaneció tumbada en la cama, sintiendo cómo se movía el bebé en su interior, e intentó imaginarse a un niño en vez de a una niña. No consiguió dormirse hasta bien entrada la madrugada y despertó poco antes del amanecer, como siempre.

Jim no estaba en la cama, pero vio luz procedente de la cocina y le llegó el delicioso aroma a café y a comida. Se dio cuenta de que la situación no estaba nada mal... algo de comer, un poco de lectura, algo de tiempo con el hombre al que...

—Genial, ya estás despierta.

Jim interrumpió su fantasía al entrar en el dormitorio con una bandeja. Estaba vestido, incluso se había puesto ya las botas, y volvió a salir de la habitación en cuanto dejó la bandeja sobre la cama; al ver que había huevos, tostadas, fruta y zumo, se dio cuenta de que no había preparado el café para ella, sino para sí mismo, y se dijo que, después de dar a luz, iba a tomarse siete cafeteras seguidas, aunque tuviera que renunciar a darle el pecho a su hijo.

Jim regresó al cabo de un momento con un montón de cosas para que se entretuviera: el costurero, que había acumulado una capa de polvo por el desuso, cuatro revistas que no tenían nada que ver con la medicina, dos libros con sendos puntos de lectura en el segundo capítulo, y una revista de crucigramas con un lápiz... ¿un lápiz?, ¿acaso no tenía fe en ella?

—¿Cuánto hace que estás levantado?

—Una hora, más o menos. Tengo que irme, quedé en ir temprano a casa de los Forrest. ¿Quieres que Sadie se quede a hacerte compañía?

—¿Vas a dejarme aquí sola?, ¿cómo voy a entretenerme?

Él se llevó las manos a las caderas, y le contestó con firmeza:

—Relájate, y disfruta de un día libre por una vez en tu vida. ¿Quieres que te ponga un poco de música?

—Sí, por favor. Alguno de mis discos... Frank, Steve, y Barry.

Jim frunció la nariz, y comentó:

—La verdad es que prefiero que pases la mañana a solas con ellos, te dejaré aquí a Sadie.

—Dicho así, parece que es tu perra.

—No digas tonterías, es que estoy acostumbrado a que venga conmigo a casa de los Forrest. Los gemelos la adoran.

De modo que así empezó su día libre: con un buen desayuno, deseando tomar más azúcar mientras Frank Sinatra sonaba en la vieja cadena de música que tenía en la sala de estar, y con un montón de cosas para entretenerse sobre la cama. La última vez que había pasado por una situación así había sido a los nueve años, cuando había padecido una inflamación de garganta y había tenido que permanecer en cama después de que la penicilina la dejara fuera de combate; en aquel entonces, había sido su madre la que le había llevado pasatiempos.

De modo que permaneció en cama, sintiéndose bien y con ganas de levantarse; de hecho, le pareció recordar que incluso a los nueve años se había resistido a permanecer ociosa durante demasiado tiempo.

Con la música de Frank sonando de fondo, agarró la novela que había empezado a leer meses antes y decidió empezarla de nuevo; después de leer tres páginas, llevó los platos del desayuno a la cocina y se puso a lavarlos, y entonces regresó a la cama, leyó tres páginas más, y se durmió un rato. Esa pequeña siesta resultó ser lo que su cuerpo necesitaba, porque despertó sintiéndose como nueva. Le echó un vistazo al despertador, y vio que aún eran las ocho y media.

Sadie estaba contemplando pesarosa la puerta principal, soltando pequeños gemidos lastimeros... era obvio que no le había hecho ninguna gracia que Jim se marchara sin ella y la dejara con una inválida.

Hizo un par de crucigramas, leyó tres páginas más de la novela, e incluso se planteó ponerse a bordar, pero no estaba de humor para eso. Decidió ducharse sin prisa... podía tomarse su tiempo con su densa melena ondulada, quizás iba a poder ir bien peinada por una vez en su vida; ¡de hecho, también podía maquillarse!

A pesar de que se tomó su tiempo, a las nueve menos cuarto ya había acabado de arreglarse, y a las nueve decidió llamar a la clínica.

—Hola, Jessie, ¿cómo va todo?

—Muy bien. Y tú, ¿cómo estás?

—Genial. ¿Cuántos pacientes tienes esperando?

—Lo siento, pero John nos ha ordenado que no te demos ninguna información sobre la clínica.

June se puso tensa, y sintió que se ruborizaba.

—¿Ah, sí? No sé si sabe de quién es ese sitio...

—Sí, sí que lo sabe. ¿Quieres hablar con él?

—¡Sí! —su irritación fue en aumento al ver que la ponían en espera durante unos minutos.

—Buenos días, soy el doctor Stone.

—Y yo la doctora Hudson. ¿Se puede saber qué estás haciendo?

Él se apartó el auricular de la boca, y le dijo a alguien:

—Yo gano.

—¿Qué es lo que has ganado?

—La apuesta que hemos hecho para ver cuánto ibas a aguantar. Yo he apostado por las nueve de la mañana, aunque Susan pensaba que aguantarías hasta el mediodía porque habías estado quejándote de lo cansada que estabas.

—Estás empezando a cabrearme, John. ¿Cuántos pacientes hay esperando?

—Disfruta de tu día libre, aquí está todo controlado. Tu padre ha venido, y va a pasar toda la mañana echándonos una mano. Incluso se ha traído a su propia enfermera; además, parece que la tarde va a ser bastante tranquila.

—Podría encargarme de la ronda en el hospital.

—Ni hablar.

—Estoy aburrida.

—¡Sólo son las nueve de la mañana!

—Ya he desayunado, leído, dormido una siesta, y acabado media revista de crucigramas. Incluso me he duchado y me he arreglado a conciencia. ¡Es más estresante estar en casa sin hacer nada que trabajar!

—Pues haz algo, pero que no sea nada que pueda cansarte, engordarte, ni estresarte. Susan ha sugerido que podrías comprar el papel para las paredes de la habitación del bebé, Jessie que podrías ir a visitar a tus amistades pero sin el maletín médico, y tu padre ha dicho que... bueno, mejor me lo callo.

—Esto es insoportable.

—Mañana podrás venir a trabajar, pero sólo media jornada. Adiós, June.

Colgó llena de indignación. Le parecía injusto que Charlotte Bumham, su antigua enfermera, pudiera estar en la clínica con su padre a pesar de estar recuperándose de un ataque al corazón, pero que una embarazada de lo más sana no pudiera ni acercarse por el mero hecho de haber tenido unas cuantas contracciones de Braxton Hicks.

—Vale, genial —dijo, en voz alta.

Al final, decidió ir de compras. Solía preguntarse si le faltaba algún cromosoma en ese aspecto, porque a diferencia de tantas otras mujeres, nunca había sido una actividad que le atrajera demasiado. Puso rumbo a las localidades costeras (Rockport, Westport, y Fort Bragg), en busca de tiendas y centros comerciales donde poder comprar cosas que se adecuaran a su nuevo estilo de vida, y a pesar de que la idea la aterraba y no tenía ni idea de lo que necesitaba, decidió aprovechar para comprar ropa tanto de premamá como para el bebé.

Recorrió sin éxito cuatro tiendas y un centro comercial, y empezó a sentirse abrumada. Sabía cómo asistir a un parto en calidad de médico, pero no tenía ni idea de cómo vestir a un niño. Era capaz de hacer una cesárea, pero se sentía perdida a la hora de comprar las cosas para la habitación de un bebé. En el centro comercial había visto nueve cunas distintas, por no hablar de todo lo demás... protectores, carritos, cambiadores, tronas, columpios, asientos de coche, móviles, parques... ¿Cómo era posible que John pensara que iba a relajarse así? Faltaba poco para el mediodía, empezaban a dolerle las piernas, volvía a estar hambrienta, y tenía ganas de llorar. ¡Estaba hasta las narices de llorar como una tonta a las primeras de cambio! ¿Por qué todas las situaciones acababan en lágrimas durante el embarazo?

—¿June?

Se giró al oír que la llamaban, y se encontró cara a cara con Nancy Forrest. Inspiró con disimulo para evitar que se le saltaran las lágrimas, y le dijo:

—Hola, Nancy, no esperaba encontrarte aquí.

—El fisioterapeuta está en casa, a la enfermera también le toca pasar por allí, y hay cuatro hombres trabajando... uno de ellos tu Jim. He decidido aprovechar que Chris está hoy en casa para escaparme y venir a comprar sábanas y badanas, para que a los niños no les salgan úlceras —Nancy esbozó una sonrisa, y añadió—: ¿Has venido a comprar cosas para el bebé?

Fue la gota que colmó el vaso. Primero había pensado que estaba a punto de perder a su hijo, después había tenido que sufrir una verdadera tortura porque le habían ordenado que se relajara, y cuando intentaba hacer algo útil como madre, no tenía ni idea de cómo hacerlo.

—Mierda —dijo, mientras los ojos se le inundaban de lágrimas.

Nancy la miró aterrada, y le preguntó:

—¿Qué te pasa?

—Si se me da tan mal cuidar a un bebé como comprarle cosas, mi hijo está sentenciado, y encima estoy hambrienta —enormes lagrimones empezaron a bajarle por las mejillas—. ¡Siempre tengo hambre, y me han ordenado que deje de engordar!

Nancy le pidió el móvil y llamó a Chris para avisarle de que aquella tarde iba a tener que encargarse de los gemelos él solo, porque ella tenía que ayudar a una amiga. Cuando él le preguntó qué era lo que pasaba, se limitó a decirle que ya se lo explicaría al llegar a casa, y al colgar miró a June y le dijo con firmeza:

—Antes de nada, vamos a comer.

A veces podía resultar agotador tener una hermana mayor bastante excéntrica. Myrna llamó a la clínica preguntando por Elmer después de comprobar que no estaba en casa, ni en la cafetería, ni ayudando en casa de los Forrest, y le dijo que quería verle para hablar de Acción de Gracias.

—Comeremos pavo, Myrna —le dijo él, por teléfono.

—¡Eso ya lo sé! Quiero hablarte de un invitado que va a sumarse a la cena.

—¿Quién es?

—Por eso quiero hablar contigo en persona, para explicártelo todo.

—Myrna...

—Ven a la hora del vermú, y no te retrases. Esperaré a que llegues.

Mientras iba camino de la casa de su hermana en su coche, Elmer se dijo que sí, que podía resultar agotador, pero que al menos no era aburrido. Myrna llamaba a veces a casa para que June o él fueran a verla, porque quería hablarles de alguna nueva idea que se le había ocurrido para su próximo libro, o porque estaba pensando en organizar una gran fiesta, o porque tenía problemas con la ley... su hermana era una verdadera caja de sorpresas.

Llegó justo cuando Harry Shipton salía de la casa. El pastor echó a andar hacia su vieja ranchera, pero al verle esperó a que aparcara y se saludaron con un apretón de manos.

—Hola, Harry. ¿Qué pasa, mi hermana ha organizado una reunión general? No has venido por alguna urgente misión pastoral, ¿verdad?

—De ser así, no podría contártelo, y como soy un clérigo y no puedo mentir, me vería obligado a cambiar de tema con sutileza para que no te dieras cuenta. Siento no haber podido ir a casa de los Forrest esta mañana, tenía que atender unos asuntos familiares en la bahía.

—Yo tampoco he ido. John Stone ha insistido en que June se tomara el día libre, así que he ido a echar una mano a la clínica —se llevó la mano a la base de la espalda, y se estiró un poco—. Hoy me he dado cuenta de por qué me jubilé, hay que tener mucha paciencia con la gente en estas épocas de tanta gripe; por cierto, ¿te has puesto ya la vacuna?

—No.

—Pásate mañana por la clínica y te la pongo, invita la casa. Ya me devolverás el favor.

—Si no puedo ir mañana, iré pasado. ¿June está bien?

—Sí, pero no me extraña que John quiera que baje un poco el ritmo de trabajo; en todo caso, iba a tener que hacerlo tarde o temprano, porque el embarazo ya está bastante avanzado –soltó una carcajada antes de añadir–: Según el doctor Stone, mi hija está de muy mal humor al verse obligada a descansar y relajarse.

Subió los escalones del porche después de despedirse de Harry, pero al oírle poner en marcha la ranchera se detuvo en seco, porque acababa de darse cuenta de que el pastor se las había ingeniado para evitar hablar del bienestar espiritual de su hermana. Llamó a la puerta, y ella le abrió de inmediato y comentó:

–Gracias a Dios, has tardado una eternidad en llegar.

Elmer miró su reloj de pulsera, y exclamó:

–¡Pero si sólo son las cinco y media!

–Ya sabes que me gusta tomarme el vermú a las cinco en punto.

–¿Por qué no te lo has tomado con Harry?

–Entra de una vez, Elmer. He tomado una decisión, y estoy deseando comunicártela –dio media vuelta, y se internó en la casa.

Los dos se habían criado allí, y era un lugar muy especial; a pesar de lo enorme que era, no resultaba difícil mantener una temperatura agradable: en verano era una casa fresca y aireada, y en invierno cálida.

Elmer siguió a su hermana hasta la cocina, y al ver una olla de sopa hirviendo al fuego, supuso que una de las gemelas la había preparado antes de acabar la jornada de trabajo. La chimenea estaba encendida, y sobre la encimera había una cesta llena de panecillos que parecían recién hechos.

La pequeña mesa del rincón de los desayunos estaba preparada con dos copas con sus respectivas aceitunas, una jarra de ginebra aderezada con vermú, y un plato de galletitas saladas; al ver que Myrna se sentaba allí, le preguntó en broma:

–¿Yo también voy a tomar vermú?

–Claro, a menos que prefieras beber otra cosa.

—Eso quiere decir que crees que voy a necesitar un buen trago, ¿no? —comentó, antes de sentarse. Estaba deseando saber lo que pasaba.

Myrna se puso a servir la bebida antes de contestar:

—He invitado a un amigo a pasar aquí Acción de Gracias, y no sé cuánto tiempo va a quedarse.

Aquellas palabras le tomaron por sorpresa; que él supiera, los únicos hombres con los que su hermana había mantenido amistad desde que Morton se había marchado veinte años atrás eran sus compañeros de póquer. Quizás había tenido razón al pensar que iba a necesitar un buen trago.

Ella le habló de su larga relación epistolar con el tal Edward, de la fuerte amistad que se había forjado entre los dos, y del hecho de que jamás se habían visto en persona. También admitió que al principio no estaba segura de querer que fuera a visitarla, porque a pesar de que no era dada a dejarse afectar por las cosas, al menos de cara al exterior, la idea de que un señor fuera a verla la había puesto bastante nerviosa, pero que había acabado dándose cuenta de que ya era hora de volver a relacionarse con hombres.

Elmer no sabía qué demonios quería decir con lo de «relacionarse con hombres», pero no se atrevió a preguntárselo.

—Voy a necesitar que me eches una mano, no puedo estar pendiente de Edward yo sola todo el rato. Llegará justo antes de Acción de Gracias, iremos a buscarle. Hay que enseñarle el pueblo, llevarle a cenar una o dos veces para presentarle a todo el mundo.

Era obvio que el rubor que le teñía las mejillas no se debía ni al vermú ni al maquillaje; al parecer, su hermana de ochenta y cuatro años estaba enamoriscada.

—Quiero que todo el mundo llegue a apreciarle, no sé cuánto tiempo querrá quedarse conmigo. Tenemos muchas cosas en común, Elmer.

—¿Sabe cocinar?

—No tengo ni idea, pero eso es lo de menos. A mí se me da bastante bien y tanto a Endeara como a Amelia les gusta pasar el rato en la cocina, así que no pasará hambre.

—Myrna, querida, ¿crees que existe la posibilidad de que esta relación llegue a un plano... físico?

Ella se echó a reír con tanta fuerza, que el pelo le tembleó.

—¡Eso sí que tendría gracia! ¿Por qué lo preguntas, hermanito? ¿Quieres tener una charla conmigo sobre anticonceptivos?

Elmer se puso de pie. Estaba cansado tras la larga jornada que había tenido, y aquella conversación con su hermana era la gota que colmaba el vaso.

—Estoy deseando conocer a tu invitado —decidió que iba a hacer unas cuantas averiguaciones, para asegurarse de que fuera de fiar. El tipo era escritor, así que quizá sería buena idea llamar a su editor o a su representante—. ¿Sabe jugar al póquer?

—No lo sé, creo que ese tema no ha salido nunca...

—Si sabe, podría venir a las partidas; por cierto, ¿a qué ha venido Harry? No estarás pasando por una crisis religiosa, ¿verdad?

—No digas tonterías, Elmer. Ha venido a avisarme de que no vendrá a la partida del jueves, porque tiene que ir a la zona de la bahía a encargarse de unos asuntos familiares. Me ha dado permiso para que usemos la rectoría, pero la verdad es que todo el mundo está bastante ocupado. Tú tienes que sustituir a June en la clínica, Sam y Judge siguen con las reparaciones en casa de los Forrest, y... cielos, yo voy a tener que hacer unos arreglos en casa de cara a la visita de Edward.

—Sí, es verdad —se estiró de nuevo para aliviar un ligero dolor de espalda, y añadió—: Harry lleva una temporada bastante justo de dinero, espero que no se le haya enfermado un familiar.

—No ha entrado en detalles, sólo me ha pedido un pequeño préstamo y se ha disculpado por pasar tanto tiempo fuera del pueblo últimamente.

Elmer se detuvo en seco. Él mismo también le había prestado dinero, y a pesar de que su hermana estaba forrada, podía llegar a ser muy ingenua y despreocupada. Se ganaba la vida ideando tramas de intriga, pero jamás se cuestionaba los motivos que podrían tener sus amigos, sus familiares, o incluso completos desconocidos.

—No le habrás dado mucho dinero, ¿verdad?

—Claro que no, me ha dicho que con mil dólares le bastaba.

Cuando Jim llegó a casa después de pasarse el día trabajando en casa de Chris Forrest, encontró a June en el sofá de la sala de estar, rodeada de bolsas y de compras. Había cosas por todas partes... ropa para el bebé y para ella, mantas, toallas, sábanas, juguetes...

—Mira lo que he hecho, Jim.

Intentó no preocuparse por el hecho de que tuviera los ojos llenos de lágrimas, porque últimamente lloraba cada dos por tres. Le habían advertido que era normal que una mujer embarazada comiera demasiado, durmiera demasiado y después demasiado poco, y tuviera cambios de humor erráticos.

—Bueno, ahora que ya tenemos todo esto, puedes dar a luz cuando quieras —alzó un sujetador que tenía unos ganchos para abrir la copa y estuvo a punto de hacer un comentario sarcástico sobre lo sexy que le parecía, pero por suerte se mordió la lengua a tiempo.

—Es un sujetador de lactancia.

—Ah, claro —colocó la mano abierta encima de la copa, y el tamaño de la prenda le pareció... optimista.

—Acabaré llenándolo —le espetó ella, antes de sonarse la nariz.

–¿Se puede saber por qué estás llorando? Aunque si prefieres no hablar del tema...

–Nancy Forrest me ha ayudado a comprar todo esto, después de llevarme a comer una suculenta hamburguesa incluso más enorme que las de George.

–Entiendo –era mentira, no entendía nada.

–De joven la odiaba.

Como era obvio que iba a ser una explicación larga, Jim apartó a un lado varias prendas de ropa para poder sentarse en la silla que había frente a ella.

–Sigue.

–Ella se juntaba con las otras chicas, pero yo prefería jugar con Chris, Tom, y Greg Silva, así que éramos extremos opuestos en ese sentido; después, en la época del instituto, cuando empezamos a tener más cosas en común porque yo acabé por darme cuenta de que era una chica y no un chico, ella se dedicó a intentar quitarme a mi novio.

Jim se reclinó en la silla. Estaba claro que a las mujeres les encantaba revolver el pasado.

–Y al final lo consiguió, ¿verdad? –comentó.

–Exacto. La cuestión es que no he sido demasiado amable con ella a pesar de lo mal que lo ha estado pasando en los últimos tiempos, me he comportado como si aún le guardara rencor a pesar de que en el fondo no es así. Y hoy, cuando estaba en medio de un centro comercial con los ojos llenos de lágrimas porque no tenía ni idea de lo que tenía que comprar para el bebé y para mí, resulta que llega al rescate ni más ni menos que mi rival de toda la vida.

–Ya no es tu rival, cariño.

–¡Ya lo sé, pero es que no es sólo eso! Hay unas cuantas mujeres a las que les tengo un cariño especial... está Birdie, mi madrina, y Ursula Toopeek, y Jessie, que es como una madre para mí, y Susan, a la que adoro... pero nunca he tenido una amiga de verdad, alguien con quien reírte como una tonta y llorar, alguien a quien contarle tus secretos y con quien despotricar contra tu novio.

Jim enarcó una ceja al oír eso, porque pensaba que hasta el momento había hecho un buen papel como novio.

—No me refiero a ti, Jim; al menos, de momento —lo miró con una sonrisa trémula, y se secó los ojos antes de añadir—: Ha sido una situación muy emotiva para mí. Nancy tiene que lidiar con dos adolescentes postrados en cama que necesitan sus cuidados, el marido que tiene no me parece ninguna maravilla, y encima está exhausta y no da abasto, pero al verme en medio de mi pequeña crisis lo ha dejado todo aparcado para ayudarme —le tembló la barbilla, sus ojos se llenaron con una nueva oleada de lágrimas, y añadió con un pequeño hipido—: La adoro.

Jim la miró sin saber qué hacer, y se dio cuenta de que no había hombre en el mundo que estuviera preparado para lidiar con los cambios de humor de una embarazada. Tardó unos segundos en decir:

—Tengo que ducharme antes de cenar, ¿te apuntas? Podrías lavarme la espalda...

—Mi estómago estará en medio.

—No pasa nada —se puso de pie, y alargó la mano hacia ella.

—Empiezo a tener hambre otra vez.

—No sé por qué, pero no me extraña. Anda, vamos a ducharnos y después prepararemos algo de cena.

June le agarró la mano, consciente de que él tenía en mente algo más que lavarse, y le preguntó:

—¿Estás seguro de que sabes dónde te metes?

—Claro que sí, ven aquí.

La condujo al cuarto de baño, abrió el grifo de la ducha, y comprobó que había dos toallas colgadas en las perchas de la puerta. La desnudó poco a poco, y sonrió encantado cuando ella le devolvió el favor; después de apartar a un lado la ropa de una patada, comentó:

—Si alguna vez construyo una casa, haré una ducha enorme con banco incluido.

—Perfecto —le besó mientras alargaba la mano hacia el jabón, y empezó a enjabonarle la espalda; cuando terminó siguió con el pecho, a continuación con el trasero... y después con la parte inferior delantera. Cuando él la enjabonó a su vez hasta que los dos estuvieron tan resbaladizos como la grasa, comentó—: Si intentáramos hacerlo ahora, resbalaríamos y encontrarían nuestros cuerpos hinchados al cabo de unos días.

—Los médicos tenéis una forma de pensar un poco rara —le contestó, mientras intentaba adueñarse de nuevo de su boca.

Lo que pretendía en realidad al pedirle que se duchara con él era abrazarla, porque no sabía cómo lidiar con los cambios de humor y de energía, con las distintas fases de náuseas y hambre voraz, y sobre todo con las lágrimas, pero lo cierto era que le encantaba tenerla entre sus brazos.

Desde que el embarazo de June había empezado a evidenciarse, se había preguntado un montón de veces cómo era posible que a algunos hombres les costara estar con una mujer embarazada. Era por algo llamado «síndrome de la madona» o algo así, y lo que pasaba era que un tipo se sentía incapaz de tener relaciones sexuales con su mujer porque se había convertido en la madre de su hijo; fuera como fuese, él era incapaz de entenderlo, porque June le parecía más sexy que nunca.

La deseaba con desesperación, pero como era consciente de la pequeña vida que había entre los dos, echó mano de una ternura y un cuidado extremos que la enloquecieron aún más. Siempre había sabido que tenía aquella faceta oculta en su interior... aquella ternura y aquella paciencia, aquella gratitud... pero se había pasado la vida persiguiendo a criminales, así que nunca había tenido la oportunidad de sacarla a la luz.

Jamás podría agradecerle lo suficiente a June que le hubiera abierto las puertas de su vida, que se hubiera quedado embarazada de él sin querer. Todo aquello era nuevo y maravillosamente puro, dulce y milagroso. Era posible que sin ella, sin el bebé, no hubiera llegado a conocer jamás aquella parte de la vida y de su propio ser. Le costaba creer lo afortunado que era cuando pensaba en los años que le esperaban junto a aquella mujer, en aquel pueblo tan único. A lo mejor no se merecía tener tanta suerte, pero iba a aferrarse a ella.

Le hizo el amor con ternura, y cuando logró recobrar el aliento y la oyó suspirar con satisfacción, le dijo con voz suave:

—Te amo, June.

Cuando se acurrucaron desnudos en la cama, sacó la toalla que había quedado atrapada bajo sus cuerpos y la colocó sobre los dos.

—Ha sido fantástico, Jim.

—Gracias.

—Pero estoy hambrienta.

Él apoyó un codo en la cama para incorporarse, y comentó en tono de broma:

—¿Se supone que ahora debo internarme en el bosque, cazar un ciervo, despellejarlo y asarlo en una hoguera para alimentar a mi reina?

June sonrió de oreja a oreja, y contestó:

—Me conformo con que me prepares un bocadillo.

—Trato hecho. Puedo hacerte uno de beicon, lechuga y tomate, ¿lo prefieres de tortilla de queso? Y también puedo preparar una... redoble de tambores, ¿estás preparada?... una deliciosa sopa. La última vez que fui al supermercado, compré un montón de paquetes de caldo para noches húmedas, oscuras y románticas como ésta.

—Eres el hombre perfecto.

—Sí, es verdad.

—¿Te molesta que no nos hayamos casado?

La miró con los ojos abiertos como platos, y le preguntó con pánico fingido:

—No irás a vomitar, ¿verdad?

—Claro que no, tonto. Anda, respóndeme.

—No, no me molesta —la abrazó con fuerza antes de añadir—: Siempre y cuando no me dejes.

—Claro que no voy a dejarte, lo que pasa es que aún no quiero casarme. Antes quiero conocerte mejor, sentirme segura de que estoy dando el paso correcto. Porque quiero que cuando nos casemos sea para siempre, y que tengamos una buena base para formar un matrimonio sólido. ¿Te parece bien?

Él la miró sonriente, y la besó en la punta de la nariz antes de contestar.

—Me parece perfecto, June. Cuando creas que me conoces lo suficiente, avísame.

—¿Estás de acuerdo en que un matrimonio tiene que ser para siempre, y en que antes de dar un paso así hay que estar muy seguro?

—Pues claro.

—¿Me avisarás cuando creas que hemos llegado a ese punto?

—Sí.

—Genial.

—June...

—¿Qué?

—No voy a apartarme de tu lado, tómate el tiempo que necesites.

Para cuando colocaron la alfombra en casa de los Forrest, la cocina ya estaba casi terminada; además, los gemelos ya podían ir en silla de ruedas, y estaban lo bastante bien como para empezar a estudiar en casa. El instituto les asignó un tutor que iba a darles clase tres veces por semana y lo más probable era que no perdieran ni siquiera un semestre, porque eran muy brillantes (aunque ése era un factor que sin duda había contribuido a que se metieran en tantos líos).

Sam había ido a la oficina del secretario del registro del condado, y se había enterado de que la casa abandonada de la que se había apropiado, de forma ilegal, para Erline y sus hijos, se había embargado por impago. La cifra era bastante elevada para una vivienda en tan mal estado, pero le bastó con una rápida visita al banco para convertirse en el propietario. No se lo dijo a nadie, ni siquiera a Erline, pero la gente empezó a olerse algo cuando no sólo siguió trabajando en la casa para hacerla más segura y cómoda, sino que además pidió la colaboración de sus amigos, tanto los de toda la vida como los nuevos.

–¿Por qué pierdes el tiempo con esta vieja casucha?, estás tirando el dinero –le dijo George.

—Esa joven y sus hijos necesitan empezar de cero, y para eso no tienen que pasar ni frío ni hambre.

Además, se sentía un poco culpable, porque si no se hubiera dejado engañar por Conrad, seguro que tanto los niños como ella aún seguirían en el albergue de Rockport, y allí estarían disfrutando de calefacción central, cañerías en perfecto estado, y comida.

—Vas a malgastar tu dinero en este lugar, y esa joven se largará a las primeras de cambio.

—A lo mejor decide quedarse y formar un hogar junto a sus hijos —tenía la esperanza de que fuera así, porque Erline le parecía una buena muchacha que se merecía tener algo de suerte en la vida.

—¿Te ha encandilado otra vez una mujer más joven que tú?

—Ni hablar, Doc. Te aseguro que he aprendido la lección. Sólo quiero echarle una mano.

—¿Y qué pasa si alguien reclama la casa?

—¿Por qué eres tan pesimista?

Noviembre fue avanzando con un tiempo frío y lluvioso, y los amigos de Jim Post se dieron cuenta de que cada vez parecía más satisfecho y asentado. Apenas hablaba de su pasado en la policía, pero mencionó en más de una ocasión que era la primera vez que podía disfrutar de tanto tiempo libre; además, jamás se había sentido tan útil, ya que ayudaba a un montón de gente del pueblo y se había integrado a la perfección.

En cuanto a June, su vida estaba cambiando a pasos agigantados. Se dio cuenta de que John había insistido en que trabajara menos no sólo por motivos de salud, sino para que pudiera disfrutar de aquel momento tan especial de su vida antes de que quedara atrás. Su amigo quería que se diera cuenta de cuánto iba creciendo su vientre día a día, y también quería que aprovechara para conocer mejor a Jim, que era el hombre con el que iba a pasar el resto de su vida.

En poco tiempo estaría tan agobiada y atareada como cualquier otra madre trabajadora, y el estrés iría en aumento conforme su hijo fuera creciendo y volviéndose más activo, más exigente... y generara más gastos.

Le costó un poco habituarse a la nueva rutina, sobre todo teniendo en cuenta que Jim estaba atareado ayudando a sus convecinos y que a menudo comía en la cafetería con los demás. Era la primera vez en veinte años que tenía tiempo libre y empezó a aprovecharlo para ir a visitar a sus amistades, tanto las de toda la vida como las recientes; de hecho, entabló una buena amistad con Nancy Forrest. También empezó a pasar más tiempo con el grupo de costura, que se reunía para hacerles colchas y ropa a las mujeres del pueblo que las necesitaban (como por ejemplo Nancy, Jurea, Erline y Leah).

Conforme las lluvias iban convirtiéndose en aguanieve y más arriba, en la parte alta de las montañas, en nieve propiamente dicha, los lugareños llenaban de leña las estufas y las chimeneas y cocinaban sopas muy calientes, se abrigaban bien para protegerse del frío, y se animaban pensando en las festividades que se avecinaban, que eran el único aliciente de aquella época del año. Los ánimos empezaron a mejorar poco a poco ante la llegada de unos días en los que se disfrutaba estando en familia, comiendo y pasándolo bien.

A pesar de todo, había una persona cuyo ánimo no mejoró lo más mínimo con la inminente llegada de Acción de Gracias: Harry Shipton cargaba con sus problemas completamente solo, o al menos eso era lo que él creía. Cada vez estaba más deprimido, le costaba muchísimo esbozar una simple sonrisa, y sus sermones iban volviéndose cada vez más pesimistas.

A pesar de que sólo llevaba unos seis meses al mando de la iglesia presbiteriana de Grace Valley, su forma de ser positiva y animada había supuesto un cambio más que bienvenido respecto al anterior pastor, y el pueblo le había acogido con los brazos abiertos. Pero su semblante pareció nublarse a finales de otoño, y era obvio que le pasaba algo; de hecho, había dejado de asistir a las partidas semanales de póquer, a pesar de que todo el mundo sabía que le encantaba jugar.

Nadie sabía a qué se debía su abatimiento, y en la cafetería surgió el tema.

—A lo mejor tiene algún familiar enfermo en la zona de la bahía. Últimamente va mucho por allí, y está justo de dinero —sugirió Elmer.

—Le he preguntado mil veces si puedo ayudarle en algo, pero se empeña en decir que no le pasa nada —comentó Susan Stone.

—Deberíamos llamar al presbiterio, para ver si ellos saben qué es lo que le pasa.

—Ni hablar, George —dijo June—. Sólo habría que llegar a ese extremo si pensáramos que necesita asesoramiento, o que hay que retirarle de su puesto. Tenemos que encontrar otra forma de ayudarle, todos le apreciamos y no queremos perderle.

—Pues propongo que estemos atentos, por si se le escapa algún dato que pueda indicarnos qué es lo que le pasa. ¿Ha mencionado el nombre del supuesto familiar enfermo?

—No, pero sabemos que él está divorciado —comentó Susan—. ¿Qué os parece si llamamos a la exmujer?

—No sé, puede que no se lleven bien.

—Sí, nos arriesgaríamos a que la mujer le causara problemas con sus superiores.

—Harry ha comentado en alguna ocasión que fue una separación amistosa, pero no creo que solucionemos nada llamándola... al menos, de momento —dijo June.

—Vale, pues nos limitaremos a tenerle bien vigilado por ahora —apostilló Elmer—. Si alguien descubre alguna pista sobre lo que le pasa, le ayudaré en lo que haga falta; de hecho, apuesto a que el pueblo está lleno de gente dispuesta a echarle una mano.

Elmer no tenía ni idea de lo cerca que estaban aquellas palabras de la respuesta.

Grace Valley era como tantas otras poblaciones en cuanto a la dicotomía de las festividades: por un lado estaba la sensación de unidad y de celebración que reinaba en el ambiente, las familias y los amigos se reunían, en primer lugar, para dar gracias, y en segundo lugar, para intercambiar regalos y buenos deseos; pero por el otro lado, eran días en los que abundaban las depresiones y los problemas domésticos.

A pesar de todo, incluso aquéllos que se encontraban en las peores circunstancias estaban planeando con optimismo aquella época de celebración. Erline y sus hijos iban a ir a comer a casa de Jurea, y los hijos de ésta, Clinton y Wanda, iban a comer pavo por primera vez.

Jurea aún no dominaba del todo el horno, pero sentía adoración por él. Había pedido consejo a todo el mundo, y Harry Shipton le había llevado por sorpresa un pavo congelado de más de siete kilos. Cuando él se había presentado de improviso en la casa, con aquel enorme pájaro desplumado en los brazos, y le había dicho sonriente que era un regalo y que esperaba que tanto los niños como ella pasaran un feliz día de Acción de Gracias, la pobre se había pasado una hora llorando de emoción.

Había tenido una vida dura de la que no esperaba gran cosa, así que jamás se había quejado, pero cuando la habían sacado de las montañas junto a sus hijos y tanto el pueblo como la iglesia la habían acogido con los brazos abiertos, todo había cambiado hasta tal punto que le costaba creer que no se trataba de un maravilloso sueño.

Lo del pavo le había hecho tanta ilusión, que le había pedido a Wanda que fuera a buscar a Erline y a sus hijos para enseñárselo. Su vecina también se había echado a llorar de emoción, pero por suerte había recuperado la compostura en cuestión de minutos y había comentado:

—No tengo una cocina en condiciones, pero puedo ayudarte en lo que te haga falta. De niña solía hacer patatas para mi madrastra, y también asaba boniatos.

A partir de entonces, se habían enfrascado en la laboriosa tarea de planear la cena. También habían invitado a Harry, pero él se había excusado aduciendo que iba a pasar el día en la zona de la bahía con unos familiares, y que regresaría con el tiempo justo para celebrar un servicio religioso para todos aquellos capaces de levantarse de la mesa con la barriga llena.

Iba a ser el primer día de Acción de Gracias que Leah Craven pasaba sin su difunto marido. A pesar de que sus cinco hijos y ella estaban mucho mejor sin aquel maltratador, las fechas señaladas no eran nada fáciles. Era una sensación extraña que ninguno de los Craven alcanzaba a entender, pero a pesar de que daban gracias por el hecho de que, por primera vez en años, no iba a haber peleas ni golpes durante aquella festividad, el ambiente estaba empañado por una profunda tristeza.

Por eso Leah se alegró tanto cuando llamaron a la puerta y vio la vieja ranchera de Harry Shipton aparcada delante de la casa. Se dijo que quizás él pudiera animarla con palabras de apoyo y consuelo, y le abrió la puerta sonriente.

—Hola, Leah. Te he traído esto, espero que no te hayas comprado uno.

Leah supo controlar las lágrimas mejor que Jurea al ver el pavo congelado de más de nueve kilos, pero lo cierto era que había estado bastante preocupada por el tema de la comida. Tenían muy poco dinero, salían adelante con lo que les aportaba el jardín en verano y con lo que Frank y ella ganaban en la cafetería.

Harry declinó otra invitación más, y se dedicó a recorrer el pueblo y la zona rural de Grace Valley repartiendo pavos.

Los pagaba la congregación y un pequeño comité elaboraba un listado de las familias a los que había que entregárselos, pero era él quien se encargaba del reparto. Todo el mundo le recibió con alegría y gratitud, aunque eso no era nada nuevo, porque lo cierto era que la gente siempre se alegraba de verle. Le abrieron las puertas de sus casas, le trataron con calidez y afecto a pesar del poco tiempo que llevaba allí, y le invitaron a cenar de corazón.

El único problema era que Harry no se sentía merecedor de tanto cariño.

Era la primera vez que June tenía tiempo para planear a placer una festividad, y por si fuera poco, también tenía una amiga con la que compartir la experiencia. A Nancy Forrest le encantaba cocinar, así que se pasaron la tarde del martes previo al día de Acción de Gracias haciendo pasteles y pan casero.

—No sabes cuánto me gusta ver tu nueva casa, sabiendo que Jim ha ayudado a restaurarla. Esta vida le resulta completamente nueva.

—¿Cómo vivía cuando era policía? —le preguntó Nancy, que estaba estirando masa con un rodillo.

—Voy descubriéndolo poco a poco —respondió con cautela, porque había muchos detalles que debía guardar en secreto—. Entró en las fuerzas del orden siendo muy joven, en Wisconsin. Primero estuvo en un pequeño pueblo rural y después se trasladó a Madison, que era donde se había criado. Me dijo que siempre había sido su vocación, pero que después de veinte años de carrera, le habían entrado ganas de dar un giro radical a su vida.

—¿Y cómo se le ocurrió venir a Grace Valley?

—¿No te lo ha contado nadie?

—No estoy segura, pero creo que no.

—Él estaba de acampada en el bosque con unos amigos, y uno de ellos recibió un disparo accidentalmente. Jim lo llevó al pueblo, lo trajo a la clínica, y nos enamoramos mientras yo sacaba la bala del hombro de su amigo —esbozó una sonrisa nostálgica, y añadió—: Jim se desmayó.

Nancy había dejado de estirar la masa, y estaba mirándola boquiabierta.

—Madre mía, qué romántico.

—¿Verdad que sí?

—¿Por qué decidió quedarse a vivir aquí?

—No se quedó, volvió al trabajo. Vino a visitarme un par de veces y me comentó que llevaba veinte años de servicio, pero no me hice ilusiones —al ver que la miraba con incredulidad, admitió—: Vale, la verdad es que me ilusioné, pero hasta que le dije que estaba embarazada y él me aseguró que pensaba quedarse, no sabía cómo iban a acabar las cosas.

—¿Esperabas llegar a ser tan feliz?

Antes de que June pudiera contestar, la puerta principal se abrió y Chris entró en la casa. Se había puesto una cazadora encima de la camisa y la corbata, y en la mano llevaba un maletín. Sonrió al verlas y las saludó, pero no se paró a charlar y cruzó la sala de estar hacia la parte trasera de la casa.

June pensó que quizás iba a ver a los gemelos o a cambiarse de ropa, pero al mirar a Nancy vio que tenía los ojos fijos en la puerta por donde acababa de salir su marido, y que estaba mordiéndose el labio inferior.

—Ahora vuelvo, June —se limpió las manos en el delantal, y fue tras él.

Para cuando Nancy regresó, June ya había colocado la pasta en la base de cuatro moldes de pastel; al ver lo seria que estaba su amiga, pensó que quizá debería marcharse.

—¿Problemas? —le preguntó, con cautela.

Nancy se encogió de hombros con fingida indiferencia, y se limitó a contestar:

—No es el fin del mundo.

—Eh... si quieres, me voy en cuanto meta los pasteles en el horno, y ya vendré mañana a por ellos.

—No, vamos a terminar, y de paso verás cómo me bebo un buen vaso de vino —esbozó una sonrisa forzada, y añadió en voz baja—: La próxima vez que estemos a solas, te lo contaré todo sobre mi marido y su última crisis.

—¿Tiene una crisis?

Nancy se inclinó por encima de la mesa para acercarse más a ella, y admitió:

—Estamos hablando de Chris Forrest, June. Ya le conoces, ha tenido una crisis tras otra desde que le conocí en el cole.

June se echó a reír, a Nancy se le contagió su hilaridad, y en cuestión de segundos estaban desternillándose de risa tanto por la situación en sí como por el tema del que estaban hablando. June tuvo que sujetarse el estómago, y de repente se cubrió la boca con la mano y abrió los ojos como platos antes de exclamar:

—¡Me parece que acabo de hacerme pis en los pantalones!

El punto álgido de Acción de Gracias para los Hudson, y para muchos de sus curiosos convecinos, era la llegada de Edward Mortimer, el primer pretendiente de Myrna Hudson Claypool en veinte años; a aquellas alturas, tanto Elmer como June estaban convencidos de que Morton Claypool se había largado y ya estaba muerto, pero aún eran muchos los que creían que Myrna le había asesinado.

Medio pueblo había dado rienda suelta a la imaginación cuando se habían encontrado unos huesos bajo uno de los rododendros de Myrna, y seguro que más de uno se había llevado una decepción cuando había quedado absuelta de toda culpa.

La llegada del tal Edward había generado mucha expectación. Había optado por ir en autobús desde San Francisco a pesar de que era el día con más desplazamientos del año, así que fueron a buscarle a la estación de autobuses de Rockport. Elmer llevó a Myrna en el espacioso Caddy de ésta, y Jim llevó en su camioneta a June.

Myrna llevaba un abrigo de cachemira con cuello de cola de zorro y uno de sus sombreros preferidos, una prenda de satén negro de ala ancha con una cinta de lamé dorado y una flor de Pascua. Llevaba el pelo perfectamente recogido, y tenía las mejillas sonrojadas por el maquillaje y la emoción.

June la tomó del brazo, y le preguntó en voz baja:

—¿Cómo van tus nervios?

—Sólidos como una roca gracias a ti, querida.

—¿Por qué?, ¿qué es lo que he hecho?

—Está claro, no te tomaste en serio mis absurdas dudas. Siento como si conociera a Edward de toda la vida. Cuando dos escritores comparten sus obras, puede llegar a crearse un vínculo incluso más íntimo que el que hay entre marido y mujer, es una especie de intimidad intelectual.

—Vaya —June se alegró de no ser escritora. Miró de reojo a Jim, que estaba a su lado, y se quedó sin aliento. Rezó para que aquel sentimiento nunca quedara reemplazado por la «intimidad intelectual» de la que hablaba su tía, y le tomó la mano.

Myrna no se dio ni cuenta de su reacción, y añadió:

—Es la pura verdad. En todos los años que pasé con Morton, nunca tuvimos la cercanía intelectual que comparto con Edward —soltó una risita picarona, y añadió—: No sé qué habría hecho si Morton no se hubiera marchado, a lo mejor habría acabado teniendo una aventura con Edward.

—Eso es una chorrada —apostilló Elmer.

—Puede que lo sea para ti, hermanito, pero últimamente he estado dándole muchas vueltas al asunto. Morton era un amor, pero también era muy aburrido. Y aunque Edward tiene más años que él, me resulta de lo más estimulante.

—Qué bien —se limitó a decir June, antes de añadir—: Mira,

la gente ya empieza a bajar del autobús. ¿Seguro que vas a reconocerle?, en sus libros no hay ni una sola foto de él.

—Le reconocería con los ojos cerrados; además, me prometió que llevaría un clavel rojo en la solapa.

Después de que bajaran unas siete u ocho personas, hubo un pequeño parón y entonces bajaron seis o siete más. En las semanas y los meses posteriores, June se preguntó infinidad de veces qué habría pasado si no hubiera aparecido nadie con un clavel, cómo habrían reaccionado, pero al final, después de que bajaran unas veinte personas, emergió del autobús un hombre delgado y de aspecto refinado de ochenta y seis años. Vestía un traje a rayas un poco anticuado pero impecable, camisa blanca y corbata roja, un sombrero oscuro con una cinta negra de satén, llevaba un clavel en la solapa... y era ni más ni menos que Morton Claypool.

—Dios mío —susurró June.

—Santo Dios bendito —Elmer estaba tan atónito como ella.

—¿Qué?, ¿qué es lo que pasa? —les preguntó Jim, desconcertado.

El hombre se acercó a ellos y se detuvo frente a Myrna, que estaba boquiabierta; después de quitarse el sombrero, la saludó con una pequeña reverencia y le dijo sonriente:

—Hola, querida mía, por fin estoy en casa.

June apenas podía creer lo que estaba viendo, pero al final consiguió apartar los ojos de Morton y centrarlos en su tía, que tenía los labios fruncidos y se había ruborizado aún más. Su pelo parecía haberse soltado de repente, y le asomaba por debajo del sombrero.

—¡Eso es lo que tú te crees! —sin más, Myrna Hudson Claypool dio media vuelta y se alejó hecha una furia.

—Me parece que esto es un embrollo de tomo y lomo —comentó Elmer, que iba al volante de la camioneta de Jim.

Morton estaba a su lado, y detrás llevaban su equipaje. Los otros tres se habían ido en el Caddy... June al volante, Jim en el asiento trasero, y Myrna en el del copiloto; seguía tan furiosa, que se había negado en redondo a compartir coche con su marido. Se había metido como una exhalación en el Caddy, había cerrado con un portazo, y había bloqueado las puertas mientras los demás intentaban distribuir a conductores y pasajeros.

—Tengo la impresión de que no se ha alegrado demasiado al verme —comentó Morton.

—Siempre has sido muy observador. ¿Se puede saber en qué estabas pensando?

—En regresar a Grace Valley, ahora que estoy seguro de que Myrna me quiere.

—¿Dónde demonios has estado?

—En Redding, principalmente. Pero me he permitido algún que otro viaje.

—¿Por qué has tardado tanto en volver? ¡Estuvimos buscándote, estábamos preocupados!

—Y un cuerno.

—*¿Qué?*

—Y un cuerno. Nadie me buscó lo más mínimo.

Elmer no supo qué decir. Lo cierto era que habían intentado buscarle muy recientemente, y para entonces el rastro había desaparecido; de hecho, Myrna había dejado muy claro que no quería que nadie le buscara... y ella misma había tardado meses en darse cuenta de que su marido no había regresado.

—Apuesto a que tardasteis años en daros cuenta de mi ausencia.

Elmer sintió que se ruborizaba, y se apresuró a decir:

—Eso no es verdad. Es lógico que mi hermana pensara que la habías abandonado. Dio por hecho que tus jefes la habrían llamado si estuvieras herido o muerto, pero cuando contactó con la empresa, le dijeron que habías estado trabajando con toda normalidad.

—Supongo que ninguno de vosotros admitirá cuánto tardasteis en llamar a mi trabajo, ¿verdad?

Elmer empezó a irritarse.

—Oye, ¿vas a fingir que estás enfadado con nosotros? ¡Admito que es posible que Myrna tardara demasiado en llamar a tus jefes, pero piensa en cómo se sentía! ¡La abandonaste, y entonces se enteró de que no te había pasado nada y estabas trabajando tan tranquilo! ¡Ni siquiera te molestaste en llamarla!

—Las cosas no sucedieron así exactamente, pero no pienso seguir defendiéndome. Me invitaron a pasar Acción de Gracias aquí, y he venido. Si después resulta que nadie quiere saber de mí, pues volveré a mi pisito de Redding, y punto.

—¿Y punto? —Elmer apenas podía creer lo que estaba oyendo.

—No guardo ningún rencor.

Elmer soltó un profundo suspiro antes de decir:

—¿Sabes todos esos libros en los que el marido acaba asesinado?

—Claro, la idea fue mía.

—Pues podría convertirse en una realidad, porque Myrna está cabreada de verdad.

La conversación que se mantenía en el Caddy también estaba cargada de fuertes emociones, pero ésa era la única similitud entre las dos.

—¿Seguro que no tenías ni idea, tía Myrna? —dijo June.

—¿Tú qué crees?

—Pero ahora, pensándolo a posteriori, ¿no hubo nada que levantara tus sospechas?

—Morton siempre tuvo una vena maquiavélica y solapada, hay que andarse con cuidado con los tipos callados y aburridos.

June se limitó a conducir en silencio durante un largo momento, y al final comentó:

—Resulta que el hombre que te dio la idea de que escribieras sobre maridos asesinados era tu propio marido. Increíble, ¿verdad? Por cierto, ¿te dijo algo cuando estuviste bajo sospecha de haberle matado?

—¡Ni una sola palabra!

June soltó una carcajada, y comentó:

—Qué morro tiene.

—¡Es un granuja cobarde, y encima aburrido! Eso es algo que he dicho siempre, ¿verdad?

—Sí, pero está claro que en eso te equivocabas.

—¿Qué diantre...?

—Tía Myrna, no tengo ni idea de por qué lo hizo, pero tu marido se marchó y empezó a escribirte cartas. El hombre al que apenas le hacías caso te cortejó a través de la escritura, y se ganó tu corazón. Tú misma has dicho antes que sientes una mayor cercanía con Edward que con Morton desde un punto de vista intelectual, le has querido más a través del correo durante todos estos años que cuando estabais viviendo bajo el mismo techo.

—Y ahora los odio a los dos. No sé si la vieja escopeta de mi padre aún está en el ático...

—¡Un poco de calma, por favor! —exclamó Jim.

June detuvo el coche en el arcén, se volvió hacia su tía, y le dijo con firmeza:

—Por favor, tita, hazme caso. Sé que estás enfadada, y puede que con razón, pero no sé si...

—¿Cómo que no lo sabes?

June entrelazó las manos sobre su voluminoso estómago, miró a su menuda pero indómita tía y enarcó una ceja.

—Tardaste seis meses en darte cuenta de que Morton se había ido, a lo mejor lo hizo porque se sentía un poco abandonado.

Jim soltó un extraño sonido, como una especie de estornudo que se convirtió en un súbito ataque de tos... aunque también podría tratarse de un torpe intento de disimular una carcajada.

—Si necesitaba algo, tendría que habérmelo dicho —Myrna se giró para fulminar con la mirada a Jim, que se puso rojo como un tomate.

—Puede que tengas razón, tita, pero me parece que los dos tenéis parte de culpa en todo este lío. Morton está aquí y estamos en Acción de Gracias, que es una festividad para celebrar en familia, así que vamos a pasarlo lo mejor posible. No sé qué es lo que acabará pasando a la larga, a lo mejor resulta que él decide volver a marcharse; a juzgar por lo que tú me has contado, parece que se ha forjado una carrera sólida como escritor. Mientras tanto, vamos a comportarnos con educación y cortesía... ¿verdad que sí? —al ver que Myrna miraba por la ventana y se hacía la remolona, insistió—: ¿Verdad que sí, tía Myrna?

Su tía se volvió a mirarla, y al final contestó a regañadientes:

—Va a costarme un poco, June.

—Cueste lo que cueste. ¿Estamos de acuerdo?

—Supongo que tienes razón en lo de que los dos tuvimos parte de culpa, aunque la mía fue mínima y mi venganza podría ser enorme.

—Tía Myrna...

—Puedo tratarle con educación... mejor dicho: puedo intentarlo.

—Perfecto, debemos disfrutar de estas fiestas todo lo que podamos. Llevo días cocinando, y cada vez se me da mejor

—volvió a poner el coche en marcha, y añadió—: ¡Piensa que es toda una bendición que el tío Morton esté vivo!

—Sí, claro. ¡Habría sido una bendición que estuviera enterrado bajo el rododendro!

Cuando June abrió los ojos la mañana del día de Acción de Gracias, brillaba el sol y se oía el canto de los pájaros. Le encantaba despertar por sí misma en vez de por una llamada de teléfono, y remolonear mientras otros médicos se encargaban de las visitas a domicilio y de atender a los pacientes en la clínica... le pareció oír en el fondo de su mente la voz de John advirtiéndole que no se acostumbrara a la buena vida, y en ese preciso momento el bebé le dio una patada.

Vale, tenía por delante dar el pecho cada dos horas, cambiar veinte pañales al día, el paso de los pañales al orinal, las clases de natación para madres e hijos, la guardería, el fútbol, las clases de piano, las de ballet... no, ballet no, que era un niño... vale, pues entonces fútbol, piano y rugby.

Como hacía un poco de frío en el dormitorio, gravitó hacia la fuente de calor que había junto a ella en la cama, pero tuvo que apartar a Sadie. Jim mimaba demasiado a la perra, y la muy traidora se creía que su dueño era él y sólo se iba con ella como último recurso.

—Mmm... —murmuró, adormilado, cuando notó contra la espalda una patada del bebé.

—Vamos a necesitar un piano —le dijo, en voz baja.

—¿Antes del desayuno? —le preguntó él, tras un largo silencio.

Ella soltó una risita antes de contestar:

—Todos los niños dan clases de piano.

—En ese caso, aún tenemos unas cuantas semanas de margen.

June se echó a reír, pero le entraron ganas de hacer pis. Había llegado a un punto en que le daba miedo reír, llorar, estornudar y toser, porque el niño llevaba un mes apoyado en su vejiga; al ver que Jim hacía ademán de volverse a mirarla, exclamó:

—¡No te muevas!, ¡estoy en medio de una crisis de vejiga!

Jim se quedó inmóvil. Supuso que aquél sería un diálogo más típico de una pareja que llevara años juntos en vez de meras semanas, pero, por alguna razón, la situación resultaba extrañamente natural y tierna.

—¿Te ha dicho alguien que estás de lo más romántica a primera hora de la mañana?

Ella fue incapaz de contener una carcajada, y exclamó:

—¡Estás tentando a la suerte! —cuando él movió la espalda contra su activo vientre, soltó un gritito y fue al cuarto de baño a toda prisa.

Sadie debió de pensar que se trataba de un juego, porque se puso a ladrar como una loca.

June regresó al cabo de unos minutos, aliviada y con los dientes recién cepillados, y volvió a meterse en la cama. Mientras se acurrucaba entre sus brazos, pensó en su tía Myrna y en Morton. La velada de la noche anterior no había sido la ocasión festiva que se había planeado.

Las gemelas Barstow se habían quedado tan impactadas al enterarse de la verdadera identidad de Edward Mortimer, que habían servido boquiabiertas la incomible cena; de hecho, los únicos comensales que habían probado bocado habían sido Morton y Myrna, aunque no se habían dirigido la palabra ni una sola vez. Al final de la cena, Morton se había ido con Elmer, que le había dicho que podía alojarse en la habitación libre que tenía en su casa.

—Espero que en Acción de Gracias la cosa vaya mejor, tía Myrna —le había dicho ella, cuando ya se disponía a marcharse con Jim.

—Morton acaba de cenar en casa como si no hubiera pasado nada, ¿no te basta? —había mascullado Myrna.

Se acurrucó un poco más contra Jim, y comentó:

—¿A que nunca has conocido a una persona con una vida tan interesante como la mía?

Él soltó un suspiro antes de contestar.

—¿Por qué no nos quedamos todo el día en casa?, podríamos preparar unos bocadillos calientes de queso, y sopa de tomate.

Ella se apoyó en un codo y le miró sonriente.

—Has perseguido a peligrosos delincuentes, seguro que puedes enfrentarte a lo que nos espera hoy.

—Yo no estoy tan seguro, la verdad es que todo es bastante raro.

Gracias a las Barstow, que debían de haberse pasado media noche al teléfono, la noticia del regreso de Morton se había extendido como la pólvora. Ellas sólo llamaron a sus conocidas, por supuesto, pero éstas se apresuraron a poner al día a sus respectivos maridos, que a su vez se encargaron de contárselo a sus amigos. El cotilleo era una tradición muy enraizada en Grace Valley.

June fue temprano a casa de su padre para ayudarle con la comida y con la transición (por llamarlo de alguna forma) entre Myrna y Morton, pero para cuando llegó, el marido de su tía ya había recibido la visita de Sam, Judge y Birdie Forrest, George Fuller, y Tom Toopeek.

—Las noticias vuelan —le dijo a su padre.

—Me extraña que la CNN no haya venido también —comentó él, con ironía.

—Papá, ¿estás agobiado por todo esto? —le preguntó, al darse cuenta de que le brillaba la calva y tenía la camisa manchada de sudor. Daba la impresión de que había estado trabajando de lo lindo en la cocina.

—¿A qué te refieres exactamente? ¿A la súbita reaparición de mi cuñado después de veinte años?, ¿a tener al pueblo entero llamando a mi puerta mientas intento rellenar el dichoso pavo?, ¿al hecho de que mi excéntrica hermana mayor esté deambulando por esa casa embrujada en la que vive, intentando recordar cómo se carga la escopeta de cien años de nuestro difunto padre? Qué va, es un día perfecto.

—Voy a tomarte la tensión...

—Ni hablar. Ahora sólo estoy un poco irritado, y no tengo ganas de llevarme un susto de muerte.

—Siéntate —le empujó con suavidad para que se sentara en una silla, y abrió una ventana para dejar salir aquel calor opresivo. Rebuscó por los cajones hasta que encontró una aspirina, y le sirvió un vaso de vino—. La cura del cocinero. No te preocupes, Jim y yo nos encargamos de la cena.

Él se tomó la aspirina y un trago de vino antes de decir:

—Llegas tarde, no queda nada por hacer de momento.

—Perfecto, pues aprovecha para relajarte... de momento —mientras Jim iba entrando todo lo que ella había preparado (cuatro pasteles, panecillos y boniatos asados), se inclinó un poco más hacia su padre y le preguntó en voz baja—: ¿Qué has averiguado?

—Que Morton no tuvo amnesia, y que se alegra mucho de volver a ver a todo el mundo.

—¿Eso es todo?, ¿ya está? ¡Venga ya! Seguro que Judge y Sam le han preguntado por qué se marchó, y por qué ha tardado tanto en volver.

Él señaló con la cabeza hacia la sala de estar y le dijo:

—Ve si quieres.

Encontró a Morton sentado en la silla preferida de su padre (seguro que eso explicaba, en gran parte, lo de la calva sudorosa y las mejillas acaloradas). Era incluso más menudo de lo que recordaba, aunque en ese momento se acordó de que, como tanto tía Myrna como él eran bajitos, delgados y de aspecto frágil, la gente de la zona siempre les había considerado una pareja muy mona... aunque al final se había demostrado que también eran resistentes como cables de acero.

Se sentó frente a él en una silla y le dijo:

—Hola, tío Morton, ¿cómo estás?

Él bajó el periódico que estaba leyendo, y la miró sonriente. Llevaba los pantalones a rayas del día anterior, un jersey encima de la camisa blanca y la corbata roja, y estaba impecable. Tenía las piernas tan cortas, que los pies apenas le llegaban al suelo. Tía Myrna medía metro cincuenta y dos sin zapatos, y él debía de estar alrededor del metro cincuenta y ocho.

—Buenos días, querida June, estás radiante —dobló el periódico, y lo dejó sobre su regazo—. Cuando Myrna me dijo que estabas embarazada después de esperar tanto, decidí que tenía que volver para veros a tu padre y a ti. Él está entusiasmado con lo de su futuro nieto.

—Gracias, tío Morton. ¿Te importa que te pregunte un par de cosas antes de que llegue tía Myrna?

—Claro que no, querida mía. Claro que no.

—Antes de nada, lo más obvio: ¿por qué te marchaste?

—Cielos —alzó la mirada como si esperara encontrar la respuesta en el techo, y al final admitió—: No fue por nada en concreto, supongo que podría decirse que cada vez me sentía más insatisfecho con mi trabajo. He descubierto que hay dos formas de afrontar la jubilación: verla como la oportunidad de un nuevo comienzo, o como el fin de todo. Aunque ahora pueda parecer muy sencillo, debo admitir que en su momento me costó asimilarlo.

—No me has contestado.

—Creo que tú me habrías diagnosticado una depresión.

—¿Fuiste al médico?

—No. No, me limité a buscar un nuevo comienzo, y Myrna me ayudó muchísimo en ese sentido.

—Espera, ella no tenía ni idea de dónde estabas.

—Cierto, muy cierto. No es tan complicado como parece. Me fui a uno de mis viajes de trabajo, como siempre, y le envié una carta en la que le decía lo mucho que me habían gustado siempre sus obras, que siempre había soñado con ser escritor pero que los que me rodeaban no me apoyaban demasiado. Dejé un apartado postal como vía de contacto, y ella me contestó de inmediato diciéndome que debía ir en pos de mis sueños, que no permitiera que los demás me desanimaran —sonrió al recordarlo—. Me pareció tan alentador, tan especial, que le envié otra carta... y otra, y otra más —se inclinó hacia ella, y posó su vieja y trémula mano sobre la suya—. La verdad es que creí que sabía que se trataba de mí, pero al cabo de unos meses mencionó que su marido la había abandonado —chasqueó la lengua, y añadió—: Me quedo muy corto si digo que estaba enfadada.

—¿Cómo es posible que no le contaras la verdad, tío Morton?

—Supongo que sabes la respuesta a eso.

—No fuiste nada caballeroso.

—Puede que no, pero me parece que a Myrna no le desagrada cómo fueron transcurriendo las cosas. Lo de las tramas sobre maridos asesinados fue una idea genial, ni te imaginas lo que disfrutaba al ver sus entrevistas en la tele; además, debo agradecerle el impulso que le dio a mi propia carrera como escritor, no habría podido hacerlo sin ella.

—Pero lo habrías hecho mucho mejor si hubieras vuelto a casa y...

Su rostro, curtido por el paso de ochenta y seis años, reflejó una profunda tristeza.

—Ahí está el quid de la cuestión: ella apoyaba a Edward Mortimer, pero a Morton Claypool solía decirle que no fuera absurdo.

June se quedó tan atónita, que no supo cómo contestar. Conocía muy bien a su tía, y aunque sabía que sería incapaz de ser cruel de forma deliberada, también podía llegar a ser demasiado seca y pragmática.

Por fin entendía lo que había pasado. Conforme Morton había visto cómo se acercaba su jubilación, sintiéndose inútil y quizás acabado, puede que incluso un poco deprimido por estar a la sombra de la exitosa carrera literaria de su esposa, había admitido que también quería ser escritor, y se había sentido herido cuando ella había reaccionado como si fuera una idea absurda. Entonces le había escrito una primera carta, y había descubierto a una mujer nueva a quien no le parecía un hombre absurdo, sino interesante y con talento.

—¿Cómo es posible que no pudiéramos seguirte la pista? Llegamos a intentarlo a través de los datos de la seguridad social, pero no hubo manera.

—Pues no sé, ¿teníais el número correcto?

—Eso pensaba, ¿crees que a lo mejor nos lo dieron equivocado?

—Puede ser, June. Yo he ido recibiendo mis cheques cada mes sin problemas, a nombre de Edward M. Claypool. La escritura no me resulta tan lucrativa como a Myrna.

—¿Edward M.?

—Edward Mortimer Claypool, aunque siempre me han llamado Morton.

June le miró consternada, ¡por eso Myrna no se había dado cuenta de la verdad! Cuando logró recobrar un poco la compostura, comentó:

—Firmaste la primera carta como Edward Mortimer, ¿verdad?

—Imagina la desilusión que me llevé... —lo dijo con la cabeza gacha y un hilillo de voz.

—Cuando papá y yo intentamos localizarte, buscamos a Morton Claypool, no sabíamos que te llamabas Edward. ¿Myrna estaba enterada de tu nombre completo?

—Puede que no, en veinte años no llegamos a tener una cuenta corriente conjunta. Para ella yo siempre fui Morton, porque así me presenté el día en que nos conocimos.

—¡Tienes que explicárselo, tío Morton!

—Me parece que en este momento está demasiado enfadada como para querer escucharme. Si no me echa a patadas a las primeras de cambio, seguro que acabaremos aclarando la situación —esbozó una sonrisa, y añadió—: Yo no le guardo ningún rencor.

—Vas a tener que darle un poco de tiempo. No te garantizo que puedas quedarte en Hudson House, pero Grace Valley es tu hogar mientras tú quieras. Aquí tienes familia y amigos.

—Eres una dulzura; por cierto, varios de esos amigos ya han venido a verme... son bastante cotillas, ¿verdad?

June se echó a reír, y admitió:

—La verdad es que sí.

—No he intentado darles explicaciones, porque no quiero que Myrna se sienta avergonzada. Te dejo las explicaciones a ti. Cuando tu tía deje a un lado el enfado, puede que tengamos ocasión de hablar del tema con calma.

June se mordió el labio al recordar el pétreo silencio de la velada anterior, y le dijo:

—Ten paciencia —se preguntó si su tía iba a asistir a la cena de Acción de Gracias, o si optaría por dejarlos plantados.

No tardó en recibir su respuesta. Myrna llegó a primera hora de la tarde, seria y distante, aunque June fue la única en darse cuenta de que se había puesto su mejor vestido de cóctel, una prenda de gasa color arándano, y su sombrero y sus guantes preferidos.

La casa de los Toopeek estaba llena hasta los topes. Lincoln y Ursula habían tenido siete hijos, y cada uno de ellos había ido a la universidad, se había casado, y había tenido hijos a su vez. Sólo cuatro de sus seis hermanos habían ido a pasar Acción de Gracias a casa de Tom, pero en total sumaban veintisiete personas bajo el mismo techo. La comida tenía un aspecto estupendo, las risas abundaban y el caos generado por dieciséis niños era descomunal.

En medio de aquel hervidero de actividad, Tom subió a su habitación para ponerse el uniforme, y cuando bajó de nuevo y le preguntó a su mujer cuánto faltaba para la cena, ésta le dijo que un par de horas, pero que hiciera el favor de no tardar más de lo necesario.

—Claro que no —le contestó, antes de besarla.

—Estás huyendo del ruido, ¿verdad?

—Me has pillado —Tom se echó a reír, aunque lo cierto era que estaba lleno de felicidad por tener en su casa a tres hermanos, una hermana, y sus respectivas familias.

Tanto sus ayudantes como él estaban de guardia, pero nadie iba a llamar para hacerles abrir la comisaría a menos que surgiera un problema grave. Tom era optimista, e intuía que iba a ser una noche tranquila; de hecho, su padre le había dicho que más tarde iba a salir una espectacular luna llena otoñal.

Decidió ir a echar un vistazo al Rocky's, y al llegar en el Range Rover vio que fuera sólo había dos camionetas aparcadas, y que tenían armeros vacíos. El interior del bar estaba bastante oscuro. Rocky estaba secando vasos con un paño detrás de la barra, y en uno de los extremos de ésta estaba sentado Cliff Bender, un rudo y viejo leñador que apenas se

relacionaba con la gente y que sólo bebía en ocasiones señaladas como aquélla. Debía de ser su forma de dar gracias.

Al ver a dos MacAlvie sentados en una mesa del fondo
del local, se acercó a ellos y los saludó:

—Vern. Ben.

Los dos alzaron la mirada de sus respectivas jarras de cerveza y contestaron al unísono:

—Hola, jefe.

—¿Tenéis planes para la cena?

—Sí, hemos planeado cenar cerveza —le dijo uno, mientras
el otro se echaba a reír.

—George ha vuelto a cocinar este año, y estoy intentando
conseguirle algo de clientela. Os llevaré en mi coche, aprovecharé para tomar un café y un trozo de pastel mientras vosotros cenáis, y después os traeré de vuelta para que podáis
seguir bebiendo.

—¿Qué te parece la idea, Vern? ¿Te apetece comer algo?

—A George le sale bastante bien el pavo.

Tom se lo tomó como una respuesta afirmativa y fue a
hacerle el mismo ofrecimiento a Cliff, que también aceptó
de inmediato.

—¿Te vienes, Rocky?

—Gracias, Tom, pero prefiero quedarme y disfrutar de esta
calma.

Como todos los años, George había puesto carteles en
cuatro de las iglesias del valle anunciando cena gratis el día
de Acción de Gracias. Mientras su suegra se encargaba de
preparar el pavo en casa, su familia y él servían comida a todo
el que tuviera hambre, y la mayoría de los que estaban en ese
momento en la cafetería eran tan pobres que apenas tenían
para comer. Había hombres, mujeres y niños que tenían que
luchar por salir adelante conforme iba acercándose el invierno... y también había predicadores, trabajadores sociales,
policías, bomberos, personal de albergues, vecinos y amigos.

Tom siempre iba al único bar del valle para asegurarse de que los tipos que estuvieran allí se llenaran el estómago con una comida decente antes de malgastar el resto del día bebiendo. Tenían menos riesgo de que la bebida les sentara mal después de comer bien; de hecho, también existía la posibilidad de que les entrara sueño y decidieran irse a casa.

La cafetería estaba llena de desconocidos a los que no había visto en toda su vida. Se acercó a Sam, que estaba tomándose un café en la barra, y se sentó a su lado en un taburete.

–Hola, Tom. He oído un jaleo al oeste de aquí, y alguien ha dicho que hay unos treinta indios cocinando y comiendo en una casa.

Él se echó a reír y contestó:

–Son menos de treinta, este año no ha podido venir todo el mundo.

–Ah. Por eso hay menos barullo que de costumbre.

–¿Quieres venir?, mi madre hace unos pasteles buenísimos.

–Lo siento, pero ya tengo planes. Sólo quería estar cerca del taller, por si alguien necesita ayuda –Sam esbozó una sonrisa, y admitió–: Y también quería ver esa enorme sonrisa en la cara del viejo George. Me parece que es el día más feliz del año para él, nada le gusta más que dar de comer a gente que lo necesita.

Mientras los MacAlvie y Cliff disfrutaban de la cena en la cafetería, Tom aprovechó para ir a la granja de los Craven; por alguna razón, festividades y violencia doméstica parecían ir de la mano, y a pesar de que el principal maltratador de aquella familia estaba muerto y enterrado, a sus cinco hijos les había quedado su legado.

En la casa había luces encendidas a pesar de que aún faltaba una hora para que anocheciera, y salía humo de la chimenea. Justo cuando acababa de poner un pie en el primer escalón del porche, se quedó inmóvil al oír un hachazo; aguzó el oído, y al cabo de unos segundos oyó otro... y otro.

Rodeó la casa hacia la parte trasera siguiendo el sonido, y se detuvo al ver a Frank. No le había pasado inadvertido el hecho de que aquel joven, el hijo que más veces había intentado proteger a su madre de la violencia de su padre, tenía que lidiar con su propia inclinación a reaccionar con agresividad. En ese momento estaba partiendo un tronco tras otro, y tenía la frente sudorosa a pesar del frío.

Era obvio que estaba intentando controlar un arranque de genio, y Tom se apoyó en la pared de la casa y se limitó a observarle en silencio. Se preguntó si aquélla era una técnica que le había enseñado Jerry Powell, el consejero local, durante las clases de control de la agresividad a las que estaba asistiendo... cuando notes que la rabia va creciendo, ponte a cortar leña. Aunque también era posible que estuviera mezclando la situación con su propia niñez, porque su padre siempre solía tener un montón de troncos listos para que sus hermanos y él los cortaran.

Jeremy Craven, el hermano de trece años de Frank, asomó la cabeza por la puerta trasera y dijo:

—Oye, Frank, mamá dice que la cena ya casi está a punto.

—Ya voy.

Frank puso otro tronco en el tocón, alzó el hacha, y fue entonces cuando vio a Tom; tras un instante de inmovilidad, bajó el hacha con fuerza y cortó el tronco. Seguía siendo demasiado alto para lo delgado que estaba, pero sus hombros y sus bíceps empezaban a fortalecerse.

—¿Qué hace aquí, jefe?

—Se me ha ocurrido pasar a ver cómo estabais.

Los dos sabían que había ido para comprobar que todo estuviera en calma, y para recordarle a Frank que nunca estaba demasiado lejos de allí.

Leah Craven salió en ese momento por la puerta trasera, secándose las manos en un paño de cocina, y se sorprendió un poco al verle.

—Hola, Tom, ¿qué haces por estos lares? —sin esperar respuesta, le dijo a Frank—: Con esa leña nos basta, hijo. Gracias.

Sí, claro que iba a bastarles... había tanta, que les duraría hasta principios de primavera.

—¿Qué tal van las fiestas, Leah?

—De maravilla. La familia de George ha tenido el detalle de encargarse hoy de la cafetería, para que nosotros podamos pasar el día en familia. ¿Te apetece entrar a tomar un café?

—Gracias, pero Jeremy ha dicho hace un momento que la cena ya casi está lista, ¿no?

—Sólo le falta un pelín, pero será un placer que entres y te tomes un café en la cocina mientras le doy los últimos toques a la comida.

—Gracias, pero tengo mi propia cena esperándome en casa... y a medio estado de California en la mesa.

—Lincoln comentó el otro día en la cafetería que ibas a tener en casa a algunos de tus hermanos.

—Tres hermanos y una hermana, y todos ellos casados y con hijos. Seguro que algún día tu mesa estará incluso más abarrotada —miró a Frank, y se dio cuenta de que la dureza que se reflejaba en sus ojos iba desvaneciéndose poco a poco—. Estás desarrollando unos pectorales impresionantes, Frank. ¿Has estado haciendo ejercicio, o esa musculatura te la has ganado cortando troncos?

Leah se echó a reír, y comentó:

—La verdad es que no para. Trabaja en la cafetería, se encarga de la mayoría de las tareas de la granja, y nos quedaríamos helados sin los troncos que corta.

Frank apartó la mirada y se sonrojó un poco, pero la comisura de su boca se alzó en una sonrisa casi imperceptible.

—En fin, me voy ya. Adiós a todos.

Cuando dio media vuelta para regresar al coche, una voz masculina le dijo con suavidad:

—Recuerdos a la familia.

En hogares de todo el valle, la gente agachaba la cabeza sobre mesas llenas de comida y daba gracias con solemnidad. Chris Forrest miró a sus hijos, que estaban sentados en sus sillas de ruedas alrededor de la mesa del comedor, y le dio gracias a Dios por haberles salvado la vida. Estaba en una casa que sus amigos y vecinos habían restaurado y reconstruido, y era un hombre que había cambiado de forma radical... aunque quizá no lo suficiente, y por eso rezó para que Dios le diera fuerzas.

En casa de Leah Craven, un pavo regalado presidía la primera mesa de comedor que había tenido en toda su vida, y aunque sus hijos estaban deseando hincarle el diente a la comida, insistió en que agacharan la cabeza y le dieran gracias a Dios por aquel banquete; por su parte, ella rezó para sus adentros para que sus hijos no tuvieran que cargar con el legado de la violencia, y para llegar a tenerlos algún día sentados a aquella misma mesa con sus respectivas esposas e hijos.

En casa de Jurea Mull había dos mesas preparadas: la de la cocina, y una auxiliar que había llevado Sam junto con sillas plegables. Después de regalarle a Jurea una mantelería que no había usado en años, Sam había ido a buscar a Erline, y la había ayudado a llevar a los niños y todo lo necesario a casa de los Mull.

Oyeron que llamaban a la puerta justo cuando estaban a punto de trinchar el pavo, y cuando Jurea fue a abrir, soltó una exclamación de alegría y se cubrió la boca con la mano al ver que se trataba de Clarence, su marido. Le acompañaba

Charlie MacNeil, uno de los terapeutas del hospital de veteranos de guerra, que le dijo sonriente:

—Hemos pensado que estaría bien que Clarence pudiera cenar con usted y con los niños.

Jurea sólo veía a su marido una vez a la semana, y las visitas eran muy cortas. Le dio un abrazo lleno de amor, y aunque él se lo devolvió poco a poco, como a cámara lenta, lo que importaba era el gesto en sí.

—Está un poco aturdido por la medicación, pero hoy nos ha dicho que se siente bastante bien.

—Me siento bastante bien —aseveró Clarence.

—Mejora día a día.

—Es verdad, Jurea. Estoy mejorando.

—¿Quiere cenar con nosotros, señor MacNeil?

—No puedo, señora Mull, mi familia está esperándome. Volveré a por Clarence dentro de unas horas, si le parece bien.

—Tómese todo el tiempo que quiera, no hay prisa —Jurea acarició el rostro de su marido, sus brazos, sus hombros—. Dios ha sido muy generoso con nosotros hoy.

En la iglesia presbiteriana de Grace Valley se celebró un servicio de Acción de Gracias a la luz de las velas, y aunque no estaba tan llena como los domingos por la mañana, para algunos fue un alivio que hubiera poca gente.

Jurea Mull y sus hijos se habían quedado en casa, para pasar el máximo tiempo posible con Clarence antes de que Charlie pasara a buscarle. Era el tercer servicio al que asistía Erline en el valle, y lo cierto era que al principio había ido por el servicio gratuito de guardería. Si aquél a la luz de las velas hubiera sido el primero, quizás hubiera acabado siendo el último.

June, Jim, Elmer, Morton y Myrna también asistieron,

porque ésta había dicho, en palabras textuales: «Ve por tu abrigo, Morton, y vamos a dejar esto zanjado de una vez. Que el pueblo entero vea que no estás enterrado en mi jardín... de momento». June y su padre se habían mirado con nerviosismo, hasta que habían visto la enorme sonrisa de Morton. Empezaba a quedar claro que aquellos dos contendientes estaban a la par en aquel peculiar tira y afloja.

Tom Toopeek y sus hermanos John y Carl acudieron junto a sus padres, y sus esposas se quedaron en casa con la horda de niños. Los tres hermanos no sólo lo hicieron porque eran buenos hijos, sino porque estaban hasta las narices de todo aquel jaleo y querían librarse de tener que recoger los platos sucios de la cena.

John y Susan Stone asistieron con su hija, al igual que la antigua enfermera de la clínica, Charlotte Burnham, junto a su marido Bud. Las gemelas Barstow también estaban allí, aunque sentadas por separado, y también habían ido Birdie y Judge, por un lado, y Jessie junto a su padre.

Harry Shipton pasó casi todo el rato con la mirada gacha, y en las escasas ocasiones en que la alzó, sus ojos reflejaban una angustia terrible. Algunos de sus feligreses llevaban un tiempo preocupados por él, y a juzgar por su comportamiento, pensaron que a lo mejor había muerto su pariente enfermo. Sus sospechas parecieron confirmarse cuando comenzó el sermón.

—En este día de Acción de Gracias, reflexionemos sobre lo que el Señor nos ha dado con tanta generosidad. No sólo debemos darle las gracias, sino esforzarnos también por ser merecedores de todos sus dones. La mayoría de nosotros no podemos realizar grandes obras ni dar enormes donativos a la beneficencia, y algunos ni siquiera tenemos los medios para ayudar a nuestros convecinos; en ese caso, miremos en nuestro interior para ver lo que podemos hacer por nosotros mismos desde un punto de vista espiritual, para llegar a merecernos los dones que nos ha concedido el Señor. Si tenemos que enmendar algún error, aprovechemos la oportunidad para hacerlo. Si hay malos hábitos que debemos cambiar, comportamientos positivos que deberíamos adoptar, demos gracias de tener un día más para hacerlo. Y si tenemos deudas por pagar, hagamos un listado detallado con nuestras cuentas y démosle gracias al Señor por tener otro día más de trabajo, otra semana, otro mes. Y si no tenemos trabajo, demos gracias por tener un cuerpo sano que nos permite buscar empleo. Y si todo está perdido, roguémosle al Señor que nos dé la fuerza de voluntad necesaria para seguir adelante —bajó la cabeza, y añadió—: Recemos al Señor...

—Este sermón no me ha gustado nada —le dijo Elmer a June, en voz baja.

—Me parece que Harry está deprimido. A lo mejor sufre trastorno afectivo estacional, el tiempo está muy lluvioso y sombrío.

—Se ha criado en la bahía de San Francisco, June. Está más que acostumbrado a las nubes.

Cuando Harry fue despidiéndose de sus feligreses, le preguntaron tantas veces si se encontraba bien, que al final tuvo que disculparse por su sermón.

—Pensaba que sería estimulante, pero ha tenido el efecto contrario. ¡Voy a tener que esforzarme más! —soltó una carcajada, pero parecía muy forzada y sus ojos permanecieron serios.

—¿Está empeorando ese asunto familiar que te tiene preocupado desde hace tiempo?, ¿algún pariente tuyo tiene una enfermedad grave? —le preguntó Sam.

—Me temo que sí, no sé si conseguirá salir adelante. ¿Podrías rezar por mí?

—Claro que sí. Si necesitas cualquier cosa, avísame.

—Lo único que necesito son tus plegarias y tu buena fe, Sam.

—Supongo que debería empezar a pensar en volver a Redding —le dijo Morton a Elmer, cuando ya sólo quedaban las sobras de la cena de Acción de Gracias.

—Antes tienes que hablarlo con Myrna —a pesar de sus palabras, empezaba a hartarse de tener un inquilino en su casa.

—No quiero presionarla para que me pida que me quede en Grace Valley.

—No estoy diciendo eso, Morton. Coméntale el tema, y a ver cómo reacciona.

Morton le hizo caso. No tenía ninguna expectativa, porque Myrna era tan impredecible, que era mejor no hacerse ilusiones.

—Si te marchas, alguien se empeñará en cavar en mi jardín otra vez en busca de tu cadáver.

—El ambiente de esta zona es bastante... frío.

—Siempre has sido muy quisquilloso, Morton —tenía gracia que lo dijera ella, precisamente, que era de armas tomar—. ¿Quieres quedarte? Nunca me tomé la molestia de pedir el divorcio, porque di por hecho que estabas muerto. Como estás vivo y coleando, puedes usar el saloncito de la segunda planta para escribir... el de la parte posterior de la casa, donde solías ir a fumar en pipa. Pero la decisión es tuya, no pienso rebajarme a rogarte.

—¿Cómo que rogarme?, ¡si a duras penas me diriges la palabra!

—Tengo que ir superando poco a poco el resentimiento que siento. Si no tienes paciencia para esperar, será mejor que te vayas cuanto antes.

Morton era un verdadero optimista, y ni siquiera había comprado un billete de vuelta. Después de que Elmer le llevara junto con su equipaje a Hudson House, retomó posesión del saloncito de la segunda planta, y le dijo a Myrna que iba a hacer que le enviaran las escasas pertenencias que tenía en su pisito.

Elmer estaba encantado de volver a tener su casa para sí solo, y se puso a limpiarla. Después llamó a June para contarle lo que había pasado, y admitió que su hermana y su cuñado eran las personas más peculiares que había conocido en toda su vida.

—Son todo un espectáculo, hija, aunque espero que Myrna no caiga en la tentación de echarle algo en el té.

Cuando June abrió los ojos adormilada el lunes por la mañana, lo primero que le pasó por la cabeza fue que no recordaba la última vez que había disfrutado de un fin de semana libre... por no hablar de un puente entero, que solían ser los peores en cuanto a urgencias médicas. Como John no la había llamado, supuso que habían sido unos días tranquilos; a lo mejor le había pedido a alguien que le echara una mano, a pesar de que ella le había asegurado que estaba a su entera disposición y que la llamara si la necesitaba.

Lo cierto era que se sentía mejor que nunca. La semana anterior sólo había trabajado tres tardes, y Jessie había aligerado aún más su volumen de trabajo al asignarle menos pacientes; al parecer, la clínica funcionaba perfectamente bien sin ella.

Soltó un suspiro, y sacó las piernas por el borde de la cama. El tiempo libre le había ido de maravilla, e incluso había ido a comprar cosas de cara a la llegada del bebé... pintura, papel para la pared, y una escalera para que Jim la usara mientras decoraba la habitación del niño. También había logrado leerse las dos novelas que había dejado aparcadas durante meses, había aprovechado para disfrutar de su afición a la cocina, había pasado largos ratos con su familia, y Jim y ella disfrutaban de largas veladas y habían ido entrando en una rutina de lo más hogareña.

Sí, no había duda de que el tiempo libre le había sentado bien, pero tampoco había que excederse. Aquél era su pueblo, se trataba de su clínica y sus pacientes.

Fue a la cocina, y se asomó para echarle un vistazo a la sala de estar. Jim estaba sentado junto a la chimenea con una humeante taza de café al lado, el periódico en el regazo, y una mano colgando por el lateral del sillón para acariciar a la traidora de Sadie, que permanecía junto a él como si tuviera miedo de que se le pudiera escapar. Se dijo por enésima vez que aquello no podía estar sucediendo, que no era real... pero lo era, Jim estaba allí y se mostraba sereno y afectuoso en todo momento. Ella tenía una vida complicada, vivía en un pueblo lleno de peculiaridades, pero él se había integrado y lo había aceptado todo con una naturalidad pasmosa. No se sentía intimidado por los rigores del embarazo, ni por la ligera ansiedad que mostraba su padre en cuanto al tema de la boda, ni por las excentricidades de tía Myrna y tío Morton.

Había pasado muchos años convencida de que había perdido su única posibilidad de casarse y formar una familia porque había dejado que Chris se le escapara, sin saber que en realidad estaba a la espera de conocer a Jim, que estaba reservándose para compartir su vida con él. Se preguntó si, de haber sabido de antemano lo que iba a pasar y le hubieran dado la oportunidad de elegir, habría tenido la fuerza y la sensatez de esperar.

Al verla acercarse, Jim dejó caer el periódico al suelo para que se sentara en su regazo; cuando ella se acurrucó contra su cuerpo y le rodeó el cuello con un brazo, gruñó como un oso y la acarició con la nariz y los labios.

—Peso una tonelada —no parecía demasiado contrita.

—Eres un pedazo de mujer, pero aún no eres demasiado para mí.

—¿Cómo puedes ser tan bueno? —le preguntó, maravillada.

—Es por la gente con la que me junto. ¿Qué tienes pensado hacer hoy?

—Voy a ir a trabajar, les guste o no, y así podrás aprovechar para pintar y empapelar tranquilo la habitación del niño.

Él empezó a acariciarle el vientre, y le preguntó:

—¿Tengo que hacerlo hoy?

—No, ¿por qué?

—Sólo quiero asegurarme de que no vas a ponerte hecha una furia si la habitación aún no está terminada cuando llegues a casa.

—Hazlo a tu ritmo, pero asegúrate de que no huela a pintura ni a cola para cuando nazca el niño.

—A la orden, ricura.

Todos se sorprendieron al ver llegar a June a la clínica, y comentaron el buen aspecto que tenía.

—Creía que sólo ibas a trabajar unas cuantas tardes por semana —le dijo Jessie.

—¡Estás fantástica, seguro que te sientes mejor que nunca! Aquí hay gente de sobra, puedes tomarte la mañana libre si quieres —comentó Susan.

—Apenas tengo trabajo en casa desde que Morton se mudó a casa de tu tía —apostilló su padre.

El último en meter baza fue John:

—¿No crees que deberías entretenerte con algo más relajante y menos cansado?

June acabó por programar una reunión para aquel mismo mediodía. Quizás habían tenido razón al obligarla a tomarse algo de tiempo libre, porque volvía a ser la de siempre y se sentía con fuerzas y determinación renovadas.

Cuando su padre, John, Susan y Jessie llegaron a su despacho a la hora señalada y esperaron de pie a que tomara la palabra, entrelazó las manos encima de la mesa y los miró uno a uno antes de empezar a hablar.

—Sois los mejores, los mejores de verdad. Teníais razón, necesitaba un descanso, aunque sólo fuera para poder asimilar la idea de que estoy embarazada y tengo pareja. Estos días me han servido, entre otras cosas, para conocer mejor a Jim, pero ahora que sé que podemos organizarnos sin problemas en caso de que necesite tomarme tiempo libre por razones médicas o personales, me gustaría que permitierais que volviera a incorporarme a la rutina normal de la clínica, y que dejarais de confabularos y tramar para mantenerme alejada. A veces estoy un poco sensible, y si pienso que no se me necesita...

—¡No se trata de eso!

—Nada más lejos...

—¡No es más que una solución temporal!

—Esto no es lo mismo sin...

Todos protestaron al mismo tiempo, pero June oyó todos y cada uno de los comentarios. Alzó las manos para pedir silencio, y añadió:

—Ya sé que lo hacéis de buena fe, pero me gustaría seguir atendiendo a los pacientes mientras pueda, y repartir las horas de guardia con John, y echar una mano antes de que los Stone vuelvan a andar a la greña.

A juzgar por la sonrisa de Susan, era obvio que su relación con John iba como la seda.

—No te preocupes, June —le dio una palmadita en el trasero a su marido, que no se lo esperaba y dio un pequeño respingo.

—Anda, parejita, aprovechad para ir a comer. Jessie, encárgate de planificar unos turnos más equitativos; por cierto, ¿no estabas estudiando para los exámenes finales?

—Sí, pero lo llevo bien. No te preocupes por eso.

—Quiero que saques sobresalientes, así que tú misma.

June esbozó una sonrisa al verlos salir del despacho y empezó a rellenar un formulario, pero alzó la mirada al oír el carraspeo de su padre.

—¿Qué pasa, papá?

—Ya es hora de que tú y yo tengamos una pequeña charla, me parece que he sido muy paciente.

—¿De qué se trata? —le preguntó, aunque lo sabía de sobra.

—De tu matrimonio. ¿Has hablado del tema con el padre de mi nieto?

—Claro que sí.

—¿Y...?

—La verdad es que nos va muy bien tal y como estamos.

—¿Qué idiotez es ésa?

Era obvio que estaba intentando aparentar calma, pero su voz reflejaba un creciente enfado. Estaba claro que quería que se casaran, y punto.

—Siéntate, papá —cuando él obedeció de mala gana, añadió—: No quiero llevarte la contraria, ni hacerte daño, ni causarte bochorno de cara a los demás, pero tanto Jim como yo somos muy independientes. Soy consciente de mis limitaciones, y como él tiene los mismos derechos como padre que yo como madre, criaremos a nuestro hijo entre los dos, así que en ese sentido no hay ningún problema. Lo que pasa es que no estamos listos para asumir un compromiso para toda la vida; a pesar de que estoy embarazada, la verdad es que ahora estamos empezando a conocernos, y... en fin, queremos disfrutar de ese proceso. ¿Lo entiendes?

Él la contempló durante un largo momento por encima de la montura de las gafas, sus espesas cejas subieron y bajaron varias veces, y la calva se le puso de color rosado; a juzgar por la expresión de su rostro, no estaba dispuesto a mostrarse comprensivo, y al final se limitó a comentar:

—No dices más que estupideces.

Los días fueron acortándose con la llegada de diciembre, y el río fue creciendo debido a las lluvias constantes. George y Sam pasaban mucho tiempo pendientes de su evolución detrás de la cafetería, y a lo mejor ésa era una de las razones por las que tanta gente iba a comer últimamente allí.

Todo el mundo estaba alerta en invierno y en primavera, por si el río Windle se desbordaba; de hecho, era algo que pasaba casi cada año más al sur, en el río Russian. Aguas torrenciales barrían de improviso carreteras y barrancos, y se llevaban por delante vidas y vienes materiales en toda California. En aquella época invernal estaban teniendo muchos días más calurosos de lo habitual, y debido a eso la nieve de las cumbres montañosas se derretía, empezaba a descender hacia los valles, y volvía a congelarse, con lo que el riesgo de inundaciones era muy alto.

Frank Craven iba a clase por la mañana para poder trabajar por la tarde, y en ese momento estaba bastante taciturno y bajo de moral debido a una suma de factores: el mal tiempo, la época del año que era, y el agotamiento acumulado. Mientras lavaba platos, barría suelos, sacaba la basura y empezaba a hacer sus primeros pinitos en la cocina preparando cosas sencillas, no podía dejar de pensar en la última sesión de terapia que había tenido con Jerry Powell... la individualizada, no la del grupo de control de la agresividad.

—¿Hablas con algún familiar o con algún amigo cuando te enfadas así?

Él había esbozado una sonrisa burlona antes de contestar:

—No tengo amigos, tú deberías saberlo.

—¿Cómo voy a saberlo?

—¿Por qué demonios estoy aquí?, ¡pues porque me meto en peleas! Y me meto en peleas porque mi padre nos trató a palos durante toda su vida, hasta que mi madre se lo cargó. ¿Crees que hay alguien en Grace Valley dispuesto a juntarse conmigo?

—No lo sé. Puede que no se trate de tu historial, sino de tu actitud. A lo mejor la gente mantiene las distancias por tu agresividad.

En ese momento, mientras barría por detrás de los fogones y la parrilla, se dijo que sí, que era mejor que los demás mantuvieran las distancias, que si le dejaban en paz no corrían el riesgo de hacerse daño.

Las sombras iban alargándose en el exterior de la cafetería, y casi todo el mundo se había ido ya a sus respectivos hogares; después de pasarse todo el día trabajando de camarera, su madre se iba a casa para estar con los peques antes de que anocheciera. Cuando llovía y hacía frío, George se encargaba de llevarle a él en coche, pero cuando hacía buen tiempo, solía recoger un poco antes y recorría los ocho kilómetros que había desde allí hasta casa en bicicleta.

La cafetería no tenía un horario fijo; en cierto modo, estaba supeditada a las necesidades del pueblo. Después de asegurarse de que no quedara nadie por servir, George comprobaba que las luces estuvieran apagadas tanto en la clínica como en la iglesia y la comisaría, y entonces cerraba. Si había una asamblea popular, una feria, o algún partido importante, preparaba más comida, encendía la cafetera, y tenía abierto, porque era el único sitio donde ir a comer en todo el pueblo.

En verano tenía abierto hasta más tarde, y en invierno, cuando la oscuridad, el frío y la lluvia hacían que la gente se refugiara en la calidez del hogar, cerraba y se iba a casa a menos de que le necesitaran. Tom, June y John Stone tenían llaves del local por si necesitaban algo, como cubitos de hielo en alguna emergencia.

En ese momento sólo había dos personas en la cafetería además de George y Frank, y estaban a punto de marcharse. Sam y Harry Shipton habían ido a cenar, y ya estaban terminando cuando George se acercó y les sirvió una segunda taza de café.

Frank sacó la bolsa de basura del compactador más grande, y la sacó a rastras por la puerta trasera. Oyó un maullido agudo y fuerte, y le extrañó que dos gatos estuvieran peleándose a la intemperie con el mal tiempo que hacía. Cuando se oyó de nuevo el sonido y se dio cuenta de que se parecía más al grito de una mujer que a un maullido, miró a su alrededor, pero el rugido del río le impedía oír con claridad.

Justo cuando estaba abriendo la puerta para volver a entrar en la cafetería, volvió a oír algo, pero en esa ocasión alcanzó a oír con claridad a alguien gritando y a niños berreando. Soltó la puerta y echó a correr, pasó junto a la iglesia como una exhalación y dobló la esquina. Ni siquiera se planteó lo que estaba haciendo, toda su atención estaba centrada en encontrar el foco de aquellos gritos. Sus pies impactaban con tanta fuerza contra los charcos, que el agua le salpicaba los vaqueros hasta la altura de los muslos, pero aceleró aún más mientras seguía oyendo aquel sonido... un sonido con el que estaba muy familiarizado.

Dos calles, tres... y fue entonces cuando vio a Jurea Mull y a su hijo, que estaban aporreando a gritos la puerta cerrada de una casa. Justo delante estaba aparcada aquella furgoneta vieja que había visto en la gasolinera de Sam, la del tipo que decían que había robado a George. Había regresado al pueblo, y estaba claro que estaba armando jaleo en la casa donde Sam había alojado a su mujer y a sus hijos.

El corazón le martilleaba en el pecho. Le pasaron por la mente todas las palizas que había vivido y recordó que a su padre, cuando estaba borracho, le daba igual lo pequeño que fuera un niño. Su madre había sufrido la peor parte durante todos aquellos años, porque siempre había intentado protegerles a sus hermanos y a él.

Regresó a la cafetería a tal velocidad, que podría haber establecido un nuevo récord. Estampó la puerta contra la pared al abrirla de golpe, entró como una exhalación, y les gritó a George y a los demás:

—¡Ha vuelto! ¡Ha vuelto, y me parece que está pegándole a su familia! —agarró lo primero que pilló a mano, que resultó ser un paraguas largo, y se fue de nuevo.

Al oír pasos a su espalda mientras corría, supo que los demás le seguían para ayudar. Cuando llegó a la casa, le gritó a Jurea:

—¡Apártate, voy a echarla abajo de una patada!

—¡No! ¡Hay niños dentro, podrían estar cerca de la puerta!

No se había dado cuenta de que Clinton no estaba allí hasta que le vio regresar en ese instante con una palanca. El muchacho subió cojeando los escalones del porche, y sin mediar palabra, puso la palanca en el ancho contrachapado que cubría la ventana; después de aflojar varios clavos, arrancó la madera de un tirón y pudieron ver a través de la ventana lo que estaba pasando dentro de la casa.

A Frank le pasó algo extraño en ese momento: su mente empezó a mezclar lo que era real y lo que no. Al principio vio al enclenque de Conrad, vestido con pantalones holgados y zapatos de suela gruesa, a su esposa acorralada contra la pared, y a las dos niñas encogidas en la esquina opuesta... pero de repente vio a su propio padre dándole una paliza a su madre, y las niñas se convirtieron en cinco críos rubios que temblaban de miedo y miraban aterrados a Gus Craven. La escena volvió a cambiar, y en esa ocasión se vio a sí mismo golpeando a una mujer mientras los niños lloraban y se abrazaban los unos a los otros.

Estaba como petrificado, miró impotente a través de aquella ventana como si fuera una pantalla de cine en la que se veían a la vez el pasado, el presente y el futuro.

Mientras seguía allí plantado, sin llegar a asimilar lo que estaba viendo, Sam y Clinton entraron por la ventana y separaron a Conrad de su mujer a la fuerza. A Frank no le extrañó oír que Conrad gritaba que no se metieran en sus asuntos, que aquélla era su mujer; al fin y al cabo, él mismo había oído aquellas mismas palabras infinidad de veces durante toda su vida, cuando Tom Toopeek y sus ayudantes se llevaban a rastras al viejo Gus.

Erline tenía el rostro ensangrentado, y fue corriendo hacia sus hijas para intentar tranquilizarlas... esa reacción también era idéntica, ¿acaso era el único guión posible para los maltratadores y sus familias? Cuando oyó el familiar sonido de una sirena, las realidades se entremezclaron de nuevo y le dio miedo que vinieran a llevarse a su papá... pero entonces le dio miedo que no vinieran a llevárselo... y de repente supo con total certeza que venían a por él.

Sintió el contacto de una mano callosa pero llena de calidez en el rostro, y se dio cuenta de que Jurea le estaba secando las lágrimas que le caían por las mejillas.

—Tranquilízate, hijo, ya ha pasado todo. Erline no está malherida, las niñas y el bebé están bien, y la policía ya...

Frank se dejó arrastrar por el pánico, y huyó de allí a la carrera.

Ricky paró enfrente de la casa, y al bajar del coche vio a Frank Craven alejándose corriendo; justo cuando estaba a punto de ir tras él, Sam le gritó desde el porche:

—¡Aquí, Ricky!

Al entrar en la casa vio a Clinton, un muchacho corpulento y más que capaz a pesar de que llevaba una pierna ortopédica, sentado encima de Conrad, que estaba forcejeando en vano. Sam estaba agachado junto a Erline, intentando evaluar el alcance de sus heridas, y Harry tenía al bebé en brazos y estaba meciéndole para tranquilizarle.

Se acercó a Clinton, y después de indicarle que se levantara y de esposar a Conrad, le preguntó:

—¿Qué le pasa a Frank Craven?

—No lo sé, ha sido él quien ha traído ayuda. Mamá y yo hemos oído que llegaba esa vieja furgoneta, y después los gritos de Erline pidiendo auxilio.

—Ese muchacho estaba llorando, creo que se ha llevado un susto de muerte —apostilló Jurea.

Ricky tiró de Conrad para que se pusiera de pie. No sabía lo que había llegado a ver Frank, pero, en cualquier caso, había visto demasiado.

—Creo que hay que llevar a esta joven al hospital —comentó Sam.

—No hace falta, no me ha hecho demasiado daño —Erline miró a Ricky. Tenía un lado del labio tan hinchado, que tenía el triple de su tamaño normal, y le sangraba la nariz—. Seguro que parece peor de lo que es.

Ricky la miró ceñudo. Era el único hijo de Corsica Ríos, que primero había huido junto con él de un matrimonio marcado por la violencia y había buscado ayuda en un refugio para mujeres maltratadas, y después había obtenido la titulación de asistente social para poder ayudar a mujeres que estuvieran pasando por la misma situación.

—Dame un minuto para que lleve a este tipo al coche, y enseguida nos ocupamos de Erline —le dijo a Sam.

Agarró las esposas por la cadena intermedia, tiró hacia arriba para ejercer presión en los hombros de Conrad, y lo condujo hacia la puerta principal. Calculó un poco mal, y al ver que Conrad estaba a punto de golpearse la cabeza contra el marco de la puerta, tiró de él hacia atrás para evitar que se diera.

—¡Lo has hecho aposta, hijo de puta! —le gritó el joven.

—Sería más fácil si dejaras de resistirte. Venga, vamos a intentarlo otra vez —le empujó hacia fuera, y Conrad se puso a gritar al darse un sonoro golpe—. Vaya, qué torpe estoy hoy —le sacó de la casa con un firme empujón, y añadió—: No sabes cuánto lo siento.

Conrad no vio el escalón del porche, tropezó y cayó de cara. Cuando rodó hasta quedar de espaldas y le fulminó con la mirada, Ricky se encogió de hombros y le dijo con actitud indiferente:

—Ha sido un accidente, tío.

Le puso de pie sin contemplaciones, y justo cuando estaba metiéndole en el asiento trasero del coche patrulla, George se acercó por la calle medio corriendo y medio andando. Era un tipo con un barrigón considerable, y la verdad era que no estaba en tan buena forma como Sam.

—Hola, George. ¿Frank ha vuelto a la cafetería? —acabó de meter a Conrad en el coche, y cerró con un sonoro portazo.

—No, he cerrado con llave. ¿No está aquí?

—Se fue corriendo despavorido, ¿sabes dónde puede estar?

—Ni idea. Voy a echar un vistazo por si le veo, y llamaré a Leah para ver si se ha ido a su casa. ¿Por qué se habrá ido corriendo?

—Puede que le haya afectado bastante lo que ha visto... una mujer con hijos recibiendo una paliza... ha vivido experiencias similares desde pequeño.

—Pobrecillo. ¿Vas a arrestar a este malnacido?

—Claro que sí, considéralo hecho.

—¿Vas a enchironarle por lo del robo en la cafetería? —le preguntó, mientras iban hacia la casa.

Ricky se detuvo en seco al oírle decir aquello, y comentó:

—¿A qué viene lo de «enchironarle»? Has estado viendo otra vez *Policías de Nueva York*, ¿verdad?

George se ruborizó un poco, y comentó:

—Seguro que fue él quien entró a robar.

—Sí, es lo más probable.

Las heridas de Erline no parecían demasiado graves, pero como era mejor asegurarse, Ricky decidió que había que llevarla a Urgencias para que la examinaran bien. Acordaron que Sam se encargaría de llevarla, y que Jurea se quedaría con las niñas y el bebé.

—Conrad quería dinero. Le he dicho que no tengo nada, pero no se lo ha creído —comentó Erline, mientras salían de la casa.

—Pero le has dejado entrar —le dijo Ricky.

—No creí que fuera a hacerme daño.

—No es la primera vez que te pega, ¿verdad?

—No.

—Entonces, ¿por qué has pensado que hoy sería diferente?

—No sé, supongo que porque he sido más tonta que de costumbre.

Mientras Frank corría y corría, en su mente se sucedían escenas de palizas... las que había sufrido, las que había dado. Las lágrimas le corrían por las mejillas mientras los rostros de víctima y agresor iban alternando.

Se vio a sí mismo como el niño que se encogía ante la brutalidad de su padre, se vio pegándole a un crío que había dicho algo que le había cabreado en la parada del autobús, vio a su madre intentando protegerse en vano de los puños de Gus Craven, se vio a sí mismo dándole una bofetada a su novia.

En su interior había un demonio que había heredado de su padre.

Siguió corriendo por la calle principal, pasó de largo junto a la cafetería y la comisaría, y dobló una esquina. Corría por su vida, y estaba aterrorizado.

La luz tenue que brillaba en la casita amarilla de Jerry Powell, su consejero, no le resultó nada reconfortante; de hecho, daba la impresión de que no había nadie. Había un camino que conducía a la puerta lateral del despacho donde Jerry atendía a sus clientes, pero él se dirigió a la puerta principal y empezó a aporrearla.

Pasó un largo momento, pero al final empezaron a encenderse luces en el interior de la casa, y Jerry se quedó asombrado al abrir la puerta y verle.

—Frank...

—¡Dios, he visto algo horrible! ¡Tienes que sacarme de esto!

Jerry le llevó con calma y sin prisa alrededor de la casa, hasta la puerta lateral del despacho. Intentaba mantener su vida personal separada de la profesional, y aunque no le importaba que sus clientes fueran a su casa, siempre los llevaba al despacho, porque era allí donde trabajaba. Era una forma de evitar que lo que oía durante la jornada de trabajo le provocara pesadillas.

Se sentaron en dos sillas, cara a cara, y después de explicarle que había oído gritos y había corrido a buscar ayuda para liberar a la joven de su marido maltratador, Frank describió cómo había perdido la noción de la realidad, cómo habían ido entremezclándose lo que estaba viendo con escenas en las que su padre y él eran los agresores, cómo se había visto a sí mismo convertido en su padre.

—¿Estoy perdiendo la cordura, Jerry?

—No, estás recobrándola.

Pasaron mucho rato analizando el hecho de que aquella reacción era el punto de inflexión que Frank necesitaba; después de presenciar el ciclo completo del maltrato y entenderlo a nivel emocional, era más que posible que pudiera superar sus problemas de agresividad. Uno de los efectos a largo plazo de los maltratos que había vivido desde niño era la incapacidad de lidiar con la rabia.

—Y eso significa que no puedo controlarla —dijo, con tono derrotista.

—No, Frank. Significa que no podrás controlarla hasta que entiendas que te hace ser vulnerable. Pero ahora que eres consciente de lo que pasa, que entiendes qué clase de vida es la que no quieres tener, eres tan capaz de salir adelante como cualquiera.

Tom fue a comisaría para interrogar junto con Ricky a Conrad, que estaba detenido.

—¿Por qué has vuelto al valle, Conrad?

—Porque aquí está mi mujer.

—No estáis casados —apostilló Ricky.

—Es mi pareja, y también están mis hijos. Bueno, creo que son míos —esbozó una sonrisa de lo más desagradable.

—¿Qué pasa?, ¿has venido a darle una paliza?

—Anda ya...

—Pues entonces no lo entiendo.

—¡He venido a por la pasta que le ha dado el viejo!

Tom y Ricky intercambiaron una mirada antes de volverse de nuevo hacia él.

—¿Erline te dio dinero antes?

—¿Antes de qué?

—La última vez que viniste al pueblo.

—No sé a qué te refieres, acabo de llegar hoy. La he cuidado durante años y le he dado toda la pasta que tenía, me merezco que me dé unos cuantos...

—Nos referimos a la última vez que viniste al pueblo, Conrad.

—¿Qué última vez ni qué hostias? ¡Te estoy diciendo que he llegado hoy!, ¿de qué estás hablando?

—Creemos que viniste hace unas cuantas semanas.

La expresión de Conrad cambió de golpe, y esbozó una sonrisa ladina. A pesar de los años que había pasado intentando acabar con todas sus neuronas, aún no estaba idiotizado del todo, y se dio cuenta del cariz que estaba tomando la conversación. Era obvio que en el pueblo había pasado algo, que había habido algún crimen, y estaban intentando atribuírselo a él. Se echó a reír con tantas ganas, que tuvo que sujetarse los costados.

—Me gustaría saber qué te hace tanta gracia —le dijo Tom.

—¡Vosotros! Si creéis que vais a endosarme algo, la habéis cagado, porque he estado en la cárcel. ¡He estado casi tres semanas encerrado!

Harry vio desde la rectoría a George, que en ese momento estaba entrando en la cafetería. No había podido conciliar el sueño en toda la noche, y como no tenía nada para comer, durante todas aquellas horas que había pasado en vela le había atormentado un hambre voraz. Esperó unos minutos para asegurarse de que George tuviera tiempo de encender la cafetera, y entonces salió de la rectoría.

—Buenos días, George. ¿Llego demasiado temprano?

—¡Claro que no, pasa! estaba preparándome el desayuno, ¿te apetecen unos huevos revueltos?

—Sí, estoy hambriento —se sentó en uno de los taburetes de la barra, y añadió—: No he pegado ojo en toda la noche, no podía quitarme a Erline de la cabeza.

—Anoche llamé a Sam, y me dijo que ella ya estaba en casa.

—Gracias a Dios... pero me preocupa que ese tal Conrad pueda volver y atacarla de nuevo.

George le sirvió una taza de café, y comentó:

—Me parece que va a pasar una buena temporada en la cárcel.

Harry se limitó a encogerse de hombros y a fijar la mirada en su taza, y George tomó un trago de café y fue a echarle un vistazo al desayuno. Las tostadas estuvieron listas justo cuando acababa de poner el beicon y los huevos en los platos, y en cuestión de segundos lo colocó todo en la barra y comentó:

—Además, apuesto a que fue él quien me robó.

—¿Ah, sí?

—¿Quién si no?

—Claro —Harry empezó a untar una tostada con mantequilla—. A lo mejor fue alguien que estaba muy necesitado.

George empezó a desayunar, y comentó:

—Lo que me molestó no fue perder el dinero, porque la cantidad era muy pequeña. Si alguien hubiera venido a pedirme doscientos dólares, se los habría prestado sin pensármelo dos veces... bueno, exceptuando a Conrad, aunque si me hubiera prometido que iba a usarlos para alimentar a su familia y me los hubiera pedido con educación, lo más seguro es que hubiera acabado dándoselos —troceó los huevos con el tenedor, y mojó una tostada en la yema; después de darle un buen bocado, añadió—: Lo que pasa es que habría estado dispuesto a darle prácticamente a cualquiera un préstamo, una comida, o un trabajo. Abro la cafetería temprano, cierro tarde, y procuro cuidar de la gente, ¿qué necesidad había de forzar la jodida puerta? Además del dinero en metálico que se llevaron, están la pérdida de tiempo y el coste de las reparaciones.

La campanilla de la puerta tintineó en ese momento, y Leah sacudió el impermeable hacia fuera antes de entrar.

—Buenos días a los dos.

—Hola, Leah. ¿Cómo ha amanecido Frank?

—Está bien, George. Le afectó bastante ver a ese tipo golpeando a su mujer —dejó a un lado el impermeable, y agarró una taza de café—. Lo que pasó le recordó a su padre, y se llevó un buen susto. Le cuesta controlar su genio, y le aterra pensar que es inevitable que acabe siendo tan agresivo como Gus... que Dios le tenga en su gloria, y me perdone.

Harry esbozó una sonrisa llena de comprensión, y posó la mano sobre la suya antes de decirle con voz suave:

—El Señor te concedió su perdón cuando se lo rogaste. Te veo muy preocupada por Frank, así que rezaré mucho por él.

—Muy pocos pastores tratarían con tanta naturalidad a una mujer que estuvo acusada de asesinar a su marido, Harry.

—Nadie es perfecto.

Mientras se comía el desayuno (por el que no iba a ofrecerse a pagar, y que George no iba a intentar cobrarle), Harry se sintió al límite de sus fuerzas. Se preguntó por cuánto tiempo más iba a soportar la carga de saber que estaba fallándoles a los habitantes de aquel pueblo, que no tenían ni idea de que no estaba siendo honesto con ellos. Era consciente de que no se merecía su respeto, pero se lo daban sin dudarlo ni un segundo. En ese momento tenía delante a una buena mujer que había matado en defensa propia y de sus hijos, y que se sentía contrita y avergonzada ante él, cuando en realidad era él quien no se merecía su afecto.

—Estás muy callado esta mañana, Harry —comentó George—. Supongo que sigues preocupado por ese pariente tuyo que está enfermo.

—Sí —bajó la mirada hacia su taza, y empezó a remover el café con la cucharilla.

—¿Seguro que no hay nada que pueda hacer para ayudarte?

—Me temo que no —intentó mantener la boca cerrada, pero fue incapaz de contenerse—. Es que me cuesta un dineral ir a San Francisco tan a menudo...

—Sí, y encima tienes un sueldo fijo —George se sacó dos billetes de veinte del bolsillo, y los dejó encima de la barra—. Acabarás saliendo de esta mala racha, ya lo verás.

Harry intentó resistirse, pero al final acabó aceptando el dinero.

Tom Toopeek fue el siguiente en llegar, aunque ni siquiera había amanecido.

–Buenos días. Oye, Sam, no creo que te alegre demasiado saber que no fue Conrad Davis quien te robó.

–¿No?

–Resulta que estaba en la cárcel del condado de Humboldt, acusado de posesión ilícita de droga. Como no pudo pagar la fianza, estuvo encerrado unas tres semanas, pero se quedaron sin espacio porque hubo bastantes detenciones, y al final decidieron soltarle por buena conducta. Estaba en la cárcel cuando te robaron.

George se rascó la cabeza, y comentó:

–Pues entonces, no tengo ni idea de quién pudo ser.

–Las montañas que hay al este del pueblo están plagadas de productores de marihuana –dijo Harry.

–Sí, pero no creo que a ninguno de ellos le diera por venir a robar dinero a la cafetería.

–¿Por qué no?

–Pues porque no les falta dinero. Ganan mucha pasta, y no les interesa llamar la atención. Por esa zona también hay montañeros y vagabundos, pero sería más probable que hubieran entrado a por comida.

Tom miró a su alrededor como si estuviera buscando alguna pista nueva, y comentó:

–Los clientes habituales son los únicos que saben que George deja unos doscientos dólares en la caja por las noches.

–Eso sí que sería un mazazo. Si es alguno de mis clientes habituales, es un amigo.

–Dios del Cielo –dijo Harry.

Nancy Forrest miró por la ventana de la cocina, y vio la camioneta de Jim a un lado del garaje exterior. El coche de Chris aún seguía aparcado justo delante, así que estaba claro que no pensaba ir a trabajar, y como era algo cada vez más frecuente, ella empezaba a preguntarse si aún conservaba su empleo.

En Grace Valley todo el mundo parecía estar enterado de los asuntos ajenos, pero había una cosa en concreto que nadie sabía: Chris no era una persona dada a trabajar duro. Cuando encontraba un empleo, nunca conseguía ganar demasiado dinero, y siempre tenía una excusa: o estaba empezando, o la economía estaba por los suelos, o acababa de trasladarse... la realidad pura y dura era que tenía muy pocos puntos fuertes y muchos débiles.

Durante todos los años que habían estado viviendo en San Diego, había sido ella el pilar principal de la familia. Había ido ascendiendo de secretaria a asistente de administración, a las órdenes del vicepresidente de una agencia de valores, y tenía un salario y unos pluses envidiables.

Chris, por su parte, era un agente de seguros independiente con un pequeño despacho de barrio, y contaba con unos cuantos clientes fijos y con alguno que otro nuevo que decidía entrar al pasar por la calle y ver el letrero. Tenía un horario flexible y reducido, porque le gustaba jugar al tenis, al golf y perder el tiempo en general. No le había descubierto ninguna aventura extramatrimonial, pero sí que le había pillado flirteando un poco varias veces; y por si fuera poco, tenía tendencia a ir revoloteando de una tarea a otra sin hacer nada en concreto.

Cuando se habían separado meses atrás y Chris había regresado a Grace Valley, un agente de seguros independiente de Rockport le había ofrecido un rincón en su despacho, e incluso había tenido el detalle de dejárselo muy barato durante los primeros seis meses para darle tiempo a que se asentara y buscara clientes. Pero Chris apenas había encontrado clientes, como siempre, y como el alquiler había subido y ella había tenido que mudarse a Grace Valley para cuidar a los niños tras el accidente, en ese momento estaban a punto de quedarse sin ahorros.

Pero a pesar de todo eso, Chris estaba en el garaje en vez de intentando encontrar trabajo, construyendo una especie de mesa para Greg Silva, un viejo amigo de la infancia. También estaba ayudando a Jim a construir una cuna para darle una sorpresa a June, y precisamente por eso ella no podía ir a desahogarse con su amiga.

Volver a sentirse parte de una comunidad la hacía sentirse optimista, le daba esperanzas de poder volver a integrarse en aquel lugar, pero no podían vivir sin dinero y Chris no parecía tener prisa por encontrar un buen empleo. Ella había pedido una baja temporal en su trabajo de San Diego, para poder seguir disfrutando de los pluses y mantener abierta la opción de retomar su puesto, porque en Grace Valley no había trabajo para una administrativa.

Por mucho que le doliera, lo más probable era que tuviera que regresar a San Diego con los niños en cuanto estuvieran en condiciones de viajar.

Chris no tenía toda la culpa de lo que pasaba. No era un vago, pero padecía dislexia y le costaba lidiar con el papeleo; además, había tenido una educación con muchos altibajos, y no tenía ninguna especialización concreta. Se frustraba con facilidad, y en vez de enfadarse por ello, pasaba a otra tarea y perdía interés.

Pero había una cosa por la que Chris siempre había mantenido interés (dejando aparte la jardinería y el deporte, claro): la carpintería. No era un genio a la hora de aportar un sueldo estable, pero se le daban de maravilla las tareas de mantenimiento de la casa, y a pesar de que jamás se había esmerado por imponerles disciplina a los niños, a raíz del accidente pasaba muchos ratos haciéndoles compañía y viendo con ellos partidos de fútbol por la tele.

El problema radicaba en que tenían que comer.

Después de llenar dos tazas de café bien caliente, les dijo a los gemelos que enseguida volvía y salió por la puerta trasera hacia el garaje; como tenía las manos ocupadas, llamó con el pie y dijo:

—Soy yo.

El aire del interior del garaje estaba enturbiado por el polvo y el serrín. Chris estaba lijando a conciencia una mesa de pino de unos dos metros y medio y Jim estaba atareado con la cuna de arce, que se mecía con suavidad mientras él le sacaba brillo.

Cuando le dio una taza a cada uno, Chris le dio las gracias con un tono de voz esperanzado, como preguntándole si ya le había perdonado, pero ella miró a Jim y comentó:

—Está quedándote preciosa, ¿seguro que es la primera que haces?

—En mi vida había hecho algo así hasta que empecé a ayudar a Chris con la casa. Me parece que me ha entrado el gusanillo de la construcción y la carpintería.

—¿No piensas ir hoy al despacho, Chris?

—No, quiero ponerle la primera capa de barniz a la mesa. No te preocupes, cariño, Greg me va a pagar trescientos cincuenta dólares por ella.

Nancy esbozó una sonrisa forzada. No hacía falta ser un genio de las matemáticas para darse cuenta de que, aunque a Chris le surgiera un flujo constante de trabajos de carpintería o de reformas de casas, acabarían muriendo de hambre con esos ingresos tan limitados.

—Procuraré no despilfarrarlo —intentó que su voz no reflejara demasiado sarcasmo.

—La cuna estará lista dentro de nada, Nancy, pero me gustaría dejarla aquí si te parece bien. No quiero que June la vea hasta el momento perfecto.

—Claro, ningún problema.

Deslizó la mano por la tersa madera, y recordó que la época de más felicidad junto a Chris había sido mientras esperaban a que nacieran los gemelos. Para entonces llevaban un tiempo de casados, habían sufrido un aborto previo, y habían pasado por algunos altibajos, pero se habían sentido llenos de esperanza y de optimismo cuando los gemelos estaban a punto de nacer.

Hacía mucho tiempo que no se sentía así.

No había parado de llover en todo el día. En la costa del norte de California había habido deslizamientos de tierra y se habían perdido varias casas, pero en Grace Valley sólo estaban empapándose.

Los temporales de lluvia que había en aquella parte del planeta eran como cascadas verticales. Las montañas y los árboles minimizaban el viento, y muy pocos rayos impactaban contra el suelo. En la Costa Este o en Texas, un temporal así sería todo un espectáculo de viento, truenos estruendosos, relámpagos y caos, pero en Grace Valley el agua se limitaba a caer del cielo sin parar y a ir empapando la tierra y llenando ríos, lagunas y barrancos; aun así, el hecho de que no fuera tan impactante no implicaba que careciera de peligrosidad. Cuando el volumen de aguas freáticas llegaba a un punto límite, podían producirse desprendimientos de tierras y riadas. Se corría el riesgo de que las carreteras quedaran anegadas, los puentes se derrumbaran, y los motoristas pudieran quedar atrapados al inundarse las zonas bajas.

Aquel tiempo inclemente redujo al mínimo el número de pacientes de la clínica, y June y Susan aprovecharon para tomarse un descanso. Atravesaron la calle a la carrera, y encontraron en la cafetería a los de siempre: Elmer y Sam (y también a Leah y a George, claro). Elmer estaba comentando que quería ir a ver a Myrna y a Morton, para ver cómo les iba todo. Hudson House estaba en una zona elevada, pero los terrenos seguían siendo un lodazal por culpa del departamento del sheriff.

—Quiero asegurarme de que ninguno de los dos está pensando en sacar el coche, y que la lluvia no está causándoles problemas.

—¿Seguro que no vas para comprobar que Morton no haya vuelto a desaparecer? —le preguntó George.

—Hasta donde yo sé, se llevaban bastante bien.

—Llama a tía Myrna antes de ir para preguntarle si le hace falta algo, papá —le dijo June—. La última vez que hablé con ella, me comentó que les había dicho a las Barstow que no hacía falta que fueran, que se quedaran en casa y no se mojaran. Seguro que nadie se encarga de la compra.

—Buena idea.

George fue el único que vio el coche que circulaba a paso lento por la calle principal y que se detuvo en ese momento delante de la cafetería, pero los demás se giraron para ver qué era lo que le había llamado la atención. Era un BMW bastante nuevo, y lo conducía una mujer que estaba encorvada sobre el volante y que miró a izquierda y derecha antes de seguir calle adelante.

Leah se acercó a una ventana para ver hacia dónde iba, y al cabo de un momento se volvió hacia ellos y les dijo:

—Se ha bajado delante de la iglesia, ¿le suena a alguien ese coche?

—Es la primera vez que lo veo —respondió Sam, que era el que más posibilidades tenía de reconocer un vehículo del valle.

—Ha entrado en la iglesia. A lo mejor viene de parte del presbiterio, para tratar con Harry algún asunto eclesiástico.

Esperaron en silencio, y al final Leah se alejó de la ventana y comentó:

—Sigue dentro, seguro que ha venido a hablar con Harry de algo.

La conversación volvió a centrarse en el tiempo y en el espinoso reencuentro de Myrna y Morton. George preparó chocolate caliente para June y Susan, y poco después la puerta se abrió y la mujer del BMW sacudió el paraguas antes de entrar. Se acercó a pedir un café a la barra, pero no se sentó.

—Siéntese si quiere en alguna mesa, y ahora mismo se lo sirvo —le dijo Leah.

—Gracias —se sentó en una de las mesas de la parte delantera del local, desde donde se veía la iglesia; después de quitarse el abrigo, se colocó bien el grueso cuello de su jersey blanco de cachemira, que enfatizaba el tono negro como el carbón de su pelo.

Leah le sirvió una taza de café y una porción de pastel de manzana, y comentó:

—Al pastel invita la casa. George dice que hoy no va a venir casi nadie por culpa del frío, así que le traigo un trozo para que no se eche a perder.

—Dígale a George que se lo agradezco —le contestó la desconocida, sonriente.

Era una mujer atractiva de unos treinta y cinco años, parecía pulcra y saludable, y la ropa que llevaba era de buena calidad sin llegar a parecer ostentosa. Tomó un trago de café mientras contemplaba la lluvia por la ventana, probó el pastel, se volvió hacia el interior de la cafetería... y se sobresaltó al ver que todas las miradas estaban fijas en ella.

No estaban mirándola con disimulo, sino observándola abiertamente; de hecho, June y Susan se habían girado del todo en sus respectivos taburetes. Al ver que la mujer se miraba el jersey para ver si se había manchado o algo, Elmer carraspeó y todos salieron de su ensimismamiento.

June soltó una pequeña carcajada, y le dijo a la desconocida:

—¡Perdón! Es que todos pertenecemos a la iglesia presbiteriana, y nos ha picado la curiosidad cuando la hemos visto entrar allí.

La mujer esbozó una sonrisa antes de contestar:

—No pasa nada, me crié en un pueblo y estoy acostumbrada a estas cosas. He venido a hablar con el pastor, pero no está en la iglesia.

—¿Viene de parte del presbiterio?

—No, la verdad es que… soy una amiga de Harry, sólo he pasado a saludarle —parecía un poco incómoda, y fijó la mirada en su taza.

June se levantó, se acercó a ella con su taza de chocolate en la mano, y se sentó en su mesa sin pedir permiso.

—¿De dónde viene? —le preguntó, sin andarse por las ramas.

—¿Disculpe?

—Que de dónde viene.

La mujer tenía unos ojos oscuros, muy redondeados, y enmarcados por unas espesas pestañas tan negras como su pelo. El tono marfileño de su piel contrastaba de lleno, y era extraordinariamente bella.

—De Sebastopol. Me llamo Brianna Shipton, soy la exmujer de Harry.

—¡Cielos! —June alargó la mano por encima de la mesa—. Yo soy June Hudson, uno de los médicos del pueblo, y esos de ahí son mi enfermera, Susan, y mi padre, Elmer. Le puede llamar Doc si quiere. También es médico, aunque está medio jubilado. Y él es Sam Cussler, el propietario de la gasolinera por la que ha tenido que pasar al llegar al pueblo —conforme iba haciendo las presentaciones, la persona en cuestión se levantaba y se acercaba a estrecharle la mano a Brianna—. John, el marido de Susan, es otro de los médicos del pueblo. Puede parecer que somos muchos, pero no es así. Mi padre está intentando jubilarse, y yo sólo trabajo media jornada por el embarazo. Eh… en fin, la clínica está ahí enfrente, así que siempre venimos a comer aquí. Ya conoce a Leah, y ése de allí es George —cuando él saludó con la mano, añadió—: No sé dónde está Harry; que yo sepa, apenas cocina, sobre todo con la cafetería tan cerca.

—Harry es muy especial para todos, señora... ¿podemos tutearla? —dijo Susan, antes de sentarse en el banco junto a June.

—Claro que sí. Y a pesar del divorcio, Harry también sigue siendo muy especial para mí.

—Le he oído comentar en alguna ocasión que el divorcio fue amistoso. ¿Sabía que ibas a venir, o querías darle una sorpresa? —le dijo June.

—No le dije que pensaba venir —volvió a fijar la mirada en la taza, y la aferró con ambas manos—. Esperaba encontrarle aquí.

—Ha venido a desayunar y a comer al mediodía —comentó George, desde la parrilla—. Después le he visto marcharse en su vieja ranchera, supongo que ha ido a visitar a alguno de los miembros de la congregación.

—Últimamente ha tenido que ir muy a menudo a San Francisco —apostilló Elmer.

—Sí, dicen que un familiar suyo tiene problemas —Sam deseó poder tragarse aquellas palabras, y se apresuró a añadir—: Espero no haber hablado más de la cuenta, pero ya sabes cómo son los pueblos pequeños. Todo el mundo está demasiado enterado de los asuntos ajenos.

—Sí, ya lo sé. ¿Creéis que regresará esta misma tarde?

Fue Elmer quien contestó.

—Depende de si ha ido otra vez a la zona de la bahía, el trayecto es bastante largo.

—Así que un familiar suyo vive allí, ¿no?

—A lo mejor se refería a ti, Brianna. Sebastopol está cerca de...

—No, hace mucho que no le veo, aunque hablamos por teléfono de vez en cuando. La verdad es que me tiene un poco preocupada, ¿os parece que se comporta como siempre?

Elmer agarró una silla de otra mesa, y se sentó junto a ellas antes de decir:

—La verdad es que nosotros también llevamos un tiempo preocupados por él. Sam y yo jugamos al póquer con él todas las semanas, y... —se calló en seco al ver la expresión de sorpresa que relampagueó en su rostro por un segundo—. Estás ante los mejores amigos de Harry, y sí, a nosotros también nos preocupa.

—¿Habéis notado algo raro en él últimamente?

—Que parece un poco distraído, como tristón...

—¿Ha estado pidiéndole dinero a alguien? Por eso he venido, porque me pidió un préstamo. Debía de estar muy desesperado para pedirme dinero precisamente a mí.

Sam apoyó la cadera en una mesa cercana, y comentó:

—Los predicadores nunca han tenido un buen sueldo.

—Su sueldo no es el problema. No sé si vuestra relación con Harry es muy estrecha, pero no tengo demasiadas opciones. Las carreteras están fatal, y me espera un largo trayecto de vuelta. Prefiero no irme después de que anochezca, porque ha habido inundaciones torrenciales un poco más al sur, pero Harry tiene problemas y alguien tiene que hacer algo.

—¿Qué es lo que pasa? —le preguntó Elmer.

—¿Seguro que no te lo imaginas?, has dicho que juegas al póquer con él.

—La verdad es que casi nunca gana, pero es que mi hermana lleva años ganando casi siempre.

—Acabas de dar en el clavo. Si le tenéis aprecio a Harry, no le prestéis más dinero, porque le hace más mal que bien.

Se miraron los unos a los otros sin acabar de entender la situación, y al final Elmer comentó:

—Apenas jugamos, y en las partidas semanales nos limitamos a apuestas muy bajas.

—Harry no se limita a jugar al póquer —Brianna deslizó el

brazo dentro de la manga, y añadió–: Que yo sepa, en la zona de la bahía no hay ningún pariente suyo, pero lo que sí que hay es un hipódromo –metió el brazo en la otra manga–. Amo muchísimo a Harry, siempre le he amado. Es el hombre más maravilloso que existe sobre la faz de la Tierra, pero tiene un problema: le gustan los juegos de azar, y casi nunca gana.

El local quedó sumido en un silencio sepulcral.

–No sabía qué hacer. Pensé en llamar al presbiterio para avisar que ha recaído, porque ya han tenido que tratar este tema con él con anterioridad, y también me planteé rogarle que buscara ayuda. Me he tomado la tarde libre para venir a verle, pero tengo que volver a casa. Tengo que corregir unos exámenes –parecía tan triste como Harry, resignada... y también enfadada.

–Yo creía que le costaba llegar a fin de mes porque cobra poco, o porque no sabe administrarse. Ni se me pasó por la cabeza que pudiera tener problemas de juego –dijo June.

–Yo creo que en el fondo sospechabais algo, porque os habéis dado cuenta de cómo encajaba todo en cuanto os lo he contado. Sabéis que es verdad, vosotros mismos habéis estado prestándole dinero. Y apuesto a que en las partidas de póquer habéis visto cómo le brillan los ojos cuando se reparten las cartas –se sacó unos cuantos billetes del bolso, y los dejó sobre la mesa–. Lo único que espero es que seáis sus amigos de verdad, y no unos vecinos del pueblo dispuestos a martirizarle –los ojos se le llenaron de lágrimas–. Es el hombre más maravilloso, cariñoso y generoso que he conocido en toda mi vida, lo que pasa es que está empeñado en creer que un día de estos va a ganar a lo grande.

Elmer tuvo que echar la silla hacia atrás para dejarla salir del banco, y tanto Sam como él se pusieron de pie.

–Ha sido un placer conoceros, buena suerte –les dijo ella, con voz suave.

Permanecieron en silencio durante un largo momento, se limitaron a ver cómo abría el paraguas en la puerta y salía a toda prisa hacia su coche, cómo lo ponía en marcha y se marchaba por donde había llegado; al final, fue Elmer quien rompió el silencio.

—Nunca hemos tenido demasiada suerte con los pastores, ¿verdad?

El pastor anterior de Grace Valley había sido un mujeriego impenitente, y al ver que los avisos no servían de nada, mujeres como June y Susan decidieron pararle los pies. Los hombres mayores del pueblo como Elmer, Sam y Judge pensaban que era inofensivo porque sus flirteos les parecían ridículos, pero las mujeres que sufrían sus torpes insinuaciones cada dos por tres se hartaron de aguantar esa falta de respeto, y pusieron fin a la situación mediante una táctica muy efectiva: habían boicoteado la iglesia, y el pastor se había enfadado y se había marchado junto con su familia.

Harry había sido una verdadera bocanada de aire fresco para la gente del pueblo, ya que con su humor y su carácter afable se había integrado a la perfección. Cuando no habían podido seguir celebrando las partidas semanales de póquer en casa de Judge Forrest por la llegada de su hijo y sus nietos, Harry había ofrecido de inmediato la rectoría. Jugaba al póquer con ellos, compartían las risas al igual que las plegarias. Era un hombre divertido y extravertido, y exudaba una maravillosa despreocupación que le restaba seriedad a las cosas y hacía que parecieran más triviales... y aunque ese rasgo tan entrañable era también su mayor problema, todos le querían.

Cuando su vieja ranchera entró en el pueblo horas después de que anocheciera, las luces de la cafetería aún estaban encendidas. Dentro estaban June y Elmer, Sam, Judge y George. Tanto Susan como Leah habían tenido que irse a casa para ocuparse de sus respectivas familias, y se había decidido que, a pesar de que Myrna era una parte integral del grupo, no podían pedirle que bajara al pueblo en una noche de lluvia.

Harry se sentía tan animado, que no pudo resistir las ganas de entrar. Había tenido un buen día, y por una vez había parado cuando iba ganando.

—¿Qué se celebra? —dijo, al entrar sonriente en la cafetería. Se detuvo en seco al ver lo serios que estaban, y les preguntó—: ¿Qué pasa?

—Ven, Harry, tómate una taza de café —le dijo Elmer.

—¿Estabais esperándome?

—Sí, aunque ya estábamos a punto de rendirnos y marcharnos a casa —June estaba conteniendo las lágrimas, y no tenía ni idea de cómo iba a desarrollarse la situación.

Harry empezó a inquietarse al ver que George ponía el cartel de *Cerrado* después de servirle el café.

—Hemos conocido a Brianna —le dijo June, sin andarse por las ramas.

—¿Brianna Shipton? —dijo él, con voz queda. En sus ojos se reflejaba la gravedad de la situación.

Todos asintieron, y June añadió:

—Ha venido a ver si estabas bien, está preocupada por ti.

—¿Ah, sí? —Harry se limitó a tomar un trago de café.

Permanecieron expectantes. Habían tenido tiempo de sobra para discutir el tema, y había salido a la luz el hecho de que todos le habían prestado o incluso regalado dinero. Eran conscientes de que Brianna tenía razón al decir que así sólo habían logrado empeorar la situación, pero quedaba por ver cómo iba a reaccionar él, si iba a negar la realidad.

—Nosotros también llevamos un tiempo bastante preocupados, aunque eso ya lo sabes —siguió diciendo June—. Todos y cada uno de nosotros te hemos preguntado más de una vez qué es lo que te pasa y cómo podemos ayudarte, y queremos volver a hacerlo: ¿cómo podemos ayudarte, Harry?

Él apuró su café, dejó la taza sobre la barra, y se puso de pie; después de meterse las manos en los bolsillos, agachó la mirada y les dijo con solemnidad:

—No podéis hacer nada, depende completamente de mí.

—Me parece que no estás preparado para enfrentarte a esto solo —le dijo Sam—. La vida es dura, y a veces necesitamos a nuestros amigos. A veces...

Harry alzó una mano para indicarle que se callara, y se limitó a decir:

—Siento haber abusado de vuestra amistad, os pido perdón a todos.

—Entonces, ¿es verdad que tienes problemas de juego? —le preguntó Elmer.

—Más bien diría que mi problema es perder —le contestó, con una pequeña sonrisa, antes de dar media vuelta.

Justo antes de que llegara a la puerta, Judge le dijo:

—Aquí estás rodeado de amigos, Harry. ¿No quieres hablar del tema?

Él puso la mano en la puerta y se volvió a mirarlos.

—Sé que tenéis buenas intenciones y os lo agradezco, no sabéis cuánto significa para mí... pero no hay nada de qué hablar, al menos esta noche —fue hacia la iglesia bajo la lluvia con la cabeza gacha y las manos en los bolsillos, y dejó la ranchera en el aparcamiento de la cafetería.

—No me gusta nada que se vaya así, tengo un mal presentimiento —dijo June.

—Todos lo tenemos, hija —le contestó su padre, muy serio.

—Será mejor que nos vayamos a casa, hoy no vamos a solucionar nada —apostilló Sam.

—La verdad es que tendríamos que haberlo dejado para mañana.

—El que cuenta aquí es Harry, papá, nuestro único papel en este drama consiste en decirle que estamos enterados de todo y en preguntarle en qué podemos ayudarle. Lo demás depende de él. Yo creo que, si se es amigo de alguien, se le dice en cuanto te enteras y te ofreces a echar una mano en cuanto puedes —respiró hondo, y añadió—: No sé qué más podríamos haber hecho.

—Hay algo que no puedo quitarme de la cabeza —comentó Sam—. Si Harry nos hubiera dicho que sí, que quería que le ayudáramos... ¿cómo habríamos podido hacerlo?

Todos permanecieron en silencio, porque nadie supo cómo contestar. Estar dispuesto a ayudar no era una respuesta si no se tenía ni idea de lo que había que hacer. Apagaron las luces, y se fueron después de cerrar con llave.

Por la mañana, la ranchera ya no estaba. Cuando George abrió la cafetería, encontró un sobre lleno de billetes en el buzón, junto con un listado de lo que cada uno le había prestado a Harry y una nota: *Siento haberos fallado a todos, estaréis mejor sin mí. Harry.*

Cuando se supo en el pueblo que Harry se había marchado, todo el mundo sintió una profunda tristeza y una enorme sensación de pérdida. Se habló de sus problemas, pero con comprensión y a veces incluso empatía. Los diáconos se encargaron de llevar la iglesia, recoger el diezmo y pagar las facturas, y los miembros de la congregación fueron turnándose a la hora de leer las escrituras, elegir himnos y pronunciar cortos discursos, pero nadie llamó al sínodo. Nadie quería que les asignaran un nuevo pastor, ya que así se desvanecería la posibilidad de que Harry, que parecía sentirse perdido en ese momento, pudiera encontrar el camino de vuelta a casa. No fue una decisión tomada por consenso, sino una acción colectiva que había surgido de forma espontánea.

Durante el desayuno, la comida y la cena, se oían innumerables veces preguntas como «¿Alguien sabe algo de Harry?», o «¿Alguien ha visto al pastor?», y tras las inevitables respuestas negativas, se hacían conjeturas sobre dónde podría estar y qué podría estar haciendo.

Había dos personas que ocultaban algo y una de ellas era June, que había localizado y llamado de inmediato a Brianna Shipton. No le había resultado difícil encontrarla en la preciosa ciudad de Sebastopol, y cuando la mujer le había dicho que no sabía nada de Harry, ella le había contado lo que habían hecho.

—Nos sentimos obligados a hablar con él; después de enterarnos de lo que pasaba, no podíamos...

—Fingir que no lo sabíais. Sí, lo entiendo.

—¿Tienes idea de adónde puede haber ido?

—Sería fácil si acostumbrara a ceñirse a un hipódromo en concreto, pero la verdad es que prefería las carreras exteriores, las partidas de dados privadas donde se suelen apostar grandes cantidades, y últimamente las apuestas por Internet y la compraventa diaria. Podría estar en cualquier parte, metido en un cibercafé.

—No creerás que... después de hablar con nosotros...

—¿Que va a perder el control? Está claro que no tienes experiencia con la codependencia ni la dinamización, June. Yo creo que es la posibilidad más probable... y quizá la menos trágica.

June no podía quitarse aquellas palabras de la cabeza, porque en el fondo temía que Harry estuviera lo bastante desesperado como para suicidarse. Lo que había puesto en la nota, lo de que estarían mejor sin él, parecía bastante ominoso. Seguro que no era la única que estaba preocupada por ese tema, pero nadie quería darle voz a ese temor para no llamar al mal tiempo; en todo caso, no le había contado a nadie que había contactado con Brianna.

La otra persona que guardaba un secreto era George... y eso era algo que para él suponía una enorme fuerza de voluntad, porque siempre contaba todo lo que oía, veía o leía. Era al que más se le iba la lengua de todo el pueblo, pero aun así, jamás revelaría aquel secreto.

En el listado que Harry había dejado junto con el sobre lleno de dinero, su nombre aparecía en primer lugar, junto a la cantidad de doscientos cuarenta dólares; después de copiar la lista, había tirado el original a la basura y lo había enterrado bajo los restos de café y cáscaras de huevo, con lo que había quedado destruido para siempre.

Recordaba haberle dado cuarenta dólares, pero los otros doscientos sólo podían tener una procedencia: su caja registradora; por mucho que le costara creerlo, estaba claro que había sido Harry quien le había robado, y para llegar a ese extremo seguro que estaba desesperado.

Él no sabía demasiado de leyes, pero estaba convencido de que, si le contaba la verdad a Tom, éste no tendría más remedio que arrestar a Harry, y las cosas ya estaban lo bastante mal como para empeorarlas aún más.

Pero al margen de aquella sombra que se cernía sobre el valle, seguían siendo constantes las lloviznas que se convertían en hielo y aguanieve ante la ocasional ola de frío. Mientras las navidades se acercaban de forma inexorable, el futuro heredero de la doctora del pueblo hacía alarde de su tamaño. June andaba como un pato... bueno, un pato embarazado.

Durante una reunión de mujeres en el sótano de la iglesia, para preparar cajas de donaciones navideñas en las que había todo tipo de artículos de primera necesidad, desde guantes y bufandas a latas de comida y productos imperecederos, June dijo en tono quejicoso:

—Ni siquiera puedo llegar a la mesa.

—Pues a mí me parece que has estado todo el día sentada a la mesa —comentó Susan, en tono de broma.

—Puede que Jim la dejara embarazada en la mesa —el comentario de Nancy hizo que todas se echaran a reír, y que Jurea se ruborizara—. No te quejes, tendrías que haberme visto hace quince años con los gemelos.

—Por cierto, aprovecho para anunciar que estoy embarazada otra vez —apostilló Julianna Dickson, que ya tenía cinco hijos.

Mientras todas las demás la felicitaban entre risas y abrazos, June se sentó en una silla con la mirada perdida y una extraña expresión en los ojos. En ese momento sólo podía pensar en que los partos de Julianna eran tan rápidos, que en una ocasión ni siquiera le había dado tiempo de llegar al hospital; de hecho, era un milagro que John y ella hubieran llegado a tiempo a su casa.

—¿Te pasa algo, June? —le preguntó Julianna.

—Creía que os habíais plantado con cinco.

—Yo también lo creía, pero ya viene otro de camino.

—Lo más gracioso de todo es que Mike y ella estaban peleados, y que ni siquiera se dirigían la palabra —le dijo Mary Lou a Nancy.

—Hicimos las paces —el rostro de Julianna se iluminó con una sonrisa radiante—. Estoy pensando en volver a pelearme con él, sabe reconciliarse de maravilla.

Se echaron a reír y empezaron a hacer comentarios picarones... menos Jurea, que se tapó la sonrisa con la mano. No era la clase de conversación que cabría esperar de un grupo de feligresas en una iglesia.

Todas las miradas se centraron de repente en Susan, que se puso roja como un tomate y dijo:

—John y yo también estábamos peleados, y por lo mismo. Una noche, en una de las partidas de cartas entre amigos, estaban charlando sobre mujeres trabajadoras, y John dijo que preferiría que yo no tuviera que trabajar; de hecho, llegó a decir que le gustaría que me limitara a relajarme en casa y a ocuparme de las tareas domésticas.

Tras una ronda de protestas generalizadas, Julianna comentó:

—Pues Mike dijo que se alegraba de que yo no tuviera que trabajar, ¡a lo mejor cree que no cuesta criar a cinco hijos!

Después de más protestas, alguien comentó:

—Supongo que ese rubor significa que John también sabe cómo reconciliarse.

—La verdad es que tengo un pequeño retraso —antes de

que se desatara de nuevo el entusiasmo, Susan exclamó—: ¡Esperad, no quiero hacerme ilusiones! Hace mucho que dejamos de intentarlo, porque... en fin, no me extrañaría que fuera otra falsa alarma.

—Madre mía, ¿creéis que el agua de por aquí tiene propiedades especiales? —dijo Nancy.

—¿No sabías que Grace Valley tiene una tasa de natalidad bastante alta?

—Me gustaría saber más de lo de la pelea, ¿por qué decidisteis hacer las paces con vuestros maridos? —dijo Nancy.

Julianna y Susan intercambiaron una mirada antes de responder al unísono:

—¡Porque nos pidieron perdón de rodillas!

Empezaron a hacer bromas sobre el macho de la especie, y las risas llegaron a tal punto, que June tuvo que aguantarse el estómago y apretar con fuerza los dientes; de hecho, tuvo que ir corriendo al cuarto de baño dos veces, lo que aumentó aún más la hilaridad de las demás.

Cuando acabó la reunión, Nancy y ella compartieron un paraguas cuando salieron a por sus respectivos coches; al llegar al de Nancy, ésta la abrazó y le dijo:

—Gracias por invitarme a unirme al grupo, June. Necesitaba unas buenas risas.

—Ten cuidado, da la impresión de que hay una epidemia de embarazos.

—Eso no me preocupa —sus ojos reflejaron una profunda tristeza.

—Las cosas volverán a la normalidad, ya lo verás. Uno de los gemelos ya puede andar con muletas, ¿verdad?

—El problema no es ése, sino mi relación con Chris. Arrastramos problemas desde hace años y pensaba que regresar aquí podría venirnos bien, pero me parece que no ha servido para nada; al menos, a mí.

—Seguro que no todo está perdido, deberíais ir a un consejero matrimonial.

Nancy no tenía dinero para eso; de hecho, no tenía dinero para nada. Se obligó a sonreír, le dio un pequeño apretón en la mano, y le dijo:

—No te preocupes, seguro que las cosas mejoran.

June se aferró a su mano y le dijo con voz firme:

—Nancy, por favor, deja de darme evasivas y dime cuál es el problema. Somos amigas, ¿verdad?

—Es que me da vergüenza hablar del tema.

—Puedes decirme lo que sea con total libertad.

—El problema es el dinero. Yo era la que sacaba la casa adelante en San Diego, porque tenía un trabajo genial con unos extras estupendos. Me encantaría quedarme aquí, con mis nuevas viejas amistades, pero...

—¿Qué pasa con el negocio de seguros de Chris?

—Lo ha dejado casi por completo; en cualquier caso, nunca le sacó demasiado provecho.

—Entonces, ¿a qué se dedica?

Nancy se cruzó de brazos, y admitió:

—Ahora que la casa ya está casi acabada... y la verdad es que ha quedado preciosa... se pasa el día construyendo muebles en el garaje, para venderlos.

—¿Y cómo le va?

—Pues yo diría que el negocio aún no ha despegado del todo, aunque me parece que ha vendido una mesa.

—Vaya.

—Pero es una mesa preciosa.

El grupo de costura estaba en pleno apogeo de actividad y sus miembros no se limitaban a coser colchas, sino que también hacían pies de árbol, mantelitos, forros para cestas, tapices, y todo tipo de cosas con motivos navideños. En esa época se reunían en casa de Birdie dos veces a la semana, para no atrasarse.

—Quiero que este año hagamos algo especial para Jurea Mull, la cubriría en oro macizo si pudiera —comentó June.

—¿Por qué lo dices? —le preguntó Birdie.

—El otro día estuve en la iglesia con Susan y unas cuantas feligresas más, preparando las cajas con donativos navideños, y ¿sabéis quién se sumó al grupo y contribuyó con latas de comida y algo de ropa que ella misma había tejido? ¡Jurea! Habría que darle una de las cajas, pero ella no se da ni cuenta de eso y se preocupa por la gente que pueda pasar hambre.

—También ayuda a la familia que vive al lado. Como Erline no tiene con qué cocinar, ella le lleva comida caliente siempre que puede. Sam acertó de pleno cuando la llevó a esa casa.

—¿Alguien ha ido a ver cómo le va? —les preguntó June.

—Yo no he ido en persona, pero unos ángeles me mantienen al corriente —dijo Birdie—. Sam y Ricky están pendientes de ella y de los niños, y se aseguran de que estén bien y no pasen frío.

—Vamos a tener que encargarnos de los juguetes, ¿creéis que esas dos niñas habrán tenido alguno?

—Los bomberos voluntarios se encargan de eso, este año también están arreglando juguetes de segunda mano; por cierto, los juguetes me recuerdan a los niños, y los niños a los embarazos, y eso me recuerda que mi ahijada aún no está casada.

—Qué sutil eres, Birdie.

—¿A que sí? Anoche tuve una pesadilla, querida. Tu madre estaba abofeteándome por permitirte mantener esta situación durante tanto tiempo.

—¿De cuánto estás, June? ¿De siete meses? —la que lo preguntó fue Philana, para intentar desviar el tema.

—Sí, de siete u ocho. Ni siquiera yo lo sé con exactitud.

—Jim es un hombre maravilloso —insistió Birdie—. Jamás diría esto delante de Nancy, pero como no te casaste con mi hijo, creo que has acertado de pleno con Jim. Hay que ser un hombre muy especial para ayudar a reconstruir la casa de un desconocido.

—Muchos convecinos participaron en eso, pero tienes razón. Es un muy buen partido.

—¿Y cuándo piensas echarle el lazo?

—Mi padre no me presiona tanto, Birdie. ¿Sabes por qué?

—¿Porque Elmer es un cobarde?

—Porque puedo llegar a ser muy terca y lo sabe, sobre todo teniendo en cuenta que lo he heredado de él. Y también sabe que, cuanto más me presione para que me case, más me resistiré.

—Es un cobarde —murmuró su madrina, sin dejar de coser.

—Perdonad que me entrometa, pero no lo entiendo —dijo Ursula.

—Es muy fácil. Ni Jim ni yo hemos estado casados, los dos estamos peligrosamente cerca de los cuarenta, y nos parece prudente tomarnos el tiempo necesario para conocernos mejor, para asimilar la idea de un compromiso que va a durar toda la vida. Los dos estamos acostumbrados a vivir solos.

—¿Y por eso necesitáis pensároslo tanto? —le preguntó Philana.

—Lo más probable es que acabemos casándonos si no descubrimos alguna incompatibilidad insalvable, pero no tenemos prisa; sea como sea, nuestro hijo tendrá unos padres que le querrán ante todo.

Tras un pequeño momento de silencio, Birdie dijo enfurruñada:

—Ésa no es la cuestión.

Siguieron cosiendo y dejaron el tema, pero sólo de momento; de hecho, Birdie soltó algún que otro comentario aislado sobre lo que, según ella, le convenía más a June.

Myrna puso un CD de música lenta en el reproductor mientras Morton (volvía a llamarle así) metía un tronco en la chimenea. Se sentaron en sus respectivos divanes, intercambiaron las páginas que cada uno había escrito durante el día, y se pusieron a leerlas bajo la luz de las lamparitas de lectura.

Habían desarrollado aquella nueva rutina a partir de la de antaño; después de levantarse, Myrna desayunaba su té y su magdalena mientras él tomaba café con una rosquilla, y entonces ella se centraba en recabar información, leer y escribir mientras él subía al salón que ya había sido suyo veinte años atrás.

Como el ordenador de Morton aún no había llegado, de momento iba escribiendo en una libreta, pero tenía una caligrafía tan impecable, que Myrna habría preferido que siguiera escribiendo a mano. Una de las Barstow iba a limpiar (por llamarlo de alguna forma), y a preparar la comida.

El matrimonio se reunía alrededor de la mesa, y después de tomarse un pequeño plato de sopa mientras charlaban sobre cómo había ido la mañana de trabajo, cada uno regresaba a su despacho.

Myrna disfrutaba como nunca de las cinco en punto de la tarde, porque era entonces cuando se reunía con Morton en el saloncito de siempre para tomar el vermú con galletitas saladas. Tanto John Cutler, su abogado y gran amigo, como Elmer iban a visitarlos a menudo.

El hecho de que Morton preparara la cena también se había incorporado a la rutina diaria. Eran platos que a ella solían parecerle un poco insulsos, aunque eran muy nutritivos. Él aducía que tenía un paladar muy sensible, y que no estaba acostumbrado a la comida elaborada y a menudo experimental por la que sentían predilección tanto su mujer como las Barstow; aun así, era un verdadero genio con una pechuga de pollo o un filete de salmón, y al terminar se encargaba de limpiarlo todo.

Entonces se retiraban al salón, avivaban el fuego, y cada uno leía lo que había escrito el otro; como las partidas de póquer se habían suspendido de forma indefinida, Myrna se habría aburrido como una ostra de no ser por aquella pequeña rutina doméstica que tenía con Morton.

—¿Morton?

—¿Sí, querida?

—¿He mencionado lo mucho que me alegro de que hayas vuelto a Grace Valley?

—Sí, creo que sí. ¿He mencionado yo lo mucho que me alegro de haber vuelto?

—Sí, lo has mencionado, pero me gustaría preguntarte algo.

—Adelante.

—Has estado leyendo cada noche lo que escribo y me has hecho alguna que otra sugerencia útil, pero me gustaría saber si crees que he perdido mi característico toque cáustico desde que estoy tan feliz y satisfecha.

—En absoluto, querida; de hecho, ahora mismo estaba leyendo maravillado el imaginativo desmembramiento al que has sometido a este marido traicionero. ¡Me dan ganas de permanecer alerta cuando me acueste!

Ella sonrió encantada, y le dijo:

—Gracias, Morton. Nadie ha sabido valorar mis talentos más oscuros con tanto entusiasmo como tú.

—Es un placer, querida mía.

June estaba en la clínica, pero antes de empezar a atender a los pacientes que esperaban, llamó a Nancy. Era una de las nuevas costumbres que más le gustaban de su nueva vida, tener una buena amiga con la que compartir las novedades diarias, las inevitables preocupaciones, los cotilleos y cualquier otra cosa. Eran dos mujeres de edad parecida, se conocían desde hacía años y las dos eran madres, aunque en fases muy distintas. Tenían tantas cosas en común, que hablaban a diario, y a menudo varias veces.

—¿Qué tienes para hoy? —le preguntó Nancy.

Antes de contestar, June le echó un vistazo al listado que le había pasado Susan.

—Pues parece que una posible gripe, dos gargantas irritadas, un dolor de espalda, un dedo del pie infectado... qué asco, no me gustan nada... un niño con difteria, y... vaya, un adolescente con ganglios inflamados, letargo, y fiebre moderada.

—Mononucleosis.

—Cada vez se te da mejor diagnosticar. Dios, echo de menos a los prenatales, John y Susan se encargan de todos ellos. Él era ginecólogo-obstetra antes de completar una segunda residencia en medicina familiar. ¿Qué estás haciendo?

—Arreglándome para ir a Rockport. Tengo que comprar comida, y como los gemelos van mejorando y se las han ingeniado para crecer aún más a pesar de los huesos rotos y el descanso en cama, voy a aprovechar para comprarles sudaderas y ropa cómoda; además, quiero pasarme por el antiguo despacho de Chris, para ver si le ha aparecido algún documento de trabajo sobre la mesa como por arte de magia.

—¿Cómo van las cosas en ese sentido?

Nancy tardó unos segundos en contestar.

—Tú y yo vamos a tener que aceptar el hecho de que esta situación no va a seguir sosteniéndose durante mucho tiempo. Puedo aguantar hasta después de Navidad, y me he propuesto como meta aguantar hasta que des a luz, pero al final no me quedará más remedio que volver a San Diego para poder ganarme la vida.

Aunque June era consciente de la situación, sintió que el alma se le caía a los pies y exclamó:

—¡Pero si acabas de entrar en mi vida!

—Tiene gracia, ¿verdad? —Nancy soltó una carcajada carente de humor—. De jóvenes fuimos rivales, por no decir enemigas, después nos detestamos a distancia durante unos veinte años, y ahora resulta que somos dos mujeres de mediana edad que son prácticamente las mejores amigas.

—¿Cómo que «prácticamente»?

—No quería darlo por hecho.

June se dijo para sus adentros que claro que podía darlo por hecho, pero se limitó a decir:

—¿Mediana edad?

—Tenemos que asumir la verdad, por mucho que nos duela —Nancy se echó a reír—. ¿Te parece mejor que diga que somos dos mujeres que están a las puertas de la mediana edad?

—A lo mejor sería más fácil de digerir.

—En fin, tú tienes pacientes por atender y yo tengo que irme a comprar. Ya seguiremos hablando después.

June permaneció sentada durante un largo momento, dándole vueltas al hecho de que Nancy estaba intentando mantener su economía a flote el tiempo suficiente para permanecer allí hasta que naciera el bebé, y de repente se dio cuenta de que tenerla a su lado en aquel momento tan crucial le importaba tanto como el hecho de que su padre también lo viviera, como ver a tía Myrna con el bebé en los brazos.

Ella tenía dinero, porque no se había gastado su modesto sueldo en cruceros por el Caribe ni en vacaciones en Las Vegas; de hecho, apenas había tenido oportunidad de disfrutar de un fin de semana libre desde que había vuelto a Grace Valley después de obtener el título de Medicina. Había ido ahorrando por si surgía algún imprevisto, y por si fuera poco, Jim cobraba los ingresos por jubilación; aun así, Nancy era una mujer con mucho orgullo, y jamás aceptaría dinero por caridad.

Judge y Birdie también tenían unos ahorrillos y él acabaría recibiendo la pensión por jubilación, así que seguro que estarían dispuestos a colaborar para que su único hijo, su nuera, y sus dos nietos siguieran viviendo en Grace Valley, sobre todo teniendo en cuenta que iban haciéndose mayores y Judge cada vez estaba más cerca de jubilarse. Pero sabía que, aunque Chris estuviera dispuesto a aceptar su ayuda, Nancy se negaría en redondo.

Cuando llamó a su padre para preguntarle si podía ocuparse de parte de los pacientes de la mañana, él le preguntó de inmediato:

—¿Te encuentras bien?

—Estoy genial, pero quiero ir a casa de los Forrest para ver cómo están los gemelos. Nancy me ha dicho que están mejorando. Pero si ya has hecho planes...

—Hace tanta humedad, que me parece que hasta los peces se han ahogado. Llegaré en media hora, más o menos.

A June le costaba creer que estuviera a punto de ir, prácticamente a escondidas, a casa de los Forrest para hablar con Chris a espaldas de Nancy. Parecía mentira qué camino tan largo habían recorrido todos hasta llegar hasta allí; un año atrás, al oír mencionar a Chris sólo habría sentido un enfado residual por el hecho de que, mientras ella estaba en su primer año de universidad, él se había largado con la que había sido su rival más acérrima y su némesis, pero lo único que le importaba en ese momento era lograr que se quedaran en Grace Valley, porque la amistad era un don muy preciado.

Al llegar a su destino, no vio el coche de los Forrest por ninguna parte, así que supuso que Nancy ya se había ido a comprar; después de aparcar cerca de la casa, fue a llamar a la puerta, y le abrió uno de los gemelos.

—¿Eres Brad?

—No, Brent —le contestó, mientras intentaba mantener el equilibrio con las muletas.

—Vaya, te veo muy mejorado. ¿Desde cuándo usas las muletas?

—Desde hace un par de semanas.

—Tu madre me comentó que ya podíais ir en silla de ruedas, pero...

—Vale, se supone que sólo tenemos que usarlas cuando viene el fisioterapeuta. No te chives, por favor.

June lo miró ceñuda, pero no pudo evitar que se le escapara una pequeña sonrisa. Al menos estaban esforzándose al máximo por recuperarse, y eso indicaba un gran cambio de actitud respecto a cuando habían llegado al pueblo y se dedicaban a hacer gamberradas; al final, sonrió abiertamente, y él le devolvió el gesto.

—Sabes por qué es peligroso que lo hagas sin su supervisión, ¿verdad? Una caída podría ser desastrosa.

—No te preocupes, voy con mucho cuidado.

—¿Tu madre no está en casa?

—No, ha salido a comprar. Papá está en el garaje, haciendo muebles.

—Tendría que haber venido antes. He hablado con ella esta mañana y me ha dicho que pensaba ir de compras a Rockport, y he decidido acompañarla. Pensaba que la alcanzaría si me daba prisa —seguro que era una mentira innecesaria, pero así tenía una excusa en caso de que Nancy preguntara a qué había ido—. Ya que estoy aquí, aprovecharé pasa saludar a tu padre, aunque antes de nada voy a acompañarte a tu habitación. Quiero asegurarme de que llegas sano y salvo.

Él bajó la mirada hacia su voluminoso vientre, y le preguntó:

—No te ofendas, pero... ¿qué piensas hacer si empiezo a caerme?

—A lo mejor me coloco debajo de ti a toda velocidad, para

que tengas un colchón y rebotes. No te preocupes, soy más ágil de lo que parece.

Después de acompañar a Brent a su habitación, salió de la casa y se detuvo en el porche durante unos segundos mientras oía el zumbido de una herramienta eléctrica (supuso que era una sierra, una lijadora, o algo así) procedente del garaje; al atravesar el patio, sus botas se hundieron en la hierba empapada que cubría la tierra reblandecida por el agua. Después de pasar tres años muy secos en los que existía el riesgo de que se declarara un incendio forestal, la situación se había remediado con la temporada de lluvias más intensa de los últimos diez años.

Llamó a la puerta del garaje mientras golpeaba los pies contra el suelo para quitarse algo de barro, y el zumbido de la herramienta se detuvo.

—¿Quién es? —preguntó Chris desde dentro.

—Soy yo, June. ¿Puedo entrar?

—Espera un segundo.

Oyó movimiento, el sonido de cosas arrastrando por el suelo, y al final comentó:

—Oye, que aquí fuera hace bastante humedad.

—Un momentito de nada, tengo que apartar... unas cosas de en medio para que puedas entrar.

Tras más crujidos y sonidos quedos, una de las puertas dobles se abrió por fin y tuvo ante sus ojos un taller impresionante. Era la primera vez que estaba en el garaje, pero era obvio que lo habían renovado, que lo habían transformado y adaptado por completo. Bajo una fina capa de serrín y polvo, las tablas del suelo estaban nuevas y pulidas. Tanto los estantes como los armarios eran de construcción reciente, de un tablero con ganchos colgaban todo tipo de herramientas, y se oía de fondo el leve zumbido del humidificador.

Chris la condujo hasta una silla que estaba cubierta por completo con una lona, y le dijo:

—Estás bastante mojada, siéntate aquí. Es la vieja mecedora de Nancy, la he restaurado, pero si la mojas tendré que volver a lijarla y barnizarla.

—Qué cantidad de cosas tienes aquí —comentó, mientras miraba a su alrededor después de sentarse.

—Muchas de ellas son prestadas. Hal Wassich me trajo la sierra circular y la mesa, John Reynolds tenía el humidificador en una de sus tiendas de muebles, pero tuvo que cerrarla y me lo prestó, y Lincoln Toopeek insistió en dejarme algunas de sus herramientas de acabado fino. Papá me trajo la lijadora para que pudiera acabar los armarios de la casa, y Sam una aspiradora industrial... dice que tiene pensado limpiar el taller y la gasolinera, pero que siempre lo deja para después; ah, y Nancy me envió algunas de mis cosas desde San Diego cuando compré la casa.

June se quedó atónita al ver dos sillas de cerezo con tres patas y respaldo en forma de V, y exclamó:

—¡Son preciosas, Chris!

—Gracias. Sarah Kelleher me dijo que hay una galería de San Diego que estaría dispuesta a comprármelas. Prefiero construir muebles útiles en vez de piezas artísticas, pero hay que hacer lo que te sale de dentro. Estoy trabajando en un aparador con vitral en el tablero, Sarah va a encargarse de hacer y traer el vitral. Hemos quedado en que se lo pagaré cuando me compren el aparador, y ya tengo una oferta —le indicó con un gesto el mueble en cuestión. Era una pieza de unos dos metros de largo con anaqueles y cajones, y la parte delantera tenía un precioso diseño labrado—. El vitral formará un borde de unos trece centímetros alrededor del tablero. Fue idea de Sarah, vio mis sillas y me dijo que le encantaría trabajar con alguien que pudiera incorporar sus trabajos de cristal a piezas de madera.

June estaba tan boquiabierta, que permaneció en silencio mientras se mecía con suavidad.

—Es precioso, ¿verdad? —le dijo él.

—¿Desde cuándo te dedicas a esto?

—Acabo de empezar, pero siempre se me ha dado bien arreglar cosas y he construido unas cuantas piezas a lo largo de los años. Era capaz de hacer las mejores estanterías del vecindario, los mejores muebles de garaje. Construí las primeras literas de mis hijos y sus primeros arcones, pero eso era una afición de fin de semana. Recientemente empecé a dedicarle todo mi tiempo.

—¿Podrás mantener una familia con lo que ganes con las ventas?

Él soltó una carcajada carente de humor, y admitió:

—Supongo que dentro de unos diez años.

—¿Qué pasa con tu negocio de seguros?, ¿no puedes conservarlo y dedicarte a esto a tiempo parcial?

—Debería hacerlo —el brillo de sus ojos se desvaneció de un plumazo—. Ya sé que sería la solución más lógica, pero no puedo seguir con los seguros. Por primera vez en mi vida, me siento realizado con lo que hago.

—Pero...

—No te imaginas lo duro que es, June. Tú siempre supiste lo que querías ser de mayor, dónde querías serlo. Nunca tuviste dudas...

—¡Eso no es verdad, no tenía ni idea de que quería ser médico!

—Claro, porque al principio querías ser la enfermera de tu padre. Pero entonces fuiste a la universidad y en el primer trimestre decidiste que ibas a ir a por todas, y que preferías llegar a ser médico. Te fue de maravilla, pero yo siempre he ido a trompicones. Aprobaba a duras penas en el cole por la dislexia, no sabes lo frustrado que me sentía cuando pensaba que había hecho bien un examen y al final lo suspendía.

—¡Creía que habías buscado ayuda para lo de la dislexia!

—Sabes que es algo de por vida, June. Se aprende a vivir con ella, pero siempre está ahí. Es una lucha constante. Como soy un tipo bastante abierto, las ventas se me daban bien y me puse a vender algún que otro seguro, pero el papeleo me mataba y siempre acababa perdiendo el interés y distrayéndome, a menudo me tomaba la tarde libre para ir a jugar al golf o volvía pronto a casa.

Chris apoyó la cadera contra la mesa de trabajo donde tenía la sierra circular, y ella siguió meciéndose con suavidad mientras miraba a su alrededor. La verdad era que él había hecho un gran trabajo a la hora de convertir aquel viejo garaje en un taller de lo más completo.

—Jim me ha ayudado un montón, tanto en la casa como aquí —dijo él al fin.

—No sabía que supiera hacer este tipo de trabajos.

—No sabe —Chris se echó a reír—. Mejor dicho: no sabía. No tenía ni idea de cómo empezar por sí solo desde cero, pero cuando yo le indicaba lo que tenía que hacer, lo hacía a la perfección. Me parece que le gusta la carpintería.

—¿En serio?

—Sí.

Permanecieron en silencio durante un largo momento... él pensando, y ella meciéndose.

—Ahora siento que estoy justo donde debo estar, June. Sam me ha ofrecido que ocupe su puesto en el camión de bomberos, y Tom dice que puede meterme en las clases de búsqueda y rescate para que también pueda trabajar como voluntario en eso. Los gemelos están deseando volver al instituto de aquí, no quieren volver a la ciudad. Y mis padres no quieren que nos vayamos —sonrió de oreja a oreja, y añadió—: ¡Tengo un buen seguro!

June no le devolvió la sonrisa, y le dijo con voz firme:

—Nancy es mi amiga. Ya sé que no es asunto mío, pero... está preocupada por el tema del dinero.

—Sí, ya lo sé. La verdad es que nunca he sido demasiado bueno en ese aspecto —admitió, con la cabeza gacha.

—Estos muebles son preciosos, pero tienes que encontrar la forma de poder pagar la comida.

Él alzó la mirada, y esbozó una pequeña sonrisa al decir:

—Va a cabrearse de lo lindo cuando se entere de que has metido las narices en esto.

June se sintió culpable y horriblemente mal, y contestó:

—Pues no se lo digas. Si surge el tema, dile que he pasado a saludar, pero no... me cuesta creerlo incluso a mí, pero nos hemos hecho muy buenas amigas. Nos morimos de risa juntas... bueno, a mí me cuesta contenerme por lo del embarazo... criticamos a los hombres...

—Y supongo que ella es la que nos critica más.

—Es la que lleva más tiempo en pareja. Quiere estar aquí cuando nazca mi hijo y yo quiero que esté, pero me ha dicho que apenas os queda dinero.

—Más o menos.

—¿Qué quiere decir eso?

—Que aún nos queda un poco, no hemos tocado el fondo de jubilación de Nancy. Y la casa que tenemos en San Diego no es gran cosa, pero podemos sacar una buena cantidad por ella; además, Nancy está de baja temporal en el trabajo, así que puede volver. El dinero no es el único problema, June. A ella le resulta muy duro tener que renunciar a ese sueldo tan bueno, a ese plan de jubilación, a esas acciones. No se acostumbra a la idea de que el coste de la vida que hay aquí es mucho menor. Compré esta casa por una miseria, y he podido restaurarla con lo que tenía en mi plan personal de jubilación. Hay tiempo de sobra para vender la casa de San Diego, pagar de nuevo el plan de jubilación, y empezar de cero, pero resulta que aquí no hay club de campo. El jefe de Nancy la hizo socia de uno de San Diego, más que nada para que se encargara de organizar reuniones y eventos para la empresa y para él, pero aun así...

—¡Ella me ha asegurado que le encanta vivir aquí, que quiere quedarse pero no sabe cómo! Dios, no entiendo nada.

—A lo mejor sería buena idea que ella se pusiera a vender seguros mientras yo me dedico a construir muebles, a echar una mano en las clases de carpintería y en los equipos deportivos del instituto, a trabajar de voluntario en el cuerpo de bomberos y en el grupo de búsqueda y rescate...

June se puso de pie, y admitió:

—Soy tonta de remate. No tendría que haberme inmiscuido en esto, sólo os concierne a vosotros. No soporto que la gente meta las narices en mis asuntos, que todo el mundo me diga adónde tengo que ir para encontrar pareja o cuándo tengo que casarme —se frotó la frente con cansancio, y alzó la mirada hacia él—. No le digas a qué he venido, por favor, pero habla con ella para aclarar la situación. Quiero que os quedéis a vivir aquí, que éste sea el sitio donde criéis a vuestros hijos, porque la quiero como a una hermana, y tú me resultas... tolerable.

—¿Tolerable? —Chris soltó una sonora carcajada.

—A duras penas.

—Oye, quería decirte... y no te ofendas ni te cabrees, por favor... quería decirte que el embarazo te sienta de maravilla. ¿Te has dado cuenta de lo radiante y regordeta que tienes la cara?

—¡Venga ya!

—¡Lo digo en serio!, te sienta bien estar tan rellenita.

—¡Voy a tener que matarte!

Él esbozó una sonrisa, y comentó:

—Me parece que no está mal como cumplido.

—¡Arregla las cosas con Nancy, Chris! ¡Te lo digo muy en serio!

La lluvia dio paso a la nieve, que dio paso a su vez a más lluvia. En el valle era toda una tradición tener la esperanza de poder disfrutar de unas navidades blancas, que era algo que se daba cada veinte años más o menos; de hecho, hacía años que circulaba un comentario jocoso: «¿Nieve en Navidad?, ¡pensaba que habías dicho que llueve en Navidad!»; aun así, tanto en la clínica como en la cafetería, la comisaría, la iglesia y la floristería se colocaron luces navideñas.

A aquellas alturas, Sam ya tendría que haber aprendido la lección, pero se le ocurrió otra brillante idea y fue incapaz de quitársela de la cabeza. Era una lástima que la floristería de Justine, su difunta esposa, permaneciera cerrada, sobre todo en unas fechas tan señaladas. Standard, el padre de Justine, era el propietario de los enormes prados de flores y de los invernaderos que había al oeste del pueblo, y vendía su mercancía a floristerías de todo el país. Justine era la menor de sus cinco hijas, y él había abierto la floristería en el pueblo para ellas, para que tuvieran trabajo e independencia si querían; cuatro de ellas habían optado por casarse y tomar otro rumbo, y Justine era la única que había querido ocuparse del negocio.

Sam y Standard tenían varios rasgos en común... aunque quizá sería más acertado decir que tenían en común la ausencia de varios rasgos: no eran jóvenes ni sentimentales, y no les gustaba malgastar las cosas; al final, Sam decidió ir a verle y le encontró en uno de los invernaderos, con turba hasta las cejas, podando y humedeciendo sus orquídeas especiales mientras dos de sus empleados, García y Ramírez, estaban atareados con otras tareas. En el interior del recinto hacía un calor tropical.

—Acabo de poner las luces en la floristería —le dijo a Stan.

—A Justine le habría encantado ese detalle —le contestó, sin apartar la mirada de las orquídeas.

—No me gusta verla desaprovechada.

—A mí tampoco.

—Hay varias mujeres en el pueblo... ninguna de ellas tiene la vena artística de Justine, pero son pobres, honestas, necesitan trabajo, y estoy seguro de que son listas y capaces de aprender.

Standard se volvió a mirarle, y le preguntó con suspicacia:

—¿Aprender a qué?

—Pues... a hacer arreglos florales, por ejemplo.

—¿Y quién va a enseñarlas?, ¿tú?

Sam esbozó una sonrisa, porque el hecho de que no hubiera preguntado quiénes eran las mujeres indicaba que lo que le despertaba más curiosidad era el plan en sí.

—He pensado que tus hijas podrían echar una mano, al menos lo justo para poder volver a abrir la tienda. Me parece que todo el mundo saldría ganando. Hay gente en el pueblo que necesita arreglos florales para las fiestas, tú tienes la tienda desaprovechada, y esas mujeres necesitan un empleo.

—Mis hijas ni siquiera viven en el pueblo.

—Ya lo sé, pero no están demasiado lejos; además, son cuatro. Podríamos idear algo para que una o dos vengan de visita, y convencerlas de que les enseñen cuatro cosas básicas sobre flores a las mujeres de las que te he hablado.

—¿Crees que van a aprender todo lo necesario en unos cuantos días?

—Supongo que no, pero nos bastaría ese tiempo para saber si la idea puede fructificar. Una de las mujeres es Jurea Mull, y se las ha ingeniado para salir adelante sin recursos después de pasar tantos años en las montañas; de hecho, consiguió preparar una cena de Acción de Gracias completa, con pavo incluido, a pesar de que aún estaba aprendiendo a usar el horno.

—No sé si...

Se interrumpió cuando Ramírez metió baza.

—¿Señor Roberts? Perdone la intromisión, pero muchos de sus empleados saben preparar arreglos florales; de hecho, a mi mujer se le da muy bien, y como los niños ya están grandes, tiene bastante tiempo libre. Me parece que sería buena idea volver a vender flores en el pueblo —al ver que su jefe le miraba ceñudo por encima del hombro y que enarcaba una de sus espesas cejas canosas, añadió—: Hemos visto a la señora Mull en la iglesia, es la mujer con las... —se pasó la mano por un lado de la cara.

—¡Ya sé quién es, Ramírez! —le espetó Standard.

Sam se limitó a sonreír y a meterse las manos en los bolsillos. Standard había sufrido mucho, y aunque siempre había sido bastante gruñón, pocos sabían que en el fondo tenía el corazón tierno de un hombre que había vivido gran parte de su vida adulta en una casa llena de mujeres.

—Tengo la impresión de que mucha gente de la zona podría ayudar a Jurea y a Erline con lo de las flores, pero la señora Ramírez me parece una buena opción. Y también podríamos comentárselo a Sarah Kelleher.

—¡Ella no es florista, sino artista! Hace estatuas, y cosas así.

—Seguro que es un talento que puede extrapolarse a las flores. Puedo encargarme de hablar con ella, para ver si está interesada.

Standard echó las tijeras de podar al suelo, y se quitó los guantes con exasperación.

—¿Sabes lo que tendríamos que haber hecho hace tiempo, Sam? Encontrarte un trabajo estable, para que no pudieras meter las narices en los asuntos de los demás.

Al ver que lo decía sin acritud alguna y que la expresión de su rostro era bastante agradable, Sam decidió ir encendiendo la calefacción de la floristería.

Nancy Forrest acababa de servirles la comida a los gemelos, y estaba limpiando la cocina cuando vio por la ventana que una camioneta se detenía delante del garaje; al cabo de unos segundos, Sarah Kelleher bajó del vehículo, se puso unos gruesos guantes de trabajo, y entró en el garaje unas tiras largas de algo completamente tapado.

Como Chris se había ido a hacer unos recados y no le había comentado que Sarah fuera a pasarse por allí, se cubrió los hombros con una chaqueta, se puso las botas de goma encima de los zapatos, y salió por la puerta trasera. Cruzó el patio embarrado procurando salpicar lo menos posible, y al llegar al garaje dijo en voz alta:

—¿Sarah?

—¡Estoy aquí!

Entró en el garaje y la encontró abriendo las sábanas que cubrían las misteriosas tiras, que resultaron ser los vitrales más bonitos que había visto en toda su vida. Aminoró el paso al acercarse de forma casi reverente a aquellas verdaderas obras de arte, y susurró:

—Madre mía, son increíbles. No sabía que trabajabas el vidrio.

—Llevo unos años probando técnicas nuevas, pero no encontraba nada que me convenciera hasta que vi algunas de las piezas de tu marido. ¿Te ha contado lo de nuestro proyecto conjunto?

Nancy frunció el ceño, porque lo cierto era que prefería no saber nada al respecto, pero se obligó a preguntar por pura cortesía:

—No, ¿de qué se trata?

—Está construyendo un aparador, y va a usar el vitral en el borde del tablero. Va a quedar sublime.

Nancy acarició con cuidado el intrincado vidrio, pero por dentro sentía una desilusión tan profunda, que tuvo que luchar por contener las lágrimas. Chris estaba empeñado en continuar con aquella idea absurda de la ebanistería y la construcción, y por si no bastara con los apuros financieros que estaban pasando porque él se negaba a trabajar, seguro que cada vez gastaba más dinero en materiales y herramientas.

—Me alegra encontrarte en casa, he traído unas galletas caseras para los gemelos.

—Gracias, es todo un detalle. Ven, vamos a tomar un café.

—Pero uno rápido, tengo un montón de cosas pendientes —Sarah recorrió el taller con la mirada mientras se quitaba los guantes, y le preguntó—: ¿Está lista la cuna?

—Eso creo.

—¿Y la mesa de comedor?

—Sí, Chris me comentó que se la llevaron la semana pasada.

—El propietario de la galería que le compró las sillas está encantado. Se llevará un buen porcentaje de la venta, pero aun así, te llevarás un sorpresón con lo que vais a ganar. Espera y verás.

—Por favor, Sarah, no te lo tomes a mal, pero... Chris no es un artista de reconocido prestigio como tú, y nos iría bien que ganara algo de dinero con un trabajo de verdad en vez de perder el tiempo pegando cuatro martillazos.

Sarah no se ofendió; de hecho, sonrió. Era una mujer rellenita, y tenía una impactante belleza que desprendía tanto ternura como sensualidad. Sacudió la cabeza, y le dijo con una gran dosis de paciencia:

—Querida mía, ¿de verdad crees que esto es perder el tiempo? —pasó la mano por el aparador como dándole su sello de aprobación, y añadió—: Anda, vamos a tomarnos ese café.

Cuando llegaron a la casa, Sarah no le dijo nada que ella no supiera de antemano: sí, Chris tenía un talento innato para la ebanistería, la carpintería en general, la restauración, e incluso el diseño artístico; sí, era un negocio en el que costaba darse a conocer, y con el que costaba mucho ganarse bien la vida; sí, él parecía disfrutar con aquel tipo de trabajo, y Sarah pensaba que tenía muchas posibilidades de triunfar; y sí, claro que un fondo de jubilación o una buena pensión eran de lo más útiles, pero una de las cosas que Sarah valoraba más de Grace Valley era que casi todo el mundo disfrutaba de su propio trabajo, y que pensaba seguir haciéndolo mientras el cuerpo aguantara.

—A George no se le ha oído decir ni una sola vez que esté deseando cerrar la cafetería, ni que esté pensando en dejar que alguno de sus hijos tome las riendas. Doc... bueno, Elmer Hudson... sigue pasando consulta de vez en cuando, pero pasa más tiempo pescando desde que llegó John. Myrna escribe, Hal Wassich se levanta al amanecer cada día para ocuparse de su granja, mi Daniel y su hermana no tienen intención alguna de cerrar sus establos, y yo no pienso dejar de pintar y de esculpir.

—Admito que el trabajo es una virtud —Nancy tuvo que contener las ganas de añadir que le encantaría que Chris se aplicara el cuento y trabajara un poco.

—A la gente de esta zona parece importarle más hacer algo relevante y de corazón que ganar un dólar más o menos.

Eso quedaba muy bonito en teoría, pero a Nancy le gustaba que las cuentas cuadraran a finales de mes, y tener ahorros suficientes para poder salir adelante varios meses en caso de un inesperado despido; además, ¡ni hablar de seguir trabajando mientras el cuerpo aguantara, ella quería una buena pensión!

Aquella noche, después de la cena y de que sus hijos se acostaran, se puso de nuevo la chaqueta y las botas de goma, y fue al garaje con dos tazas de café. Chris se lo agradeció con un beso en la mejilla, y siguió puliendo la madera con movimientos rítmicos y pausados.

Ella se sentó en un taburete, y le contempló a placer; a pesar de que su intención inicial era hablar con él, decidió morderse la lengua por una vez y se limitó a pensar. Chris siempre había sido un soñador, era una de las cosas que siempre la habían atraído de él. Era atlético, artístico, tenía buen carácter, y era un poco frívolo.

Mientras él iba sacándole un precioso brillo a la madera, se dio cuenta de que era la primera vez que le veía tan relajado; en el pasado, cuando tenía que repasar en casa algún documento de su trabajo de vendedor de seguros, siempre parecía incómodo y tenso.

Al cabo de un largo momento, comentó:

—Johnny Toopeek ha llamado hoy, para preguntar si los gemelos estaban lo bastante bien como para recibir visitas. Los compañeros de clase quieren aprovechar las vacaciones navideñas para venir a verlos.

—¿En serio?, ¡genial!

—Me parece que están deseando volver al instituto, que para ellos han cambiado muchas cosas a raíz del accidente.

—Es normal, para mí también han cambiado.

—Regresaste a este lugar por una serie de razones equivocadas y el resultado inicial no fue demasiado positivo, pero al final parece que es el sitio perfecto tanto para los niños como para ti. En San Diego no dejaban de meterse en problemas.

—Y aquí también, cuando llegamos. Tanto ellos como yo tenemos que resarcir a mucha gente, pero por suerte hay muchas formas indoloras de hacerlo; por cierto, ¿te he comentado que en primavera voy a entrenar para entrar en el grupo de búsqueda y rescate?

—Sí, me parece que lo mencionaste el otro día. Y también quieres trabajar como bombero voluntario, ¿verdad?

—Sólo si puedo compaginar las dos cosas, no quiero intentar abarcar más de la cuenta. Cuando los niños estén recuperados del todo, seguro que tienen actividades extraescolares, y quiero echarles una mano.

—El rugby está descartado, Chris —lo dijo con voz tajante, porque sus hijos habían sufrido múltiples fracturas y a los dos les habían extirpado el bazo, pero se sorprendió al verle reír.

—Eso ya lo sé, pero hay otras opciones... aunque la verdad es que a mí ni se me pasaron por la cabeza cuando estaba estudiando. Están la banda de música y el coro, el grupo de teatro y el de debate, y todo tipo de actividades que no requieren un casco y protecciones.

Ella se tomó el café, callada y pensativa, antes de admitir:

—Sí, está claro que tanto los niños como tú habéis encontrado un lugar perfecto para vosotros.

No se podía encender la calefacción de una floristería y abrirla al público sin más, sobre todo cuando las dos mujeres que iban a llevar las riendas del negocio jamás habían tenido flores naturales en sus propias casas; por suerte, ésa no era la cuestión. En caso de que saliera bien, la idea de Sam tenía implicaciones a largo plazo, y si salía mal... en fin, no se perdía nada intentándolo.

Con unos tableros de contrachapado y un remanente de moqueta, montaron una zona de juegos en un rincón de la sala de trabajo de la tienda. Sam fue a buscar juguetes de segunda mano a una asociación benéfica de Westport, y como sólo pudieron darle unos cuantos, bien limpios y reparados, por estar en plena campaña navideña, compró unos cuadernos para colorear y dos muñecas con biberón.

Fue entonces cuando fue a presentarles su propuesta a Jurca y a Erline. Les dijo que la floristería era de su suegro y que había estado en manos de su difunta esposa, pero que permanecía cerrada desde que ella había fallecido, y que todo el mundo se beneficiaría si ellas intentaban aprender a hacer arreglos florales para venderlos allí. Entonces añadió que había varias personas dispuestas a enseñarles cómo hacerlo, que era consciente de que tardarían un poco de tiempo en poder hacer ramos para la iglesia o aceptar encargos para bodas, pero que los arreglos navideños eran bastante fáciles, y que el pueblo entero les estaría muy agradecido si lo intentaban al menos.

Las dos fueron a la floristería para echar un vistazo, y al ver la zona de juegos, Jurea le dijo:

—Sé lo que está tramando, señor Cussler.

Gracias a la ayuda de Flora Ramírez, dos de las hijas de Standard, y Sarah Kelleher, la floristería volvió a abrir sus puertas al público cinco días después. Standard les llevó un montón de flores de Pascua, y Sam desempacó ornamentos, decoraciones y figuritas que le habían sobrado a Justine el año anterior; conforme fue corriéndose la voz, la gente empezó a pasarse por allí para encargar arreglos para sus cenas familiares y sus fiestas. Standard era famoso por lo exuberantes y lozanas que eran sus plantas y sus flores, y las que llevó a la tienda hacían honor a su reputación. Los arreglos no eran tan impecables como los que habría podido hacer Justine, pero estaban preparados con esmero y cariño; además, aunque algunos aún tenían ciertas reservas en cuanto a Erline, todo el mundo apreciaba a Jurea, que era una mujer que siempre daba mucho a pesar de tener tan poco.

June compró para su despacho un precioso arreglo de

pino, enebro y acebo con dos velas rojas en el centro, y pensaba regresar durante los días siguientes para ir comprando cosas para su casa y para la de su padre; justo cuando estaba a punto de volver a la clínica, vio pasar a Sam con un árbol de Navidad en la parte trasera de su camioneta, así que después de llevar el arreglo a la clínica y de dejarlo en manos de Jessie, volvió a salir.

Tomó la misma dirección que Sam, y mientras andaba por la calle con las manos en los bolsillos y la capucha de la chaqueta puesta, tuvo la impresión de que su abultado vientre iba abriéndole paso. No tardó en encontrar a Sam, que había aparcado delante de la casa de Jurea, y al verle descargar el árbol, pensó que era como Santa Claus, pero sin el barrigón. Con esa mata de pelo blanco, el rostro bronceado, y unos hombros que ya querrían para sí muchos hombres de cuarenta años, parecía sacado del anuncio navideño de un gimnasio.

Se acercó mientras él apoyaba el árbol en la camioneta, y entonces alcanzó a ver que en el vehículo había un segundo árbol y varias cajas, que seguro que contenían luces y ornamentos que Sam había rescatado del sótano.

Cuando él se volvió al oírla llegar, le saludó con una sonrisa.

—Hola, June —indicó su vientre con un gesto de la cabeza, y le preguntó—: ¿Crees que aguantarás hasta Navidad?

—Sí, de sobra.

—Pues a mí me parece que te falta poco.

—Me he enterado de todo lo que has hecho, eres el hombre más maravilloso de todo el pueblo.

Él se encogió de hombros, y contestó con naturalidad:

—¿Qué otra cosa puedo hacer para pasar el rato?

Ricky Ríos fue a tomar un café cuando la cafetería estaba a punto de cerrar, pero lo sorprendente era que iba vestido con ropa de calle. Al igual que el resto de agentes del valle, pasaba mucho tiempo de servicio, así que verle sin uniforme era de lo más inusual; aun así, iba en el coche patrulla, porque era el único vehículo que tenía.

—¿Quieres algo más? —le preguntó George.

—No, sólo el café. Te falta poco para cerrar, ¿verdad?

—No te preocupes, no tengo prisa. ¿Quieres un poco de tarta?

—Te lo agradezco, pero la verdad es que me gustaría hablar con Frank.

El joven estaba atareado lavando platos y recogiéndolo todo, pero alzó la cabeza de golpe al oír aquellas palabras, y Ricky no pudo evitar sonreír al ver su expresión de nerviosismo y preocupación.

—¿Te va bien que te lleve a casa, Frank? Quería hablarte sobre varios grupos para jóvenes que podrían interesarte.

—¿Por qué?

—Pues... porque son grupos para jóvenes, y tú lo eres —no se le ocurrió una respuesta mejor.

—He venido en bici.

—La pondremos en la parte trasera.

—Vete con él, Frank. Ricky no te va a morder —apostilló George.

Ricky no pudo contenerse, y dijo en tono de broma:

—Bueno, no muy fuerte.

Al ver que Frank se limitaba a mascullar algo en voz baja mientras seguía limpiando, George le preguntó:

—¿Qué has dicho, hijo?

—¡Que iré si no tengo más remedio!

—No le hagas caso, Ricky, es que está en una edad difícil. Ya sabes cómo son los chicos a los dieciséis años.

—Sí, claro que lo sé.

Poco después, la bici estaba metida en la parte trasera del coche patrulla y Frank iba hundido en el asiento del copiloto como si fuera un criminal. Ricky le miró de reojo, y tuvo

que contener las ganas de echarse a reír al verle tan enfurruñado. Seguro que hacía falta mucha energía para mantener
tanto pesimismo y negatividad.

—Anímate un poco, Frank.

—¿Por qué?

—Pues porque parece que te haya arrestado, y sólo estoy
acercándote a tu casa. Quería hablarte de un grupo de Paradise al que pertenezco, se llama Hermanos Mayores. He pensado que, si estás dispuesto a apuntarte y tu madre está de
acuerdo, yo podría ser tu hermano mayor.

—¿Por qué? —se enderezó un poco en el asiento, pero estaba perplejo.

—En Grace Valley no existe un grupo así porque apenas se
apuntaría gente, pero me gustaría tener un hermano que no
viviera tan lejos; además, tenemos muchas cosas en común.

—¿Como qué?

—Mi padre también era un maltratador, así que sé de primera mano lo que se siente.

—¿Ah, sí? Y supongo que tu madre también se cargó a tu
padre, ¿no? —la voz de Frank rezumaba sarcasmo.

Se hundió de nuevo en el asiento, pero se sintió mal por
haber contestado así. No sabía por qué reaccionaba siempre
de esa manera, como si se pasara todo el día enrabietado; además, siempre lo fastidiaba todo, como aquella conversación
con Ricky. La propuesta le interesaba, pero en el fondo le
costaba creer que Ricky quisiera ser su hermano mayor; por
eso reaccionaba mal, para que Ricky no insistiera en el tema,
porque así no tendría que correr el riesgo de que al final se
demostrara que era un inepto.

Ricky se comportó como si no pasara nada, y le dijo con
calma:

—Nuestra situación era un poco diferente, y yo era mucho
más joven. Mis padres son mexicanos. Yo nací en California,
así que tenía la nacionalidad norteamericana, pero mi madre

era una ilegal. Mi padre la mandó al hospital un montón de veces, y estaba claro que acabaría matándola, así que no tuvimos más remedio que huir y escondernos. Había un grupo que ayudaba a gente proporcionándoles lugares seguros donde vivir, dándoles otra identidad... en fin, cosas así. Estuvimos yendo de un lugar a otro durante años; de hecho, creo que nunca llegué a cursar dos años seguidos en un mismo colegio. Para cuando estaba en el instituto, ya estábamos completamente a salvo, mi padre había estado en la cárcel un par de veces, y mi madre y yo habíamos acabado por asentarnos en Paradise. Ella se puso a estudiar, y consiguió la ciudadanía —miró a Frank, y añadió—: Pero fue muy duro, así que créeme cuando te digo que sé lo que se siente.

Frank le sostuvo la mirada, pero permaneció en silencio.

—También sé lo que es estar enfadado a todas horas, y el hecho de que en Navidad, aunque parezca una jodida locura y sigas odiándole, a veces desearías que ese hijo de puta estuviera a tu lado. No tiene ningún sentido, ¿verdad?

—¿Todo el mundo está enterado de tu pasado?

—Eso creo, mi madre y yo nunca hemos intentado esconderlo. Por eso le gusta trabajar en los servicios de protección del menor, porque puede ayudar de verdad.

—Vaya —para él, una de las cosas más duras era que todo el mundo estuviera enterado; adondequiera que fuese, siempre tenía la sensación de que todos le miraban, que pensaban «Ahí va ese chico, el del padre cabrón que maltrataba a toda la familia hasta que la madre se lo cargó»—. Todo el mundo está enterado de lo que pasó en mi familia, hubo un juicio.

Ricky no respondió, porque eso no venía al caso. Si Frank aceptaba su propuesta y se apuntaba al grupo, tendrían tiempo de sobra de hablar de esos temas, de conocer a otros hermanos mayores y a sus hermanos pequeños para compartir experiencias y, sobre todo, proponer posibles soluciones al problema de cómo lidiar con el trauma.

—Hay un montón de chicos como nosotros, Frank.

Permanecieron en silencio durante unos minutos; a veces, no hablar con alguien podía ser tan importante y revelador como intentar hablarlo todo. Había gente que entendía la situación de Frank, como su madre y George, o Tom Toopeek y Jerry Powell, y también estaba aquel grupo de control de la agresividad que estaba lleno de adolescentes rebeldes como él; aun así, era la primera vez que alguien como Ricky (al que admiraba en secreto) se interesaba por ayudarle, y el hecho de que hubieran pasado por lo mismo le daba esperanzas de poder llegar a tener una vida genial como la suya. Había empezado a pensar que eso era algo inalcanzable para él, que estaba sentenciado.

—¿Qué hace la gente en eso de los hermanos?

—Por regla general, intentamos limitarnos a pasar un buen rato. En verano jugamos a *softball*, fútbol y voleibol, pero todo el mundo está muy ocupado con sus propios asuntos, así que no hay presión alguna. A veces vamos al cine, nos reunimos unos cuantos para ir al lago... lo que nos apetezca. Quiero que entres en el programa lo antes posible, porque creo que tus hermanos pequeños también van a necesitar este tipo de ayuda —lo miró sonriente, y añadió—: No tienes ni idea de cuántas veces me habría venido bien tener un hermano mayor de pequeño.

—Joder, la vida es una caja de sorpresas —Frank estaba un poco abrumado.

En comparación con él, Ricky sintió de golpe el peso de sus treinta años, y comentó:

—Supongo que eso es bueno, ¿no?

—Sí —Frank sonrió, y eso era algo muy inusual en él.

El día de Nochebuena amaneció con la humedad y el cielo plomizo de siempre, pero la temperatura había bajado, así que era posible que nevara. Cuando John llamó a June para preguntarle si podía ir a la clínica para ponerle unos puntos de sutura en la barbilla al pequeño Robbie Gilmore, Jim insistió en acompañarla para asegurarse de que no tuviera ningún problema.

—La carretera está resbaladiza, June. No pienso correr ningún riesgo, y menos en Nochebuena.

Cuando llegaron al pueblo, se extrañó al ver coches aparcados por todas partes, y Jim le dijo:

—Déjame delante de la cafetería, voy a ver qué es lo que pasa mientras tú vas a la clínica.

—¡Espérame, yo también siento curiosidad!

—¡Ocúpate primero de tus suturas!

Aparcó detrás de la clínica enfurruñada como una cría. Tanto el aparcamiento de la iglesia como el de la cafetería estaban llenos, así que no tenía ni idea de si los Gilmore habían llegado ya; cuando entró en la clínica, encendió las luces, escribió en una nota adhesiva un escueto mensaje para avisar que estaba en la cafetería, y la pegó en la puerta principal.

Sabía que era una persona querida en el pueblo, pero no tenía ni idea de hasta qué punto. Sabía que la gente la apreciaba, al igual que a su padre y a John Stone, pero no era consciente de que existía una diferencia: todos la consideraban como algo suyo, había nacido en el pueblo y se había criado allí, era la hija predilecta del lugar. Sus pacientes eran amigos de toda la vida, su pueblo y sus gentes lo prioritario para ella en todo momento... cuando estaba enamorada o sola, cuando se sentía genial o enferma... en todo momento. Y ellos lo sabían, y lo valoraban en su justa medida.

Por eso, cuando entró en la cafetería, se llevó un sorpresón.

—¡Sorpresa!

Se llevó las manos a la cara para ocultar su boca abierta

de par en par, y después las bajó hasta su estómago para proteger al niño de la impresión. Era la primera vez que veía aquel lugar tan abarrotado. Había serpentinas y globos, regalos por todas partes, y todas y cada una de las personas a las que quería.

Jim se acercó con una mujer de la mano y le dijo, sonriente:

—June, cariño, tengo una sorpresa. Te presento a mi hermana Annie.

—¡Oh! —estaba tan atónita, tan emocionada, que fue lo único que alcanzó a decir, pero alargó los brazos y la abrazó. Había hablado con ella un par de veces y estaban deseando conocerse, pero no se había concretado nada.

—Y éstos son su marido, Mike, su hija Tracy, y su hijo Mike, al que llamamos Mo.

—¿Mo?

—Sí, por Mo Mike —le dijo el joven de quince años, sonriente.

Por alguna razón, a June ni siquiera se le había pasado por la cabeza que pudieran organizarle algo tan normal como una fiesta para el bebé. Tenía tantas cosas en mente... las fiestas navideñas, el regreso de Morton, los problemas de Chris y Nancy, lo de Harry...

Mientras la conducían hacia el puesto de honor, se preguntó cómo se las habían ingeniado para organizar aquello tan en secreto. ¿Cuándo había ido Jim a buscar a su familia al aeropuerto? Estaba claro que había habido un montón de cómplices.

La lista de regalos era interminable, pero dos de ellos la emocionaron especialmente. Uno de ellos fue la colcha que sus amigas del grupo de costura le habían hecho con todo el cariño del mundo, y que repasaba su vida en preciosos apliques: un bebé en brazos de su madre con el padre al lado; ella saltando a la comba mientras dos niños, que sin duda eran

Tom Toopeek y Chris Forrest, sujetaban los extremos; una niña de doce años con el brazo en cabestrillo, de pie junto a un gran árbol, y dos niños asomados por las ventanas de la casa que había en dicho árbol; ella con el uniforme y los pompones de animadora; una estudiante de medicina cargada de libros y con un estetoscopio alrededor del cuello... y en el centro de todo, ella junto a Jim en el borde del bosque. Era una colcha que narraba su vida, y que sus amigas le habían hecho de corazón.

El otro regalo especial la esperaba en casa, y no lo descubrió hasta más tarde.

Disfrutaron al máximo, comieron pastel, y al finalizar la fiesta, llenaron la parte trasera de la camioneta con los regalos y con el equipaje de los recién llegados. Jim y su cuñado se encargaron de llevarlo todo a casa de June, y después de acondicionar la habitación del bebé para Annie y Mike, colocaron sacos de dormir en la buhardilla para los niños.

Mientras tanto, June y Annie fueron a casa de Elmer para preparar la cena de Nochebuena.

—Jamás había visto tan feliz a mi hermano.

—Si me conocieras de antes, dirías lo mismo de mí —sacaron las dos alas auxiliares de la mesa del comedor, y empezaron a prepararla—. Son las mejores navidades que he tenido desde la muerte de mi madre.

—¿Cuánto hace que murió, June?

—Nueve años, pero parece que fue ayer.

—Nosotros perdimos a la nuestra hace doce años y a nuestro padre poco después, así que sé cómo te sientes.

—Oye, Annie... ¿te molesta que Jim y yo no nos hayamos casado?

—No, entiendo que os conocéis desde hace poco. Aún no hace ni un año, ¿verdad?

—Sí —June se sintió aliviada al ver que alguien entendía por qué había que tener paciencia—. Ni mi padre ni Birdie, mi madrina, lo entienden. Supongo que porque son mayores, de otra generación...

Annie soltó una carcajada, y le dijo sonriente:

—No te preocupes por ellos, sólo tienes que pensar en cómo vas a explicárselo a tu hijo o hija.

June se quedó helada, y sintió como si las piernas y los brazos le pesaran como el plomo.

—Es un niño —alcanzó a decir, con voz queda.

En ese momento, Mo irrumpió en la casa por la puerta de la cocina con Tracy pisándole los talones. Tenían las chaquetas salpicadas de copos de nieve, y sus rostros reflejaban lo entusiasmados que estaban. Los ojos les chispeaban, y tenían las mejillas acaloradas.

—¡Está nevando, mamá! —dijo Mo—. ¡Doc dice que sólo nieva una vez cada veinte años en Navidad!

—Eso significa que vamos a tener buena suerte, ¿verdad? —le preguntó Tracy a su madre.

—¡Claro que sí!

Annie le pasó un brazo por los hombros a June, que estaba sujetándose con ambas manos su voluminoso vientre.

Durante la cena se entretuvieron contándole a la familia de Jim historias familiares y del pueblo, desde la del inesperado regreso de Morton Claypool hasta la del fantasma de Angel's Pass, que se rumoreaba que llevaba décadas ayudando a motoristas en problemas; para cuando regresaron a casa de June ya era bastante tarde, pero nadie estaba cansado.

June no supo qué pensar cuando Jim le dijo que quería enseñarle algo y la condujo hacia el dormitorio, pero cuando abrió la puerta y vio la cuna de cerezo que había junto a su lado de la cama, se quedó atónita y le preguntó:

—¿La has hecho tú?

—¿Que la has hecho tú?, ¿en serio? —dijo Annie, que estaba tras ellos en el pasillo.

—Sí —se limitó a contestar él.

Mike se abrió paso entre ellos, y al ver la cuna se quedó igual de sorprendido.

—Es preciosa, ¿de verdad que la has hecho tú?

—Sí, de verdad que sí.

Tracy y Mo se sumaron a la fiesta.

—¡Ostras, tío Jim, no sabía que construías cosas! ¡Qué pasada!

—¡No puede ser, no me lo creo!

—¡Que sí, que la he hecho yo! ¡Tuve un poco de ayuda, pero la he hecho con mis propias manos!

Su incrédula familia se echó a reír, y alguien comentó:

—Madre mía, no me lo esperaba de ti.

—Es preciosa, Jim. Una maravilla —le dijo June.

—Perdónanos, hermanito, pero es que no habías empapelado una pared ni construido un mueble en toda tu vida; de hecho, has estado veinte años centrado en el trabajo.

—Pues ya veis que las cosas han cambiado —Jim abrazó a June, y añadió sonriente—: ¡Me han domesticado!

Sadie, que estaba incluso más activa de lo normal por la presencia de los adolescentes, ladró entusiasmada y se puso a mover la cola como una loca.

—¡Eres el mejor, tío Jim! —exclamó Mo.

En la oscuridad de la noche, mientras yacían acurrucados en la cama, June se apretó un poco más contra Jim y susurró:

—Ha sido la mejor Nochebuena de toda mi vida, ojalá mi madre estuviera aquí.

—No te preocupes, cariño, está mirándonos desde el cielo. Además de tenaces, las madres son muy entrometidas.

—Pues será mejor que te pongas algo de ropa —le dijo ella, con una risita.

—Ni hablar, no pienso moverme.

—Me encanta tu familia, Annie es la mejor.

—Y una mandona.

—Me cae genial, y me encanta cuando se pone en plan mandón contigo.

—Es una conspiración.

—Tus sobrinos son fantásticos, es la primera vez que conozco a unos adolescentes tan amables y divertidos. ¡Ni siquiera se pelean!

—Claro que sí, espera y verás.

—Mike es una verdadera joya.

—Admito que es un buen tipo...

Permanecieron unos minutos en silencio, escuchando los sonidos de la casa. Sadie había preferido irse a la buhardilla con los niños, que la habían sobornado con galletitas para perros; cuando la habían colocado entre los dos, la muy descarada se había puesto de espaldas para que le rascaran la barriga, y de vez en cuando se oían ruidos y risas procedentes de allí arriba.

—¿Crees que van a dormirse?

La respuesta de Jim fue un pequeño ronquido, así que ella también empezó a adormilarse. Se sumió en un agradable sueño en el que un adolescente que tenía el mismo pelo castaño rizado que Jim estaba hablando con ella en la cocina de casa... estaba en un estado de consciencia intermedio, en el que se imaginaba cómo sería la vida con su hijo y a la vez soñaba con él. Pero cuando el joven le preguntó que cómo era posible que dijera que no se había casado con su padre porque no le conocía lo suficiente, abrió los ojos de golpe y se sentó a toda prisa en la cama.

—¿Cómo he podido ser tan idiota?

—¿Eh? ¿Qué? ¿Qué pasa? —le preguntó Jim, medio dormido.

–¡Tenemos que casarnos!

–¿Qué?

–¡Tenemos que casarnos cuanto antes!

Jim se dio cuenta de que jamás llegaría a entender a las embarazadas, y se limitó a preguntar con calma:

–¿Por qué tienes tanta prisa?

–¡Por los adolescentes! —hizo ademán de salir de la cama, pero él le agarró la mano y tiró con suavidad para que volviera a sentarse. Lo miró con los ojos como platos, y exclamó—: ¿Cómo vamos a explicarle a nuestro hijo por qué no nos casamos?

Jim frunció un poco el ceño. Daba la impresión de que June estaba empeñada en desconcertarle y confundirle. A veces le enloquecía... y estaba loco por ella.

—Pues le diremos la verdad, que para cuando su madre estuvo lista para dar ese paso, era Nochebuena, no teníamos un certificado de matrimonio, y el predicador del pueblo estaba en paradero desconocido.

June se lo tomó medio en serio al principio, pero al final agarró la almohada y le dio un buen golpe en toda la cabeza.

La familia y los amigos de June celebraron el día de Navidad en Hudson House, donde aparecieron regalos para Annie, Mike y los niños como por arte de magia; al parecer, la visita de la familia de Jim era algo que llevaba tiempo urdiéndose.

Elmer, June y Annie se encargaron de cocinar; de hecho, llevaron toda la comida, y las Barstow asistieron en calidad de invitadas especiales. Myrna se pasó el día enseñándoles la casa y los millones de coleccionables que había por todas partes a los sobrinos de Jim, que a la hora de la cena hicieron una aparición estelar: Tracy se había puesto un vestido de baile y una boa de plumas, y Mo un viejo esmoquin y un sombrero de copa.

Cuando todo el mundo estuvo sentado a la mesa, Jim golpeó su copa con el tenedor y se puso en pie.

—Me gustaría hacer un anuncio y un brindis. En primer lugar quiero anunciaros, gente de poca fe, que June Hudson ha accedido a casarse conmigo a la mayor brevedad posible —tuvo que interrumpirse ante la avalancha de exclamaciones de júbilo.

Todo el mundo se levantó para besar y felicitar a la feliz pareja, y cuando regresaron a sus asientos, Jim retomó su discurso.

—Me gustaría hacer un brindis por las familias, tanto las grandes como las pequeñas, las viejas y las nuevas —bajó la mirada hacia June, y añadió—: ¡Las que se planifican al detalle, y las que surgen de improviso!

Cada familia de Grace Valley celebró la Navidad a su manera. En casa de los Mull, Clarence volvió a estar presente; en esa ocasión llegó en Nochebuena y se quedó todo el día de Navidad. Saltaba a la vista que estaba muy mejorado, e incluso comentó que seguramente volvería a casa muy pronto de forma definitiva.

Erline fue a cenar a casa de los Mull con las niñas y el bebé, pero prefirió no quedarse hasta muy tarde, porque en casa, la primera casa propia que tenía en toda su vida, había un árbol con regalos para los niños, y se sintió en la gloria disfrutando con ellos del calor del hogar (al que contribuía en gran medida la estufa de leña).

Sam fue a verlos con más regalos, al igual que Ricky Ríos, que les llevó un notición que la dejó entusiasmada: Corsica había conseguido que les concedieran una ayuda para reparar la instalación eléctrica y comprar electrodomésticos. Con una casa calentita, un trabajo en el que podía ir aprendiendo y mejorando, y amigos a los que jamás podría agradecerles lo suficiente la generosidad con la que la trataban, su vida había dado un giro radical.

Sam cenó con Standard Roberts y las hijas de éste. En casa de los Toopeek no tenían invitados, pero incluso sin tías, tíos y primos, seguían siendo un grupo bastante numeroso. Leah Craven pudo servir una buena cena y poner varios regalos bajo el árbol de Navidad gracias al aguinaldo que le había dado George, y huelga decir que éste último ofreció comida gratis en la cafetería tanto en Nochebuena como en Navidad, ya que era algo que le producía una gran satisfacción; por su parte, los Stone cenaron con los Dickson, y todos disfrutaron de lo lindo.

Judge y Birdie estaban con Chris, Nancy y los gemelos, que podían desplazarse tanto en silla de ruedas como con muletas y empezaban a hartarse de estar metidos en casa. Su impaciencia por salir ponía de relieve la gran mejoría que habían experimentado; de hecho, en cuestión de un mes iban a poder volver a clase.

Aquella noche, cuando Birdie y Judge ya se habían ido a casa y los gemelos estaban viendo una película, Chris se fue al garaje (o mejor dicho, su taller de carpintería), y Nancy fue tras él; al verle lijando una mesita auxiliar, se preguntó si era un encargo que le había hecho alguien o si había decidido hacerla para intentar venderla.

—Sabía que te encontraría aquí. ¿Ni siquiera puedes pasar unas horas con nosotros en Navidad?

—Acabamos de pasar todo el día juntos, Nancy.

—¿No puedes dejar la carpintería ni un solo día?

—¿Por qué?, ¿qué más da? Apenas vas a dirigirme la palabra aunque esté en casa, así que prefiero aprovechar el tiempo aquí.

Ella se pasó una mano por el pelo, y admitió con exasperación:

—Es que me pone de los nervios, no lo soporto.

—¿El qué?

—*¡Esto!* —abarcó con un gesto del brazo el taller entero.

Había intentado considerarlo como algo positivo para Chris, pero siempre acababa volviendo a lo mismo: a lo que sería positivo para su matrimonio, para la familia. Le parecía una irresponsabilidad tan grande por parte de su marido, que era incapaz de tomárselo en serio.

—Hubo un tiempo en que creías en mí, Nancy. Fue hace mucho, pero aún lo recuerdo.

—Sigo creyendo en ti, pero es que...

—¿Aún me amas?

—Siempre te amaré, pero no entiendo cómo has podido dejar tu trabajo por... por... ¡por esto! —respiró hondo mientras intentaba contener las lágrimas–. ¿Tienes claro al menos lo que piensas hacer?

–Sí, Nancy, lo tengo muy claro: voy a tomarme las cosas día a día, y conseguir todos los trabajos que me salgan relacionados con la carpintería y la restauración. ¿Te parece bien?

A ella le costó creer que estuviera diciendo tamaña ridiculez. ¿Ir día a día?, ¿aceptar trabajos esporádicos?

–¿Y qué pasa si hay otro accidente, o si alguien enferma? ¿De dónde vamos a sacar la asistencia médica?

Él se limpió las manos con un trapo, y apoyó la cadera en su mesa de trabajo antes de contestar.

–Los niños están mejorando muchísimo, y tú podrás buscarte un trabajo fijo dentro de nada. Saldremos adelante.

–¡Aquí jamás ganaría tanto como en San Diego!

–Por suerte, no hace falta que lo hagas. Compré esta casa por una miseria, y usé mi plan de jubilación para la restauración; además, la gente de por aquí suele hacer trueques. He pensado en hacer un huerto bien grande al llegar la primavera, y en comprar unas gallinas e incluso puede que una vaca...

–¡Dios mío de mi vida! –estaba horrorizada.

Había accedido a regresar al pueblo donde se había criado, pero no estaba dispuesta a convertirse en granjera y luchar por salir adelante mediante una precaria agricultura de subsistencia. ¿Qué se suponía que tenía que hacer... ordeñar a las vacas y recoger los huevos y unas cuantas zanahorias para la comida, y después irse a toda prisa para cumplir con su horario de camarera en alguno de los bares de la costa? ¿Y qué iba a hacer con sus trajes, sus zapatos de tacón y la ropa para jugar al tenis? ¡Ella era Nancy Forrest, la mujer que había ascendido hasta el puesto de asistente de administración del vicepresidente de una importante agencia de valores!

Chris empezó a lijar de nuevo la madera con movimientos largos y meticulosos, y añadió:

–Ya sé que aquí se lleva una vida muy diferente, pero creo

que puede ser un cambio muy positivo. Nuestros convecinos no son unos paletos, sino personas con inteligencia y talento, profesionales de primera. Tu nueva mejor amiga es médico. Podríamos llegar a ser muy felices aquí.

—Pasar hambre no da la felicidad, Chris.

—No pasaremos hambre.

—*¿Cómo lo sabes?* —no pudo evitar gritar, porque no entendía cómo podía ser tan corto de entendederas. ¿Pensaba que podía seguir lijando muebles como si nada, y que las cosas se solucionarían por sí solas?

—Porque aquí la vida es muy simple. Si vendemos la casa de San Diego, tendremos varios cientos de miles para ir tirando, y...

—¡No digas tonterías, en San Diego vivíamos con unos ochenta mil al año!

—¡La que está diciendo tonterías eres tú, Nancy! —le gritó él—. ¡En Grace Valley se puede vivir con menos de la mitad de eso!, ¡el coste de la vida es mucho menor!

—Pero a diferencia de ti, a mí me gusta ganar dinero, me gusta el desafío que supone enfrentarse a un trabajo difícil y estar ocupada, ¡me gusta tener un puesto de responsabilidad! ¡La verdad, dudo mucho que Grace Valley pueda ofrecerme algo así!

Él dejó de lijar, y la miró en silencio durante un largo momento antes de decir:

—Pues vas a tener que decidir por ti misma lo que quieres hacer, porque si algo me ha quedado claro últimamente, es que San Diego no está hecho para mí. Allí nadie habría sabido valorar un par de sillas ni un aparador con el tablero rematado con vitral, nadie necesitaría que le echara una mano. Allí sólo importa trabajar para ganar un dólar tras otro. Pero no me malinterpretes, no creo que Grace Valley sea una buena idea por el mero hecho de que aquí puedo trabajar la madera, tener un huerto y gallinas, y trabajar de voluntario. Creo que es una buena idea porque, después de estar a punto de perder a los niños, estoy convencido de que éste es el lugar ideal para ellos.

Ante eso no había objeción posible. Grace Valley era un lugar limpio, saludable y bastante seguro, así que era obvio que era un buen lugar para los gemelos.

—¿De dónde sacaremos el dinero para pagarles la universidad?

—No lo sé, pero seguro que se nos ocurre algo.

Nancy se dijo que era mejor darse por vencida, porque Chris siempre había sido así. Dejaba que fuera ella la que se encargara de la cuestión económica, y no le preocupaba ganar más o menos.

—Pedí una baja temporal en el trabajo, Chris. Tengo que decidir si voy a volver o no.

—Me gustaría que no lo hicieras. Te amo.

—¿Ah, sí? No entiendo cómo eres capaz de dejar escapar un trabajo estable y aun así decir que me amas.

—Pues la verdad es que te amo más ahora que el año pasado. Por fin me he dado cuenta de que era pésimo como marido y como padre, y ¿sabes por qué? Pues porque no era feliz, porque no soportaba mi trabajo de vendedor de seguros. Como no era feliz, era un cero a la izquierda, y como era un cero a la izquierda, no me sentía a la altura de las circunstancias, y como no me sentía a la altura de las circunstancias, volvía a meter la pata... es como el pez que se muerde la cola —esbozó una sonrisa llena de melancolía antes de añadir—: ¿Voy a perderte justamente ahora que he descubierto algo que me gusta, algo que hace que me sienta realizado y que afronte cada nuevo día con optimismo?

—No lo sé —susurró, con los ojos inundados de lágrimas.

June contempló la habitación del niño desde la puerta. Dos de las paredes estaban pintadas de amarillo, y las otras dos cubiertas con un papel en tonos amarillos y azules con carruseles de ponis que bailaban sobre unas cintas de colores; al ver que Jim había conseguido acabar de instalar las contraventanas blancas, supuso que Chris le había echado una mano.

La cuna estaba en su sitio, pero todo lo demás, desde los regalos de la fiesta sorpresa hasta los de Navidad, estaban diseminados por la habitación. Había mucha ropa, ropita de niño... sintió una extraña punzada en el corazón. Estaba entusiasmada por el hecho de tener un hijo, pero al mismo tiempo anhelaba tener una niña. Se preguntó si se sentiría así si no hubiera creído durante tanto tiempo que estaba esperando una niña.

—Puedo encargarme de lavar la ropa y organizarlo todo mientras tú estás trabajando —le dijo Annie, al detenerse tras ella. Le puso una mano en el hombro, y añadió—: O si lo prefieres, lo dejo todo tal y como está y nos ponemos a ello cuando llegues esta noche.

June tardó unos segundos en contestar.

—Déjalo para esta noche —tenía trabajo hasta primera hora de la tarde por lo menos, pero no quería perderse nada de aquel proceso.

Se llevó la mano al abdomen al sentir que se le tensaba de repente, y soltó una pequeña exclamación de sorpresa; cuando Annie alargó el brazo desde atrás y palpó con cuidado, le dijo:

—Sólo es una Braxton Hicks.

—¿Estás segura, June? Tienes el vientre bastante endurecido.

—Más que segura. Ya fui corriendo al hospital una vez, pensando que el parto se me había adelantado, y John llegó a ponerme el monitor y a hacerme una ecografía. Me sentí como una tonta. Soy médico, y tendría que haberme dado cuenta de lo que pasaba.

—¿Cuándo sales de cuentas?

—La verdad es que no lo sé con exactitud, pero a juzgar por la progresión del bebé, parece que a principios de febrero.

—O sea, que te queda un mes —Annie sonrió, y añadió—: Siempre es un alivio llegar al punto en que ya no supone un problema que el bebé se adelante un poco.

—A mí me gustaría esperar una o dos semanas más —admitió, aunque estaba bastante harta de mojarse la ropa interior cada vez que estornudaba o se reía; además, empezaba a dolerle la base de la espalda—. Me gustaría casarme antes de que nazca.

—Después de tanto esperar, ahora resulta que te entran las prisas.

—Creía que estaba siendo racional, no me daba cuenta de que en realidad estaba siendo una idiota. He descubierto que el embarazo mata neuronas que antes estaban de lo más sanas.

—Pues te aseguro que no se recuperan, tu hijo se encargará de recordártelo a menudo. Bueno, ¿cuándo es el gran día?

—Nos planteamos ir al lago Tahoe o a Reno para una boda relámpago en Nevada, pero no es buena idea. En primer lugar, no estoy para viajes largos; y en segundo lugar, mis convecinos están tan metidos en esto como yo, y no se tomarían nada bien que los excluyera. Para muchos de ellos, estar invitado a la boda es más importante que el hecho de que me case. Jim y yo vamos a ir hoy mismo, a la hora de la comida, a buscar el certificado al juzgado del condado, y después vamos a ver si encontramos algún predicador de Rockport que esté dispuesto a venir a oficiar la boda en Nochevieja. Abriremos la iglesia, y después celebraremos una pequeña fiesta.

—¿En Nochevieja? ¡Qué buena idea! Nosotros tenemos que volver a casa el dos de enero.

—Aquí nunca se organiza nada divertido en Nochevieja, a lo mejor empezamos una tradición.

—Sí, una tradición matrimonial. ¿Hasta cuándo piensas seguir trabajando?

—Como no sé cuándo salgo de cuentas, no tengo ni idea. Me siento de maravilla, de momento sólo tengo dolor de espalda, hinchazón de tobillos, incontinencia urinaria, ardor de estómago, y una costilla rota por las patadas que me da cierta personita. Supongo que lo dejaré cuando rompa aguas.

—Tanta modernidad me supera.

Aquella misma mañana, un poco más tarde, June hizo una llamada que tiempo atrás le habría parecido imposible: llamó a Nancy Forrest para pedirle dos favores.

—Lo primero de todo: ¿me ayudarás a encontrar un vestido de boda? He pensado en algo largo y holgado, color crema.

—No te preocupes, seguro que encontramos algo. Los diseñadores tienen mucho más en cuenta a las embarazadas hoy en día que cuando yo parecía un búfalo de agua.

—Gracias. Otra cosa más: si no estás ocupada en Nochevieja, ¿podrías ser mi dama de honor?

—¡June! ¡Oh, June!

—Espero que eso sea un sí.

—¡Sí, claro que sí! —Nancy se echó a llorar de emoción.

—¡Deja de llorar ahora mismo, se supone que es una ocasión para estar alegre!

—No sabes lo honrada que me siento.

—¿A que es increíble cómo han acabado saliendo las cosas?

Jim estaba en la cafetería a la hora acordada, pero ni rastro de June; como iban a buscar el certificado de matrimonio, se había puesto corbata, pero no llevaba puesta la chaqueta. Se tomó una taza de café, y cuando ya iba por la segunda, vio entrar a Sam y a Tom.

—¿Eso es una corbata? —le preguntó Sam.

Él enarcó una ceja, y contestó con ironía:

—¿Tanto tiempo hace que no ves una?

—¿Vas a un funeral? —le preguntó Tom, sonriente.

—No.

—Pues entonces, seguro que vas a casarte —dijo Sam.

—No exactamente.

—¿Te preparo un bocadillo de queso caliente para acompañar el café, Jim? —le preguntó George.

—No, gracias —pensaba ir a comer algo con June después de obtener el certificado.

Miró por la ventana hacia la clínica y vio a June acercándose a la cafetería, pero aún llevaba puesta la bata médica, tenía el estetoscopio alrededor del cuello, y no se había puesto chaqueta, así que era obvio que no estaba lista para ir al juzgado.

—Disculpadme un momento —les dijo a los demás, antes de salir a su encuentro.

Cuando se encontraron a medio camino, June le enmarcó el rostro con las manos y le besó antes de decir:

—Lo siento muchísimo, pero a John le ha salido una urgencia en el hospital, y papá y yo tenemos un montón de trabajo en la clínica. Da la impresión de que todo el mundo ha estado esperando a que pasara Navidad para resfriarse.

—No te preocupes, no pasa nada.

—Te has puesto corbata.

—Es la primera vez que voy a por un certificado de matrimonio, no tengo ni idea de cómo hay que ir vestido.

—Te queda muy bien, ni siquiera sabía que tuvieras una.

—Tengo dos —le dijo él, sonriente.

—¿Tienes traje para Nochevieja?

—¿Voy a necesitarlo? —le preguntó, en tono de broma.

—¿Podrías quedarte por aquí hasta esta tarde? Con un poco de suerte, terminaré pronto y podremos ir hoy mismo.

Jim tenía sus dudas, porque quería quitarse la dichosa corbata cuanto antes. Le puso las manos en el vientre, y se agachó a decirle a su hijo:

—Si está demasiado ocupada para tomarse el tiempo de traerte al mundo, tendrás que apañártelas por ti mismo —entonces lo besó con ternura.

Los demás habían estado observándolos desde dentro de la cafetería, y George comentó:

—Me parece que es la primera vez que veo algo igual.

—Pues entonces has visto muy poco —le dijo Tom.

Al cabo de unas horas, después de atender al último paciente, June llamó a Jim y le preguntó:

—¿Crees que ya es muy tarde?

—Será mejor que lo dejemos para mañana, cariño. Cierran dentro de un cuarto de hora.

—¡Maldita sea...! ¿Me odias?

¿Que si la odiaba? ¡Jamás había sentido tanta admiración hacia una persona! El hecho de que June pudiera cargar con tantas responsabilidades, que hiciera tanto y de forma tan generosa cuando le faltaba tan poco para dar a luz a su hijo, le maravillaba y le llenaba de una admiración casi reverente; y por si fuera poco, le parecía la mujer más sexy del mundo incluso con los tobillos hinchados. Mantener las manos apartadas de ella por lo avanzado que estaba el embarazo era una verdadera tortura, y estaba deseando que diera a luz para volver a hacerla suya. Como su hermana estaba a escasos metros de distancia, se limitó a decir:

—Volveremos a intentarlo mañana. Annie está preparando un asado para la cena que te va a encantar.

—Te debo una.

—Estoy deseando cobrártela... durante años.

El teléfono empezó a sonar en medio de la noche junto a la cabeza de June, justo cuando iba ganando en la acalorada discusión que estaba manteniendo con Birdie en su sueño. La discusión no se debía a que Birdie estuviera presionándola para que se casara, y de hecho, no recordaba por qué había sido, pero... descolgó el teléfono adormilada, y miró hacia el despertador. La una y media de la madrugada.

—Siento muchísimo tener que despertarte, June —le dijo John—. Estoy en el hospital de Rockport, y acabo de recibir un aviso de Mary Lou Granger. Su hija está sufriendo un ataque de asma, y no remite con el inhalador.

—No te preocupes, ya me ocupo yo. ¿Qué haces en Rockport?

—Estoy con una de mis pacientes embarazadas, ya ha dilatado nueve centímetros. He estado a punto de llamar a tu padre, pero parecía bastante cansado al salir de la clínica.

—Prefiero que no le hayas llamado, ahora mismo voy; además, dentro de poco dejaré de recibir llamadas de urgencia durante una buena temporada.

—Le he dicho a Mary Lou que vaya a la clínica.

—Perfecto, me visto y me pongo en marcha.

—Gracias, June. Estoy en deuda contigo.

June pensó para sus adentros que en realidad era ella la que estaba en deuda con él, porque John estaba esforzándose por conseguir que tanto su embarazo como el parto fueran lo mejor posible, y que no hubiera complicaciones.

—¿Qué pasa? —le preguntó Jim.

—Tengo que ir a la clínica para tratar a una paciente asmática, supongo que en una hora o menos estaré de vuelta y podré ponerte encima mis gélidos pies —empezó a vestirse a toda prisa.

Él se incorporó, y murmuró:

—Voy contigo.

—¿Por qué?

—No sé. Está oscuro, a lo mejor ha helado.

—La temperatura ha subido un poco esta tarde. El Niño ha vuelto, y está derritiéndolo todo a su paso.

—Hace mucha humedad.

Ella se echó a reír, y comentó en tono de broma:

—Eres una verdadera dulzura. ¿Vas a acompañarme por la noche por el resto de mi carrera médica, o es sólo por esta vez?

Él volvió a acostarse, y admitió:

—Tienes toda la razón. Ponte las botas de goma.

—Si tú te hubieras puesto una goma... —dejó la frase inacabada, porque no cambiaría nada de lo que había pasado; antes de que saliera del dormitorio, él ya estaba roncando con suavidad.

Se abrigó bien, porque hacía mucho frío a pesar de la llegada de El Niño. El cielo encapotado ennegrecía la tierra, y no había nada más oscuro que un pueblecito bajo un cielo invernal pasada la medianoche; que ella supiera, en Grace Valley no había ni un solo insomne.

John había tenido una buena idea al pedirle a los Granger que fueran a la clínica, porque vivían en el extremo opuesto del valle que ella, así que se habría perdido un tiempo que podía ser muy valioso si hubiera tenido que ir hasta su granja; además, existía la posibilidad de que hiciera falta oxígeno, y teniendo en cuenta lo enorme que estaba por el embarazo, iba a resultarle mucho más fácil usar el equipo que había en la clínica que la botella que llevaba en la camioneta junto con el resto del equipamiento de emergencia.

Cuando llegó al aparcamiento de la clínica, rodeó el edificio para entrar por la puerta trasera. Los Granger aún no habían llegado, así que tenía tiempo de preparar una sala de exploración para Katie, la mayor de los tres hijos. Debía de tener unos siete u ocho años y era la única de los tres con asma y alergias, pero habían logrado estabilizarla con medicación.

Salió del vehículo y fue hacia la puerta trasera de la clínica, pero se detuvo al oír un sonido inesperado... ¿agua?, ¿alguien se había dejado un grifo abierto? Fue a mirar a ambos lados de la clínica, que estaba rodeada de asfalto, y no encontró ninguna manguera enchufada; además, ¿para qué querría alguien una? Las lluvias habían sido casi constantes desde mediados de octubre, y la tierra estaba empapada.

La luz de las farolas iluminaba la capa de humedad que lo cubría todo. Las luces nocturnas de la cafetería estaban encendidas, pero tanto la iglesia como la rectoría estaban envueltas en una oscuridad opresiva... y el suelo del aparcamiento que separaba los edificios no sólo estaba húmedo, estaba moviéndose.

Con el corazón encogido, regresó a la camioneta y rodeó la clínica con las luces apuntando hacia la cafetería y la iglesia. Era como si el océano hubiera llegado al interior. Por regla general, el río solía ser una estrecha franja de agua que bajaba de las montañas hasta el mar, y entre la cafetería y él cabría un estadio de fútbol entero, pero en ese momento era una bestia descomunal y enfurecida que quedaba a escasa distancia de los edificios. Ya había llegado a la altura de la cafetería y la rectoría, y seguro que el sótano de la iglesia estaba inundado.

Dejó las luces de la camioneta encendidas y apuntando hacia las desbordadas aguas del río, y fue hacia la clínica tan deprisa como pudo teniendo en cuenta su estado. Entró por la puerta trasera, encendió las luces de su despacho y se dispuso a llamar a Tom antes de nada, pero se quedó helada al oír un ruido.

Dejó el teléfono sobre la mesa y salió al pasillo para investigar, y el gancho de derecha que Conrad Davis le propinó en la mandíbula la tomó totalmente desprevenida. Su cabeza chocó contra el marco de la puerta, y se hundió en una profunda oscuridad mientras se deslizaba inconsciente por la pared hasta el suelo.

Conrad se quedó mirándola, aturdido y ansioso por el

mono, y varias ideas se agolparon en su mente: acababa de dejar inconsciente a June, la doctora del pueblo, a la que todo el mundo adoraba; estaba embarazada; él llevaba un rato en la clínica, buscando narcóticos o dinero; acababa de salir de la trena, y se le había ocurrido ir allí a robar.

Tenía dos opciones: matarla, o huir de allí cuanto antes. Aunque era un canalla sin escrúpulos, nunca había cometido un asesinato; quizá podría llegar a hacerlo por drogas, pero aquella mujer no tenía ni una pastilla.

Salió corriendo de allí con los bolsillos vacíos y vio la camioneta de la doctora con las luces encendidas, iluminando las aguas crecidas del río al otro lado de la calle. Él había dejado su furgoneta aparcada detrás de un garaje, a dos calles de allí, y de repente lo tuvo muy claro: estaba harto de aquel pueblo, de sus gentes, de Erline y de los mocosos. No quería volver a verlos en toda su vida. Decidió que iba a irse hacia el norte con la camioneta de la doctora, y que cuando se acabase la gasolina iba a venderla y a comprarse algo más pequeño y barato, para que le sobrara un poco de dinero y poder comprar algo de marihuana, cristal y éxtasis.

Mientras se largaba de allí en la furgoneta se dijo para sus adentros que, de todas formas, seguro que aquel pueblo no tardaría en quedar borrado del mapa, porque el agua del río estaba subiendo a toda velocidad.

Ni siquiera se le pasó por la cabeza dar la voz de alarma.

Jim despertó cuando empezó a sonar el teléfono, y contestó adormilado.

—¿Diga?

—Ah, hola, ¿eres Jim?

—Sí.

—Soy Mary Lou Granger, ¿podría hablar con June, por favor?

—Está en la clínica, atendiendo a alguien con asma. La encontrarás allí.

—Yo soy la del asma... bueno, en realidad es mi hija Katie. He estado llamando a la clínica para avisar que no podemos llegar hasta allí, pero no contesta nadie.

—¿Qué...? —se incorporó hasta sentarse, porque se había despertado de golpe al oír que nadie contestaba en la clínica.

El corazón empezó a martillearle en el pecho y se preguntó si a June se le habría averiado el coche, si habría tenido un accidente. Bajó de la cama, encendió la luz, y apartó ropa a diestro y siniestro mientras buscaba sus vaqueros a toda prisa.

—El río se ha desbordado, y algunas zonas están anegadas. Vivimos en el campo, en el otro extremo del valle. Tenemos que dar tanto rodeo para poder cruzar el río, que nos sale más a cuenta ir al hospital de Rockport, y quería decírselo a June. ¿Dónde está?

—No lo sé —contestó, mientras se ponía los pantalones—. Voy a ir a la clínica, para asegurarme de que no haya tenido ningún problema en el camino.

Como el servicio de emergencias estatal aún no había llegado al valle, llamó a la comisaría. Le saltó el contestador automático, que proporcionaba tanto el número del buscapersonas de Tom como el de su móvil, y llamó a éste último mientras se ponía las botas.

—Dime, June —era obvio que Tom había visto el número de teléfono de la casa en el identificador de llamadas.

—Soy Jim. June ha ido a la clínica a tratar a una paciente, pero la paciente en cuestión acaba de llamar y dice que no puede llegar a la clínica por... no sé, algo relacionado con un río. Y también me ha dicho que ha llamado a la clínica, pero que nadie contesta, así que voy para allá; por cierto, ¿qué es lo que pasa con ese río?

—¡Mierda!

—Me huelo que pasa algo malo.

—Es el río que pasa por detrás de la cafetería, el Windle. Hemos estado pendientes de él desde otoño. Lleva veinte años sin desbordarse, pero...

—Nos vemos en la clínica.

—No cruces por ninguna zona baja cubierta de agua, puede haber una riada en cualquier momento.

—¿Crees que una de ellas puede haber pillado a June desprevenida? —le preguntó, aterrado.

—Lo dudo, se ha criado aquí y conoce los peligros de la zona. Luego te veo.

Jim despertó a su hermana y a su cuñado para ponerles al corriente, y a pesar de lo preocupados que se quedaron, no podían acompañarle y dejar solos a los niños, que seguían durmiendo en la buhardilla. Despertarlos no tenía sentido, porque por muy grande que fuera su furgoneta, tendrían que ir muy apretujados; además, todos estaban en pijama, y no estaba dispuesto a esperar ni un minuto más.

Cuando estaba a punto de salir por la puerta, hizo algo del todo inesperado: regresó al dormitorio, se quitó la chaqueta, y sacó del fondo del baúl que había a los pies de la cama tanto sus pistolas como su doble funda de hombro. Casi todos los habitantes de Grace Valley tenían armas, pero no como aquéllas. Se planteó sacar también el chaleco antibalas, pero no quería perder más tiempo... aunque pensándolo bien... sacó el chaleco del baúl, y se dispuso a marcharse. No era un chaleco antibalas como los que usaban los agentes de calle, sino uno de los que usaban los SWAT, los grupos de operaciones especiales, y pesaba unos dieciocho kilos. Era un chaleco capaz de parar una bala de rifle, y aunque no habría sabido decir por qué sentía la necesidad de llevárselo, jamás cuestionaba sus instintos.

Annie estaba esperando en el pasillo, en bata y zapatillas, y se quedó atónita al verle salir del dormitorio armado y con el chaleco.

—¡Jim! ¿Qué ha pasado?

—No lo sé, Annie, pero quiero estar preparado para lo que sea. Te llamaré en cuanto encuentre a June.

June no sabía cuánto tiempo había pasado inconsciente, pero tenía la impresión de que no había sido demasiado. Le dolía la mandíbula y la parte posterior de la cabeza... algo la había golpeado, y su cabeza había chocado contra la pared. Al ver en su reloj de pulsera que eran las dos en punto de la madrugada, calculó que sólo habían pasado unos minutos desde que había entrado en la clínica, pero no estaba segura del todo.

Permaneció muy quieta y callada, aguzando el oído, y fue recordando lo que había pasado. Se había dado cuenta de que había alguien en la clínica al oír un ruido sordo, había salido al pasillo, y entonces... ¡zas! La habían dejado fuera de combate.

No se oía ruido alguno, pero no tenía ningunas ganas de que volvieran a noquearla; además, quería asegurarse de que el bebé estaba bien. Daba la impresión de que no había caído sobre el estómago, sino que había bajado por la pared hasta aterrizar de espaldas. Deslizó las manos en círculos sobre su vientre, y sonrió cuando su hijo se movió en su interior y le dio una patadita. La verdad era que no había por qué temer por la salud y la seguridad del bebé, y aunque después de llamar a su padre y a Jim pensaba someterse a una exploración para comprobar que no sufría una conmoción cerebral, todo parecía normal... todo, menos el Windle.

Volvió a aguzar el oído, y cuando se convenció de que estaba sola, entró a gatas en su despacho y se levantó con cuidado. El teléfono estaba haciendo el molesto sonido de aviso de cuando estaba descolgado, y empezó a sonar en cuanto lo colgó bien.

—June Hudson.

—¿Dónde estabas?

Era Jim, y al oír de fondo el ruido del motor de su camioneta, supo que estaba conduciendo.

—Aquí. Un intruso me ha dado un golpe y me ha noqueado.

—*¿Qué?*

—Estoy bien, ¿vienes de camino? El río se ha desbordado y tengo que avisar a Tom, y a mi padre, y a...

—*¿Quién te ha noqueado?*

Nunca antes le había oído hablar con enfado, aunque era mucho más que eso: estaba enfurecido. Ella se lo había dicho sin pensar, pero tendría que haber sabido que, teniendo en cuenta lo que él sentía por el bebé y por ella...

—¿Quién? ¿Quién ha sido?

—No lo sé, Jim. Ni siquiera me di cuenta de que había un intruso cuando entré, no llegué a verle. Supongo que era un hombre, pero no lo sé con certeza. Estoy bien, de verdad. Voy a pedirle a mi padre que me examine para ver si tengo una conmoción cerebral, pero me parece una posibilidad muy remota. Jim... el niño se mueve, no ha pasado nada. Sólo quiero que vengas cuanto antes.

—Enseguida estoy ahí —parecía más calmado.

Después de colgar, June se puso a hacer llamadas. Sacó a su padre de la cama, se enteró de que Tom ya iba de camino, y dio la voz de alarma. Les dijo a todos que el río se había desbordado, y ellos se pusieron en marcha de inmediato.

Cuando fue a por una bolsa de hielo y encendió las luces, se encontró con todo revuelto, y supuso que el intruso había estado buscando narcóticos o dinero. Se sujetó el hielo contra la parte posterior de la cabeza con una mano, y fue al lavabo que había en la zona de recepción. Sonrió al ver que el armario donde se guardaban varios artículos de higiene seguía cerrado con llave, porque era allí donde guardaba la pequeña cantidad de narcóticos y de dinero que dejaban en la clínica. Cada mañana, antes de que llegaran los pacientes, sacaban las cajas de caudales y dejaban en el pequeño armario el papel higiénico, las toallitas faciales, y los tampones; por la noche volvían a meter las cajas de caudales, y cerraban el armario con llave. ¿A quién se le ocurriría buscar narcóticos y dinero en el lavabo de los pacientes?

Al oír la sirena del coche patrulla tuvo miedo de salir a mirar, de ver hasta dónde llegaba ya el agua.

Grace Valley era un lugar de una belleza que dejaba sin aliento. Tenía tierra fértil, majestuosas montañas cubiertas de espesas arboledas, y kilómetros de una costa fantástica. Era como un paraíso... siempre y cuando no se inundara ni se incendiara. Mientras la temperaturas inusualmente cálidas derretían la nieve de las montañas, había llovido sin cesar.

Cuando June salió de la clínica por la puerta principal, se dio cuenta de que el río ya había alcanzado la parte trasera de la cafetería. El agente Lee Stafford había aparcado justo delante de la clínica, y estaba enfocando la linterna hacia el agua; parecía un lago, pero por detrás de la cafetería, en el mismo lugar donde Sam y algunos otros iban a veces a pescar, el río bajaba atronador como rápidos de aguas bravas. El agua que en ese momento anegaba tanto la ribera como el aparcamiento era el resultado de su desbordamiento.

Seguro que Lee estaba avisando a todos los departamentos necesarios... la policía, los bomberos, los de control de inundaciones, los de parques y recreación, los forestales, los de caza y pesca, la patrulla de carreteras de California, y el departamento del sheriff del condado.

Volvió a entrar en la clínica y, sin dejar de sujetar la bolsa de hielo, llamó a George, Sam y Burt Crandall, ya que todos ellos tenían negocios en la calle principal. Entonces llamó a Judge, Bud Burnham, Robbie Gilmore, Daniel Culley, y tras una ligera vacilación, a Chris y a Nancy.

—El río se ha desbordado, Nancy. Tu casa está en terreno elevado, así que no creo que le pase nada, pero pídele a Chris que venga, por favor. Vamos a necesitar toda la ayuda posible.

—¿Dónde estás?

—En la clínica. Dile que venga, por favor. Tengo que hacer más llamadas.

—Ahora mismo va. Y tú ten mucho cuidado.

Colgó el teléfono al mismo tiempo que se oyó que se abría la puerta trasera, y por el sonido de los pasos supo que no era su padre, sino Jim. Quedó impresionada al verle aparecer, porque era tan corpulento, que parecía llenar por entero el marco de la puerta; y por si fuera poco, iba armado y llevaba un chaleco antibalas.

—¿A quién piensas enfrentarte? —le preguntó, atónita.

—No sé, a quien te ha noqueado. Déjame ver —le alzó la barbilla, y añadió—: Se te está amoratando un poco.

—Pues no es lo que más me duele. Me he dado un golpe en la cabeza, y me ha salido un chichón —apretó la bolsa de hielo contra la zona afectada, y al ver que él posaba una mano sobre su vientre, le dijo con calma—: Me parece que el bebé está perfectamente bien —le cubrió la mano con la suya—. ¿Lo ves?, no se queda quieto.

—Como Mo —la apretó contra su cuerpo, y la abrazó con cuidado—. Deja de darme estos sustos, June.

Había pasado muchos años cuidando de la gente del pueblo y sabía que todos la apreciaban de corazón, y que se preocupaban por ella. Su padre y su tía siempre estaban asegurándose de que estuviera bien, y Tom y sus ayudantes también estaban pendientes de ella; sin embargo, nunca antes había tenido algo así.

Le rodeó el cuello con los brazos, se apretó contra el duro chaleco y frotó la mejilla contra la suya. No había duda de que Jim la amaba con toda su alma, de forma incondicional, y ella sentía lo mismo por él.

Se echó un poco hacia atrás, y le preguntó:

—¿Piensas dispararle a mucha gente esta noche?

—¿Tienes un armario o un cajón que pueda cerrarse con llave?

—Las armas y el chaleco estarán a salvo en el cajón inferior de mi mesa, y va a haber gente por todas partes. ¿Has visto el río?

—No, ni me he acordado de mirar. ¿Dónde está tu camioneta?

—Ahí fuera.

—¿Dónde, exactamente?

—Ahí fuera, en la parte trase... —al ver que él negaba con la cabeza, exclamó—: ¡Seguro que el intruso me la ha robado! Tenía un montón de cosas dentro, el material de primeros auxilios, oxígeno, mantas... ¡maldita sea!

Su padre entró en ese momento por la puerta trasera, y fue directo al despacho de June; al ver a Jim, comentó:

—Pareces un federal.

—¿Un qué?

—Déjalo ya, todo el mundo sabe que lo eres. A nadie le importa que no quieras admitirlo, pero no intentes tomarme el pelo. Sabemos que conociste a June mientras merodeabas por la zona, que te dedicaste a verla a escondidas y la dejaste embarazada justo antes de la desarticulación de aquella plantación de marihuana que había en las montañas.

Jim enarcó las cejas, y su boca se curvó en una cínica sonrisa cuando miró a June. Ella se encogió de hombros, y se limitó a decir:

—¿Qué quieres que te diga? Bienvenido a tu pueblo. Ánimo, intenta tener una vida privada si quieres.

Su padre se quitó la chaqueta mientras la miraba de pies a cabeza, y le preguntó:

—¿Qué es lo que te ha pasado?, ¿te has caído?

—No exactamente. He venido a la clínica a ver a Katie Granger, que tenía un ataque de asma, y he oído un ruido; cuando he salido al pasillo, ¡zas! Me han dado un golpe en la mandíbula —alzó la barbilla antes de añadir—: Justo aquí.

—¿Has perdido la consciencia? —le preguntó, mientras le tocaba con cuidado el moratón.

—Por muy poco tiempo... minutos, puede que segundos. Me he golpeado la parte posterior de la cabeza contra la pared. Me parece que no me he dado ningún golpe en el estómago, no noto nada raro y el niño está activo.

Él le palpó la cabeza, y comentó:

—Esto sí que es un buen huevo de ganso.

—¿Eso es un término médico? —le preguntó Jim, en tono de broma.

—Ven, voy a examinarte los ojos —mientras la conducía hacia una sala de exploración, siguió diciendo—: ¿Te encuentras bien? ¿Te duele la cabeza?, ¿tienes náuseas?, ¿estás mareada? —al ver el desorden que reinaba en la sala, masculló—: Malditos vándalos.

—Me duele el chichón, he estado aplicándome hielo. ¿Has visto el río, papá?

—Sí, y me parece que estamos metidos en un buen lío. Anda, súbete en la mesa de exploración.

—He dejado mi camioneta con las luces encendidas, apuntando hacia la cafetería y el río, y me la ha robado la persona que me ha golpeado. Una camioneta menos, empiezo a perder dos por año.

—Sí, es una costumbre bastante cara. Apriétame los dedos. Empuja contra mi mano —después de hacerle la sencilla prueba neurológica, comentó—: Estás bien, June. Estoy casi seguro de que el niño también lo está, pero en eso John tendrá la última palabra; como te has quedado inconsciente, a lo mejor quiere hacerte una ecografía rutinaria.

—Tenemos que contactar con él para avisarle de la crecida del río, y de que la clínica puede estar en peligro.

Al ver que la exploración médica ya había acabado, Jim regresó al despacho de June para guardar las armas y el chaleco antibalas; al oír el sonido de vehículos pesados, miró por la ventana y vio la calle y los edificios iluminados por multitud de luces de emergencia en movimiento.

Llamó a Annie y le dijo que June estaba bien, pero que había un problema con el nivel del río y que iban a tardar bastante en regresar de la clínica. No quería preocuparla, y además, ni siquiera sabía de qué había que preocuparse.

Fueron llegando durante toda la noche... primero la gente del pueblo y los granjeros. Llevaron todo lo que pudieron, desde palas a arados. Las partes traseras de las camionetas se llenaron hasta los topes con sacos de arpillera llenos de arena, y Standard Roberts llevó toda la arena y la arcilla que pudo sacar de sus invernaderos.

Después llegaron los forestales y los del departamento de caza y pesca, todos ellos con los camiones llenos de material de emergencia contra inundaciones, y cuando ya faltaba poco para que amaneciera, llegó la Guardia Nacional desde Fort Bragg.

June se negó a marcharse del pueblo mientras se sintiera bien, aunque no podía hacer gran cosa por ayudar; Jim, por su parte, no tardó en ir a ayudar a llenar sacos de arena y apilarlos justo detrás de la cafetería. Cuando dispusieron de camiones de plataforma y de focos, George y sus hijos sacaron varios paneles de cristal de la parte delantera del local y empezaron a sacar todo lo que pudieron... neveras, parrillas, sartenes, platos, vasos... antes de que fuera demasiado tarde. El material fue trasladándose en coches hasta el cercano taller de Sam, donde fue almacenándose.

June permaneció en los escalones delanteros de la clínica, viendo a sus amigos y convecinos trabajando junto al personal de control de inundaciones. Conocía todos y cada uno de los coches, camionetas y furgonetas que había aparcados a lo largo de la calle principal. Río arriba, en las estribaciones de las montañas, había más personal intentando estabilizar y desviar la corriente de agua, y río abajo estaba la patrulla de carreteras, colocando barricadas en trechos de carretera anegados.

Vio llegar a Ricky Ríos junto con Frank Craven y dos de los hermanos pequeños de éste, y poco después aparecieron Lincoln Toopeek con cuatro jóvenes Toopeek. Hal Wassich había movilizado a su familia entera, y Mike Dickson y su suegro llegaron con una excavadora en un remolque.

Los del departamento de carreteras llevaron un camión tras otro de arena y fueron descargándola lo más cerca posible del agua, pero a una distancia prudencial para que la corriente no pudiera llevársela antes de que la metieran en los sacos.

June sintió el corazón henchido de emoción al ver acercarse a su nueva mejor amiga. Nancy llevaba la cabeza cubierta con la capucha, estaba sonriente, sus ojos chispeaban con una mirada traviesa, y cuando estuvo lo bastante cerca, comentó en tono de broma:

—Caramba, es increíble lo que algunas están dispuestas a hacer con tal de no tener que llenar sacos de arena.

—¡Nancy! ¿Desde cuándo estás aquí?

—Desde que desperté a Chris y me di cuenta de que yo también podía ayudar si dejábamos a los niños en casa de mis suegros. Birdie se ha quedado allí, pero Judge se ha empeñado en venir.

June la abrazó, y exclamó:

—¡No sabes cuánto me alegro de que estés aquí! ¿Cómo está la cosa río abajo?, ¿hasta dónde llega el desbordamiento?

—Dicen que hasta donde la 482 cruza el valle. La cafetería

y la iglesia corren peligro, y por desgracia están evacuando un montón de casas a lo largo de la ribera. Tú las conoces tan bien como yo, sabes que no son demasiado sólidas. Podrían venirse abajo antes de la mañana.

—¿Adónde llevan a los evacuados?

—Al instituto. Mira eso, están sacando los bancos de la iglesia... y todo lo que no está sujeto con clavos, el sótano ya está inundado del todo. Oye, tengo que volver al trabajo, pero le he dicho a Jim que traiga aquí la cafetera de George y la enchufe. ¿De acuerdo?

—Claro, buena idea.

Nancy le dio un rápido abrazo antes de preguntar:

—¿Seguro que te encuentras bien?, ¿no tendrías que estar sentada?

—Estoy bien, el niño se ha quedado tranquilito por fin.

—A lo mejor deberías meterte en la clínica y tumbarte, intentar dormir un poco.

—¿Con todo lo que está pasando? No te preocupes, Nancy. Estoy acostumbrada a dormir poco, y supongo que me acostumbraré aún más cuando nazca el bebé.

John y Susan llegaron poco después y fueron a acostar a Sydney, que estaba dormida, en la cama de una de las salas de recuperación; por insistencia de sus amigos, June empezó a acostarse quince minutos a cada hora para que sus hinchados tobillos tuvieran un descanso. La pareja no podía ir a ayudar a llenar los sacos con arena; por un lado, John no podía correr el riesgo de herirse las manos, y Susan estaba embarazada y no tenía más remedio que descansar junto con ella de vez en cuando.

Por suerte, no tuvieron que permanecer ociosos, porque había mucho por limpiar y ordenar por culpa del intruso. Jessie llegó a primera hora de la mañana, y las ayudó a organizar el material y los archivos.

La llegada del amanecer trajo consigo la aparición de la

gente de los pueblos y las zonas rurales circundantes a Grace Valley. Ingenieros del ejército supervisaron el llenado de sacos y la construcción de presas, pero el río continuaba creciendo a pesar de lo duro que trabajaban. Los de la Cruz Roja llegaron desde Garberville con varias furgonetas con comida que aparcaron al final de la calle, y repartieron café, agua y bocadillos a todo el que quisiera. Después llegaron los estudiantes del instituto e incluso los de primer ciclo de secundaria, dispuestos a trabajar para evitar que el río se adueñara del pueblo.

Annie llamó y le rogó a June que enviara a alguien a buscarlos, porque ninguno de los cuatro soportaba estar de brazos cruzados en casa sabiendo que podrían estar echando una mano.

—Saca las sobras que quedaron, prepara bocadillos, vacía la nevera. La Cruz Roja ha traído comida, pero estaría bien que pudiéramos alimentarnos por nuestra cuenta en la clínica. Poneos ropa de abrigo, y tan impermeable como sea posible. En el armario de la entrada hay paraguas y algún chubasquero; el de mi dormitorio está lleno de sudaderas y vaqueros en los que ya no quepo, y botas que a lo mejor os van bien a Tracy y a ti... y puede que también a Mo, si aún no le han crecido demasiado los pies. Recoged todas las bolsas de plástico que encontréis. Os daré una hora para que podáis encargaros de todo, ¿de acuerdo? Ah, ¿podrías darle de comer a Sadie y traértela? No quiero dejarla sola otro día entero.

Al final, fue la misma June quien fue a buscarlos en la camioneta de Jim, que tenía una cabina doble. Annie había vaciado a fondo la cocina, y el personal de la clínica iba a sonreír de oreja a oreja al ver toda la comida que había preparado. Cuando regresaron al pueblo, June se quedó en la clínica mientras los veía cruzar la calle hacia la nueva orilla del río; al ver llegar a su familia, Jim se apoyó en su pala y esperó sonriente a que se acercaran, y les asignó una tarea después de abrazarles uno a uno.

Siguieron trabajando a lo largo del día mientras ella tenía que conformarse con observar desde la clínica; de no ser por las pequeñas heridas y lesiones que tuvo que ir tratando, se habría sentido inútil del todo. Tom Toopeek fue a verla a media tarde, y le dijo:

—Hemos encontrado tu camioneta, June. Resulta que ha sido Conrad quien ha entrado en la clínica y te ha golpeado.

—¿Qué ha pasado?

—Que también ha sido Conrad el que ha intentado pasar con la furgoneta por debajo de un paso elevado y ha acabado siendo arrastrado por el agua; a lo mejor se habría salvado si se hubiera quedado dentro del vehículo, pero ha salido y los de la patrulla de carretera han encontrado su cadáver contra un árbol.

—Qué manera de echarse a perder.

—No podrán remolcar tu camioneta hasta que baje el nivel del agua, de momento hay otras prioridades.

—Por supuesto. ¿Vas a decírselo a Erline?

—Sí, voy a pedirle a Sam que venga conmigo.

—¿Crees que aquellas casas de allí están a salvo?, están bastante cerca del río.

—La clínica lo tiene peor que ellas, June. Es inútil que intentemos engañarnos, la verdad es que nadie había visto nada igual. Es incluso peor que la última inundación que tuvimos, hace veinte años.

A eso de la medianoche quedó claro que no se podía hacer nada más y que había que evacuar a todo el mundo, así que empezaron a cargar las herramientas en los vehículos y a marcharse. Jim, John, Elmer, Annie, Mike y los niños y Jessie pusieron en alto el material de la clínica. No tenían tiempo de sacarlo de allí, pero metieron en bolsas de plástico libros, archivos y fichas médicas, equipos de pruebas y libros de contabilidad. Las fotocopiadoras, los faxes, los teléfonos y demás aparatos los pusieron en los estantes superiores de las salas de exploración, y Jim llevó el ordenador y la impresora a la camioneta.

—Vamos, June. Tenemos que irnos, el agua ya ha subido más de medio metro en la calle —le dijo su padre, mientras tiraba de su codo con suavidad.

—¡Pero aún le falta bastante para alcanzarnos, la clínica está a unos noventa centímetros de altura!

—Dentro de poco no podremos salir de aquí en coche, cariño.

—¿Vamos a perderlo todo, papá? ¿El pueblo entero? —le preguntó, con los ojos llenos de lágrimas.

—No, pero va a haber mucha humedad. ¡Venga, vámonos!

Mientras se repartían en las camionetas de su padre y de Jim, muchos otros estaban atareados sacando a toda prisa sus pertenencias más preciadas de sus casas; por petición de June, pasaron por casa de Judge y Birdie, y encontraron la misma escena... Chris y Nancy estaban cargando la parte trasera de la camioneta de Judge, y los gemelos ya estaban en sus correspondientes asientos de la furgoneta familiar.

June bajó la ventana, y les preguntó:

—¿Adónde vais a ir?

—A nuestra casa, estamos en terreno elevado —le contestó Nancy—. ¿Os vais a casa?

—Sí, ya te llamaré luego al móvil.

Su amiga la miró con los ojos llorosos, y le dijo:

—Lo siento muchísimo, June. Pensaba que podíamos salvar el pueblo.

—No te preocupes, daos prisa y marchaos cuanto antes. Hemos salvado lo más importante.

Al mediodía del día siguiente, la CNN dio la noticia de que el pueblo de Grace Valley había quedado literalmente cubierto por el río. Miembros de la Guardia Nacional estaban rescatando a gente de sus casas, y la Cruz Roja estaba alojando a los lugareños en las escuelas y las iglesias de la zona.

Las casas de los Forrest, los Toopeek, los Hudson y los Claypool se habían salvado del agua, al igual que las de los Stone y los Craven. La cafetería de George estaba inundada, pero su casa estaba indemne; Burt y Syl perdieron tanto su hogar como la panadería, y lo mismo le pasó a Sam con su casa y el taller; Judge y Birdie, los Mull, los Burnham y los Barstow no tuvieron suerte, y tampoco Erline.

Myrna acogió en su casa a los Barstow, por supuesto, y Corsica y Ricky se aseguraron de que Erline y los niños encontraran cobijo. Los Mull se alojaron en un centro de la Administración del Veterano, y casi todos los demás tenían hijos adultos en las poblaciones cercanas, así que se fueron con ellos.

Siguió lloviendo y lloviendo sin parar.

En los días posteriores no se podía hacer nada en el pueblo, así que a priori cabría pensar que todo el mundo se quedara esperando de brazos cruzados a que volviera a salir el sol, pero nada más lejos de la realidad. Como la clínica estaba cerrada, June, John y Elmer hicieron visitas a domicilio o visitaron a pacientes en el consultorio del Valley Hospital. En los centros de acogida de emergencia hacían falta voluntarios que se encargaran de recoger comida, ropa, sábanas y mantas, y que ayudaran en las escuelas que se habían habilitado para acoger a la gente.

Grace Valley no había sido la única víctima de las altas temperaturas y las lluvias constantes, y otros pueblos habían sufrido un duro golpe por la crecida de sus lagos y sus ríos. El río Russian se desbordaba con relativa frecuencia, pero en esa ocasión había sido especialmente brutal y había destrozado más de una docena de casas; además, un autobús escolar lleno de niños se había quedado aislado cuando una riada repentina había anegado la carretera. Por no hablar de los deslizamientos de tierras que estaban produciéndose por toda la costa del norte de California por culpa de la cantidad de agua que había absorbido el suelo.

Ver a toda la gente del pueblo aunando esfuerzos y ayudándose mutuamente resultaba edificante, pero no era nada sorprendente. Nancy y Chris dejaron a los gemelos a cargo de Birdie y Judge, y pasaron largas jornadas ayudando dentro y fuera de los refugios, trasladando a gente, recogiendo donativos... en fin, haciendo todo lo que hiciera falta; Jurea y sus dos hijos, por su parte, trabajaban duro para ayudar a realojar a la gente a pesar de que ellos mismos se habían quedado sin casa; el grupo de mujeres presbiterianas estaba llenando cajas con comida que la gente iba donando, para poder entregárselas a familias necesitadas; y por último, Annie y su familia también pusieron su granito de arena mientras los habitantes de la zona trabajaban y se ayudaban los unos a los otros.

Todos estaban muy cansados, en especial June; por suerte, trabajaba con John, que estaba pendiente de su salud y se aseguraba de que comiera y descansara a la más mínima oportunidad. Aun así, el final de la jornada se agradecía, y todo el que tenía una cama se metía en ella con alivio y se quedaba dormido de inmediato.

Varios días después de la evacuación del pueblo, Nancy fue a ver a June al hospital y le preguntó si tenía tiempo para ir a comer a la cafetería, o al menos para tomarse un café.

—¿Puedes esperar un poquitín? —June ladeó la cabeza y la observó con atención, porque notó algo diferente en ella—. ¿Va todo bien?

—Sí, pero te echo de menos, y tenemos cosas de las que hablar.

—¡Ja! El mundo entero ha dado un vuelco. Ve buscando una mesa libre, tengo dos pacientes esperando para una revisión. Iré en cuanto acabe.

Sí, no había duda de que el mundo había dado un vuelco. Nancy fue a la cafetería del hospital vestida con vaqueros, botas, un chubasquero sucio y una camisa de franela a cuadros, y cuando entró y vio que allí había dos clases de personas, las que iban vestidas como ella y las que llevaban uniforme médico, estuvo a punto de echarse a reír. Días antes echaba de menos sus trajes caros y sus zapatos de tacón, y le había dicho a Chris que quería tener un trabajo en el que tuviera que esforzarse, en el que pudiera sentirse inteligente y necesaria... pues nunca antes se había sentido tan necesaria, ni había tenido que esforzarse tanto como en aquella última semana.

Se puso a la cola con una bandeja, y escogió un plato de sopa, un bocadillo y una buena porción de pastel de chocolate como colofón. Se sentó en una esquina desde donde podía ver quién entraba y quién salía, y para cuando June apareció al fin, ya estaba a mitad de la comida.

—¿Qué tal te va, Nancy?

—Muy bien, ¿y a ti? ¿Trabajas demasiado?

—Qué va. John se ha convertido en mi madre, y no me quita el ojo de encima.

—¿Alguna novedad en cuanto a la boda?

—Jim y yo estuvimos hablando del tema, y la conversación se resume así: podríamos buscar a un juez de paz si tuviéramos un segundo libre, pero ahora mismo no parece una prioridad —se frotó el estómago, y añadió—: Incluso mi padre lo entiende.

—Y tú que querías casarte en Nochevieja.

—No pasa nada, hay que centrarse en otras cosas. ¿Llevas toda la semana trabajando de voluntaria?

—Sí, con Chris. Increíble, ¿verdad?

—¡Ésa es la diferencia que noto en ti! Has decidido no matarle.

Nancy sonrió de oreja a oreja, y la miró con ojos chispeantes antes de admitir:

—Nunca antes me había sentido tan viva, aunque lamento que haya hecho falta un desastre natural para hacerme ver la luz.

June la contempló atónita, y al final alcanzó a preguntar:

—¿Qué luz?

—No pienso marcharme nunca de este pueblo... bueno, voy a regresar a San Diego para vaciar la casa, vender todos los trastos que pueda y poner el cartel de *Se vende*. Y para presentar mi dimisión en la empresa donde trabajaba, claro. Y entonces volveré aquí para quedarme de forma definitiva.

—¿Qué pasa con los problemas de dinero?, ¿los habéis solucionado?

—No del todo, pero una cosa está muy clara: a diferencia de Chris, que no es un hombre de negocios y nunca lo será, a mí se me da muy bien ese campo laboral. Estoy planteándome hacerme cargo de su negocio de venta de seguros; de hecho, él había comentado en más de una ocasión que se me daría muy bien, pero yo no le hacía ni caso.

—Seguro que te va genial, pero apuesto a que hay un montón de cosas que se te dan bien... como ayudar a la gente.

—Eso ha sido fácil, porque no tenía nada que perder, pero lo que ha cambiado mi vida ha sido ver a George y a los bomberos sacando a la gente junto con sus escasas pertenencias del pueblo cuando él había perdido su negocio, o a Jurea Mull recogiendo ropa para niños cuando ella misma se ha quedado sin casa; por no hablar de ti, que te ocupas de los pacientes donde sea a pesar de que la clínica que has construido y que adoras está cubierta de agua. No sabía lo que suponía ser un vecino de verdad, formar parte de una verdadera comunidad. Es lo más importante que me ha pasado en la vida.

June sintió que los ojos se le llenaban de lágrimas. Le tomó la mano por encima de la mesa y le dijo:

—Me alegro muchísimo de que vayas a quedarte a vivir aquí.

—Y yo también; por cierto, ¿has visto a Chris en esta última semana?

—Sí, alguna que otra vez. ¿Por qué?

Nancy se reclinó en la silla, y dijo con orgullo:

—Es un hombre increíble, imparable. Ha estado ayudando en todo lo necesario por todo el valle... dándole ánimos a la gente, asegurándoles que todo va a salir bien. Vuelvo a sentirme orgullosa de mi marido, y es una sensación maravillosa. Ya no estoy tan segura de que fuera él quien no estuvo a la altura en el matrimonio; de hecho, a lo mejor fui yo.

—¿Qué opina de tu decisión?

—Hemos estado tan atareados, que apenas hemos tenido tiempo de hablar. Le he pillado esta mañana cuando nos hemos cruzado en la ducha, y le he dicho que no puedo renunciar a este lugar después de poner tanto esfuerzo y empeño en él. ¡Tendrías que haber visto su sonrisa, le llegaba de oreja a oreja!

En ese momento entró por la ventana un cálido rayo de luz que iluminó la concurrida cafetería, y todo el mundo se puso a dar vítores de alegría.

Casi todos los habitantes de Grace Valley pasaron una Nochevieja tranquila, y el día de Año Nuevo amaneció con mucha humedad, pero el hecho de que no hubiera llovido en varios días había supuesto un cambio radical en el pueblo.

En muchos edificios el agua llegaba a poco menos de un

metro del suelo, y se tenían en pie. Podría haber sido mucho peor. Apenas había nieve en las estribaciones de las montañas, y si tenían una primavera normal, la que quedaba en las cimas iría derritiéndose poco a poco durante la primavera y el verano.

La familia de Jim se despidió de June entre lágrimas y abrazos, y Annie le prometió que volverían en primavera para pasar unos días con el bebé.

Las tareas de limpieza empezaron de inmediato mientras el nivel del agua iba bajando, aunque June no podía ayudar demasiado. Siguió pasando gran parte del tiempo en el hospital, recibiendo pacientes con la ayuda de Susan, mientras que John y Jim empezaban a adecentar la clínica. Todos y cada uno de los edificios se examinaron con minuciosidad, y estaba claro que Chris y los demás iban a tener trabajo de restauración durante meses.

La cafetería se iba a remozar por completo: se iban a instalar nuevos electrodomésticos y se iban a cambiar tanto los mostradores como el mobiliario, incluyendo los bancos. La iglesia había sobrevivido muy bien, y podrían volver a colocar los bancos en cuanto acabaran de arreglar el suelo.

La floristería, la panadería y la gasolinera habían quedado hechas un desastre. Sam decidió poner su negocio en venta y dejárselo a muy buen precio a quien quisiera comprarlo para reconstruirlo, pero iba a reparar la floristería para que tanto Jurea como Erline (en caso de que regresara al pueblo) pudieran seguir trabajando allí; Burt y Syl querían reconstruir la panadería, porque tenían muchos clientes fijos y no podían dejarlos tirados, y en palabras del mismo Bud: «Además, lo más probable es que el río tarde veinte años en volver a desbordarse».

Bajaron las temperaturas, y aunque en condiciones normales eso supondría un problema para gente que tenía que realizar un montón de tareas, la mayoría al aire libre, para los habitantes de Grace Valley fue una suerte... siempre y cuando no llovíera ni nevara.

A mediados de enero, cuando aún faltaban semanas para que los establecimientos de Grace Valley estuvieran listos para volver a abrir, George Fuller fue a decirles a Sam y a Elmer que había llegado una carta de Harry; aunque estaba dirigida a él, en el primer párrafo se le daba permiso para revelarle el contenido a quien quisiera.

Después de que Sam y Elmer la leyeran, los tres convocaron una reunión de los miembros de la iglesia presbiteriana en la escuela de primaria más cercana al valle, y en el aviso se especificó que el motivo de dicha reunión era que por fin había llegado una carta del reverendo Shipton.

La cantidad de gente que hizo acto de presencia en la escuela fue tanto impresionante como gratificante, y George se encargó de leer la carta:

Querido George:
Los principales centros de reunión de Grace Valley son la iglesia y la cafetería, así que me ha parecido apropiado enviarte esta carta a ti, para que compartas su contenido con quien quieras. Os he fallado a ti y a muchas otras personas, y debo resarciros.

—Eso no es verdad —apostilló George—. No considero que Harry tenga que resarcirme por nada. Todos tenemos problemas y cometemos errores, yo incluido, pero...

—¡Acaba de leer la carta de una vez, George! —le ordenó Judge.

—A la orden.

La verdad pura y dura es que le mentí a todo el mundo, porque soy ludópata. No controlo el deseo de jugar, y nunca me he conten-

tado con una partida de cartas o una carrera de caballos. Me jugaba dinero en el mercado de valores, apostaba en eventos deportivos, jugaba a los dados y al lanzamiento de herraduras, y hacía apuestas en la ruleta, la veintiuna y las carreras de galgos. La verdad es que podía convertir cualquier cosa en una apuesta, y lo he hecho en un momento u otro de mi vida. Nunca gané demasiado, sólo lo justo para seguir pensando que mi gran golpe de suerte estaba a la vuelta de la esquina.

Resulta que en eso acerté, pero no fue suerte de la buena, sino de la mala, y me hizo tocar fondo. Le pedí dinero prestado a todo el mundo, tanto a buenas como a malas personas, sólo llegué a devolver alguna pequeña cantidad en contadas ocasiones, y al final pasó lo que tenía que pasar. Algunas de esas malas personas me dieron una paliza tan grande, que si estoy vivo para contarlo es gracias a la misericordia de Dios. Del hospital pasé a un centro de tratamiento de adicciones en el que he pasado más de dos meses, y mi estancia aún no ha terminado; soy un caso tan difícil, que necesito más tiempo del habitual, aunque la verdad es que mi recuperación va a durar muchos años. Aún no alcanzo a entender cómo es posible que yo, un reverendo, fuera capaz de poner en manos de Dios todos los asuntos terrenos menos éste, mi insaciable deseo de jugar; ahora, impotente, lo pongo en sus manos.

Aunque he estado muy ajeno a lo que pasa en el mundo, me he enterado de lo de las inundaciones que ha habido en el norte de California, y rezo cada día para que Grace Valley y nuestra gente estén bien. Voy a permanecer en este centro unas cuantas semanas más y después iniciaré una fase de readaptación en la que puedo trabajar, aunque no es imprescindible. Mis superiores me han apoyado mucho, quieren que me recupere. Si queréis que os envíen otro pastor, que sería lo más sensato, sólo tenéis que contactar con ellos, y se encargarán de todo.

Hay muchas personas en Grace Valley a las que debo darles las gracias, y a muchas de ellas también debo pedirles perdón; cuando salga de este centro pasaré por el pueblo y me pararé un rato, puede que incluso llegue a hablar contigo y algunos otros. No espero ser bien recibido, soy consciente de que he sido demasiado embustero, así que no tenéis que molestaros en fingir aprecio por mí. Voy a ir por mi recuperación, porque debo enfrentarme a mis errores, pagar por ellos, y hacer borrón y cuenta nueva para poder avanzar.

Gracias por hacer de mensajero, George. Gracias por tu generosidad, tanto en esto como en tantas otras cosas.

George bajó la mano en la que sostenía la carta, y comentó:

—No he sido tan generoso como dice.

—¿Se puede saber qué ha querido decir con lo de que no tenemos que molestarnos en sentir aprecio por él?, ¿cree que estamos enfadados? —dijo Birdie, desconcertada.

—¿Os ha dado la impresión de que no quiere seguir siendo el pastor del pueblo? —preguntó Myrna.

—A lo mejor está avergonzado, y no quiere que nadie se sienta obligado a aceptarle de nuevo —apostilló Leah.

—No sé, a mí me parece que aún está un poco inseguro. Puede que aún no sepa con certeza lo que quiere, lo ha pasado muy mal —dijo Elmer.

—Espera un momento, el mero hecho de que el tono de la carta sea... —June se calló de golpe, y se llevó las manos al estómago. Miró hacia abajo, y sólo alcanzó a decir—: Cielos.

Hubo una larga pausa mientras todas las miradas se volvían hacia ella, y el líquido empezó a chorrear y fue creando un charco de tamaño considerable. Era obvio que no iba a poder escabullirse de la situación con gracia y decoro, así que se limitó a admitir:

—Se me ha olvidado lo que iba a decir.

Jim se echó hacia delante para echar un vistazo, y le preguntó:

—¿Qué demonios es eso?

—El líquido amniótico, acaba de romper aguas —John sonrió con tanto entusiasmo como si el niño fuera suyo.

—¡Qué bien! —Nancy se puso de pie a toda velocidad.

June miró a John, y le preguntó:

—¿Es demasiado pronto?

—Qué va, ya verás como todo sale de maravilla. ¿Nos vamos?

—Supongo que no me queda más remedio —se puso de pie poco a poco, y comentó—: He dejado esto hecho un desastre.

—El resultado final merece la pena —le dijo Susan.

Fue como una especie de desfile. Jim la llevó sujeta del codo izquierdo, y John del derecho. Tras ella iban su padre y Susan, y a continuación los cuatro Forrest. Otros amigos y convecinos se pusieron de pie de inmediato y los siguieron, con lo que la reunión se dio por concluida.

Myrna tomó a Morton de la mano, y comentó con naturalidad:

—La pobre no deja de ensuciar suelos desde que empezó todo esto.

El Valley Hospital estaba abarrotado de gente pendiente del nacimiento del hijo de June. No se trataba tan sólo de los habitantes de Grace Valley (aunque habían ido en tropel, por supuesto), sino también del personal del hospital.

Como era consciente de que tenía que poner límites, June decidió que sólo Jim y Nancy iban a estar con ella en la sala de partos, que era donde iba a dilatar y a dar a luz. Le prometió a su padre que Jim iría a buscarle de inmediato, en cuanto hubiera acabado de contar los dedos de las manos y de los pies del niño.

Las horas empezaron a pasar, siguieron pasando y pasando...

—El bebé tiene un corazón fuerte. Me gustaría que hubiera crecido un poco más, pero no es demasiado pequeño. ¿Cómo van las contracciones, June? —le dijo John.

—Estás de broma, ¿verdad? ¿Cómo crees que van? ¡Son para partirse de risa!

—Vaya, qué susceptible. Eso indica que estamos acercándonos a la transición, vamos a echar un vistazo.

—¡Acabas de hacerlo! ¿De qué narices va a servir?

—June —le dijo Jim, con voz suplicante, mientras intentaba agarrarle la mano.

—¿Podrías dejar de tocarme? —le gritó.

—A juzgar por los gritos, yo diría que ya ha dilatado ocho o nueve centímetros —le dijo Nancy a John, en voz baja.

June se alzó sobre los codos, y gritó:

—¡Ya está bien, que salgan todos los graciosillos! ¡Fuera!

—Espero que no sea demasiado tarde para la epidural. Vamos a echar un vistazo ahora mismo, June —John se puso los guantes, y miró a Nancy—. ¿Quieres que apostemos?

—No sé, apostar me deja bastante mal sabor de boca después de lo que acabamos de oír, pero... vale, apuesto diez pavos a que ha dilatado nueve.

—Pues yo creo que ya está a punto, así que digo diez.

—¡No es justo, tú has hecho esto un montón de veces y tienes ventaja! ¡Quiero un hándicap!

—¡Por el amor de Dios! —gritó June, a pleno pulmón; de repente, su cuerpo pareció alzarse un poco de la cama y empujó como por voluntad propia.

—Jadea —le dijo John—. No empujes aún, aún no. A ver, a ver... vaya, acabo de ganar diez pavos. Bueno, doctora Hudson, has ido más rápido de lo que esperábamos y no vamos a poder ponerte la epidural, pero de todas formas ya estás en la parte fácil. Sólo tienes que empujar para que salga.

La contracción pasó al fin. June seguía ligeramente alzada sobre los codos, y fulminó a John con la mirada por encima de su abultado vientre.

—Qué bien, John, perfecto. Se supone que debes estar preparado para cosas así, que tienes que saber lo que puede pasar. Y ahora resulta que tengo que dar a luz así, sin más, sin anestesia. Genial, John, realmente genial —al ver que se echaba a reír, le dieron ganas de darle un buen porrazo en la cabeza, pero no estaba en posición de hacerlo.

—Puedes empujar con la siguiente contracción. ¿Dónde quieres que se ponga Jim? ¿Quieres que te sujete los hombros mientras empujas, o prefieres que esté aquí abajo viéndolo todo en vivo y en directo?

—*¡Me da igual!*

John pensó con ironía que los últimos momentos del parto siempre sacaban lo mejor de las mujeres.

Nancy se colocó detrás de June, y ésta le dijo a Jim que se colocara junto a John a los pies de la cama y que estuviera listo para atrapar al niño; mientras ella se centraba en empujar, Susan y la enfermera entraron y permanecieron a la espera de poder limpiar al recién nacido.

Conforme fue cansándose de empujar, June fue dejando atrás la irritación y fue poniéndose cada vez más sentimental.

—No nos hemos casado —gimió, antes de empujar—. ¡No tengo ninguna experiencia en esto! —se quejó, antes de empujar otra vez.

El niño hizo su aparición al cabo de media hora, y le recibieron un sinfín de comentarios tiernos y exclamaciones de alegría.

Jim volvió a colocarse junto a la cabecera de la cama cuando ella tomó a su hijo en sus brazos y contempló su carita. Era un poco pequeño, pero guapísimo; al ver que ya tenía los ojos abiertos y que estaba mirando a todas partes, dijo embelesada:

—Mira qué inteligente es, ¿verdad que es brillante? Y tiene muy buen color. ¿Has visto alguna vez un bebé más bonito? ¿Eh? ¿Jim...?

Jim, aquel poli duro y corpulento acostumbrado a peligrosas misiones encubiertas, estaba llorando a lágrima viva.

La irritación de June se había desvanecido como por arte de magia, y John se maravilló de nuevo por lo rápida que era aquella transición tan típica. Cuando una mujer estaba entre los ocho y los diez centímetros de dilatación, podía convertirse en una verdadera fiera salvaje, pero podía recobrar el buen humor con la misma rapidez en cuanto daba a luz.

June posó una mano en la húmeda mejilla de Jim, y le dijo:

—Gracias.

Fue tal y como ella lo había soñado. Ver a su padre y a tía Myrna con el pequeño James Elmer Hudson Post (James E. para abreviar, y para abreviar aún más, Jamie a secas), fue el momento más feliz de su vida hasta el momento.

Jamie pesaba dos kilos con treinta gramos, y se dictaminó que había nacido con un mes de antelación. Mamaba como una barracuda, y salió del hospital con sus padres cuarenta y ocho horas después.

Amigos y familiares les llevaron comida a casa y les echaron una mano, para que pudieran tomarse su tiempo familiarizándose con él y con las tareas de la paternidad sin la presión añadida de tener que cocinar, limpiar y trabajar.

Cuando les preguntaban cuándo pensaban casarse, June se limitaba a contestar:

—Cuando recobremos nuestra iglesia... y a nuestro pastor.

Harry se había sentido mortificado al enterarse de lo que había sucedido en Grace Valley. Había pasado un tiempo sin ver los noticiarios ni leer los periódicos, porque estaba siguiendo un intenso programa de doce pasos y estaba muy centrado en recobrarse de su adicción, pero al salir del centro de tratamiento había ido de inmediato a la sede eclesiástica, y allí se había enterado de que el desbordamiento del río había estado a punto de arrasar el pueblo.

En el *San Francisco Chronicle* había un artículo que explicaba que los habitantes de la zona estaban luchando codo con codo por salir adelante, que estaban reconstruyendo y restaurando sin perder el optimismo, y que estaban convencidos de que el pueblo iba a recobrarse del todo de aquel duro golpe; según el artículo, el señor George Fuller había dicho que seguramente iban a construir un dique tras la iglesia y la cafetería, para ir sobre seguro.

Ninguno de los habitantes de Grace Valley había contactado con él después de que le enviara la carta a George, y lo cierto era que no le había extrañado; teniendo en cuenta lo que le había pasado al pueblo, dio por hecho que estaban más enfadados que nunca con él. Además de mentirles y de tomarles el pelo, se había largado y los había abandonado sin más. ¡No había estado junto a ellos cuando más le necesitaban!

Tenía mucho miedo, y desearía no haberse comprometido a ir a Grace Valley para ver a algunos de sus viejos amigos; si no lo hubiera hecho, en ese momento no estaría yendo hacia allí. Se había planteado pedirle a Brianna que le acompañara para darle apoyo moral, pero no quería sufrir una humillación más ante ella cuando el pueblo le diera la espalda.

Su exmujer se había portado muy bien mientras él estaba sometiéndose al tratamiento; de hecho, su superior eclesiástico y ella eran las únicas personas con las que había mantenido contacto. Brianna había llegado a asistir con él a la semana familiar, a pesar de que ya no eran familia... aunque quizá sí que lo eran; al fin y al cabo, ella había afirmado ante Dios y todos los presentes que le amaba y siempre le amaría, pero que no se atrevía a compartir su vida con él mientras tuviera aquel problema... pues tal y como él había aprendido de forma tan dolorosa, el problema era de por vida.

Su nerviosismo fue en aumento conforme fue acercándose a Grace Valley. En la carta había escrito «unas cuantas semanas más», así que no sabían con exactitud cuándo iba a llegar. Iba a adentrarse en el pueblo por la calle principal, donde seguro que habría gente reconstruyendo las casas y los negocios, aparcaría por el centro junto a la cafetería o la iglesia, charlaría con todo el que encontrara a su paso, y se marcharía a toda velocidad. Se preguntó qué haría si le preguntaban sobre su ludopatía, y en ese momento recordó lo que le había dicho su consejero del centro: «Cuenta la verdad. Puedes optar por no hablar del tema, pero mentir es muy peligroso. Nuestros secretos y nuestras mentiras son una medida de lo malsanos que somos».

Él había mentido sin parar, y los ojos se le llenaban de lágrimas cada vez que pensaba en cómo había pedido dinero prestado fingiendo que su nómina le llegaba con retraso, asegurando que iba a devolverlo de inmediato cuando en realidad pensaba apostar por un caballo o ir a una partida de dados. A lo mejor había llegado el día en que iba a ser capaz de decirle «Siento de corazón haberte mentido» a Sam, o a Elmer, o a George, o a June... y ellos no eran los únicos. Le habían tratado con tanto afecto, le habían acogido de forma tan incondicional, que no alcanzaba a entender cómo había sido capaz de mentirles.

Cabía esperar que el corazón no le explotara en el pecho antes de llegar al pueblo, porque le martilleaba cada vez más fuerte conforme iba acercándose; al pasar junto a los prados de Standard Roberts y ver que tanto el buzón como algunos árboles y la antena de su coche estaban decorados con lazos amarillos, se preguntó si era alguna festividad. Lo cierto era que había perdido la noción del tiempo.

Era obvio que pasaba algo, porque todos los buzones que encontraba a su paso estaban decorados con un lazo amarillo. Se le cayó el alma a los pies cuando se le ocurrió la posibilidad de que hubieran secuestrado a alguien, sería horrible que algún miembro de aquella comunidad hubiera desaparecido. Era consciente de que los lazos amarillos se usaban para expresar el deseo de que alguien regresara a casa sano y salvo, alguien que había desaparecido, que estaba en peligro o que se había perdido.

Cuanto más se acercaba al pueblo, más lazos había. Estaban colocados alrededor de los troncos de los árboles, atados con audacia a las ramas altas, pintados en los cristales de las ventanas, formando mosaicos sobre ladrillos en los jardines, y ondeando como banderas en los postes.

Tuvo más ganas que nunca de salir huyendo. Allí estaba él, de regreso al pueblo para explicar su enfermedad y disculparse, cuando era obvio que estaba pasando algo urgente y grave. ¡Qué arrogante era! Tendría que dar media vuelta y marcharse para no importunar aún más a aquella gente.

Pero no podía dar marcha atrás, porque acababa de pasar la comisaría (que también estaba llena de lazos). Nunca había visto tanta actividad en Valley Drive, había camiones de construcción y obreros por todas partes. Prácticamente todos los edificios de aquella calle estaban siendo objeto de algún arreglo, y algunos de ellos parecían casi completados. Sintió un alivio inmenso al ver que la cafetería estaba en pie, y se dio cuenta de que había un lazo amarillo pintado en todos y cada uno de los paneles de cristal que conformaban la parte delantera.

Se dirigió hacia allí, y aparcó. George era la persona del pueblo con la que tenía una relación más estrecha; al fin y al cabo, y excepto en contadas ocasiones, siempre había ido a su cafetería a desayunar, comer y cenar. Por eso le había enviado la carta a él, y era un buen punto de inicio. Desde el coche vio que parecían estar renovando a fondo el local, e incluso le pareció vislumbrar a George por un momento.

En cuanto salió del coche, alguien del interior de la cafetería le vio, le señaló con el dedo y todos empezaron a hablar entre ellos. Deseó con todas sus fuerzas poder dar media vuelta y huir, pero de repente oyó una voz a su espalda.

—¿*Harry?*, ¿reverendo?

—¡Sam! ¡Cuánto me alegro de verte! —se sorprendió al darse cuenta de lo ciertas que eran aquellas palabras, y al ver la sonrisa sincera en el rostro de Sam, supo que sus miedos habían sido infundados.

Entonces llegó George, que se mostró tan encantado como siempre de verle, y varios lugareños dejaron aparcado lo que estaban haciendo y fueron a estrecharle la mano; Tom y Lincoln Toopeek salieron de la comisaría y se acercaron al grupo, y entonces Elmer salió de la clínica seguido de John, y de Susan, Jim, y finalmente June, que llevaba en brazos... ¿ya había dado a luz a su bebé?, ¿tan pronto?

La gente salía de las casas, los coches se paraban en medio de la carretera y se quedaban allí abandonados mientras sus dueños iban a saludarle, iban emergiendo personas desde todos los rincones del pueblo.

Sentía un alivio tan abrumador al verlos a todos, que no podía dejar de sonreír como un tonto; a pesar de lo que les había ocurrido, parecían felices, sanos y fuertes. Cuando tuvo a June delante, la abrazó con cuidado pero con cierta torpeza y bajó la mirada hacia la carita enrojecida del bebé.

—¿No ha nacido un poco pronto?

—Sí, pero está fuerte como un roble. No sabes cuánto me alegro de verte, Harry. Te hemos echado muchísimo de menos.

—¿De verdad? ¿Lo dices de verdad?

—Claro que sí, ¿cómo puedes dudarlo? ¡Todos te queremos!

—Dios mío, qué buenos y generosos sois. Pero dime, ¿qué es lo que está pasando? ¿A qué vienen todos esos lazos amarillos?, ¿son por la reconstrucción del pueblo?

—¿Qué?

June lo miró atónita por un instante, y entonces se echó a reír; no pudo contenerse, Harry siempre había sido un poco duro de mollera. Se cubrió la boca con una mano y con la otra señaló hacia una pancarta que iba de un extremo a otro de la calle, desde la cafetería hasta la clínica. Estaba muy alta, y Harry no la había visto al llegar porque debía de estar muy centrado en la carretera.

En la pancarta, en letras bien grandes, ponía: *Bienvenido a casa, Harry*.

El suelo de la iglesia estaba reforzado y recubierto, los bancos instalados, y se habían comprado nuevos cantorales; el púlpito estaba en pie, Sam y Jurea habían decorado la parte delantera de la iglesia con flores, y Harry estaba en el altar ataviado con sus vestiduras.

El lugar estaba tan abarrotado, que no cabía ni un alma más; cuando el órgano empezó a sonar, Jim y Chris entraron por una puerta lateral y se colocaron ante Harry. Nancy avanzó por el pasillo poco a poco, con un ramo de flores en las manos; la seguían Elmer y June, que volvía a estar tan delgada como siempre y llevaba un vestido de satén color lavanda que le daba cierto aire de jovencita.

Después de poner la mano de su hija en la del novio, Elmer ocupó su sitio en el primer banco junto a su hermana, que le dio a su nieto.

Myrna y Morton habían estado hablando de aquel día, y habían decidido renovar sus votos matrimoniales mientras June y Jim pronunciaban los suyos; y a pesar de que nadie había dicho nada al respecto, Chris y Nancy habían decidido hacer lo mismo.

Para muchos de los habitantes de Grace Valley, ver a June casándose con Jim (el hombre al que todos habían llegado a querer de corazón, y al que consideraban un integrante más del pueblo), verla hacerlo teniendo a su antiguo novio como padrino y a su antigua rival como madrina, era la culminación de un ciclo.

—¿Quién entrega a esta mujer en matrimonio? —dijo Harry.

Elmer dio un paso adelante con su nieto en brazos, y contestó:

—Todos nosotros, Harry. Todos nosotros.

Títulos publicados en Top Novel

Después del fuego – DEBBIE MACOMBER

Al caer la noche – HEATHER GRAHAM

Cuando llegues a mi lado – LINDA LAEL MILLER

La balada del irlandés – SUSAN WIGGS

Sólo un juego – NORA ROBERTS

Inocencia impetuosa/Una esposa a su medida – STEPHANIE LAURENS

Pensando en ti – DEBBIE MACOMBER

Una atracción imposible – BRENDA JOYCE

Para siempre – DIANA PALMER

Un día más – SUZANNE BROCKMANN

Confío en ti – DEBBIE MACOMBER

Más fuerte que el odio – HEATHER GRAHAM

Sombras del pasado – LINDA LAEL MILLER

Tras la máscara – ANNE STUART

En el punto de mira – DIANA PALMER

Secretos del corazón – KASEY MICHAELS

La isla de las flores/Sueños hechos realidad – NORA ROBERTS

Juegos de seducción – ANNE STUART

Cambio de estación – DEBBIE MACOMBER

La protegida del marqués – KASEY MICHAELS

Un lugar en el valle – ROBYN CARR

Los O'Hurley – NORA ROBERTS

La mejor elección – DEBBIE MACOMBER

En nombre de la venganza – ANNE STUART

Tras la colina – ROBYN CARR

Espíritu salvaje – HEATHER GRAHAM